50 ans de zététique
Entretien

Henri Broch, Richard Monvoisin

La plupart des gens qui défendent des pseudosciences précisent que si leur livre est refusé par des maisons d'édition sérieuses, c'est signe que leur pensée est trop subversive, trop avant-gardiste, ou trop dérangeante. L'hypothèse que le livre soit simplement mauvais les effleure rarement. Notre propre livre, trop subversif, trop avant-gardiste, trop dérangeant ou trop mauvais, a lui-même été refusé par les éditions *Odile Jacob, Belin, Les Arènes, Matériologiques* et... *Book-e-Book*.

© 2023, Henri Broch & Richard Monvoisin
Édition : BoD – Books on Demand, info@bod.fr

Impression : BoD – Books on Demand, In de Tarpen 42, Norderstedt (Allemagne)

Impression à la demande
ISBN : 978-2-3223-9675-7
Dépôt légal : avril 2023

Des mêmes auteurs

Henri Broch

1976 : *La Mystérieuse Pyramide de Falicon*, éditions France-Empire
1977 : *Mécanique, Statique et dynamique des fluides*, avec Dan Vasilescu, éditions Bréal ; rééd. 1984
1985 : *Le Paranormal, ses documents, ses hommes, ses méthodes*, éditions du Seuil, coll. « Science ouverte » ; rééd. coll. « Points science » 1989,…2007
1991 : *Au Cœur de l'Extra-Ordinaire*, éditions Horizon Chimérique, coll. « Zététique » ; éditions Book-e-Book, coll. « Zététique » 2002,…2015
2002 : *Devenez sorciers, devenez savants*, avec Georges Charpak, éditions Odile Jacob, coll. « Sciences » ; coll. « Poches » 2003
2006 : *Gourous, sorciers et savants*, préf. de Georges Charpak, éditions Odile Jacob, coll. « Sciences » ; coll. « Poches » 2007
2008 : *L'Art du doute ou Comment s'affranchir du prêt-à-penser*, éditions Book-e-Book, coll. « Une chandelle dans les ténèbres », n°1
2008 : *Comment déjouer les pièges de l'information ou les Règles d'or de la zététique*, éditions Book-e-Book, coll. « Une chandelle dans les ténèbres », n°2
2009 : *Les secrets des sorciers*, illustré par Hélène Maurel, éditions Milan Jeunesse, coll. « Graine de savant »

Richard Monvoisin

2005 : *Le Sarkozy sans peine Vol. 1 : la république, les religions, l'espérance*, Infokiosques
2008 : *Les fleurs de Bach - Enquête au pays des élixirs*, éditions Book-e-Book, coll. « Une chandelle dans les ténèbres », n°4
2011 : *Quantox, Mésusages idéologiques de la mécanique quantique*, éditions Book-e-Book, coll. « Une chandelle dans les ténèbres », n°21
2014 : *Tout ce que vous n'avez jamais voulu savoir sur les thérapies manuelles*, avec Nicolas Pinsault, Presses universitaires de Grenoble
2015 : (CorteX) *Esprit critique, es-tu là ? 30 activités zététiques pour aiguiser son esprit critique*, éditions Book-e-Book, coll. « Une chandelle dans les ténèbres », n°22
2017 : *Les vautours, la Sécu et moi. Les enjeux de la protection sociale*, avec Nicolas Pinsault, éditions du Détour

Table des matières

1. Ton histoire..........9
2. Tes influences politiques..........33
3. Les grandes dates..........85
4. Tes dossiers..........103
5. Tes enseignements..........129
6. Tes expériences prix-défi..........143
7. Liens avec d'autres structures..........155
8. Questions diverses..........175
9. Le *backstage*..........245
Index..........251
Bibliographie..........260
Documentaires & films..........271
Structures & Associations..........272
Déclaration et formulaire du Prix-Défi..........274
Remerciements..........277

Henri, tu es un peu la légende de la zététique contemporaine : trop ancien pour t'être fourvoyé dans les réseaux sociaux, assez jeune pour avoir goûté l'ère Internet.

Tu revêts un caractère un peu spécial en francophonie, car si tu n'as évidemment pas inventé le scepticisme méthodologique, en tout cas tu l'as dépoussiéré, et tu l'as affublé d'un nom qui lui reste accolé. Tu as aussi créé une démarche assez rigoriste, dont je me revendique modeste héritier, et tu as ancré la zététique que nous autres jeunots appelons la zététique « à l'ancienne » : celle du paranormal, du surnaturel et de l'histoire mystérieuse. *À l'ancienne* parce qu'elle fait moins recette qu'auparavant, les sujets zététiques ayant évolué doucement durant les vingt dernières années : qui dit *paranormal* dit *mancies*, qui dit *mancies* dit *pseudomédecines* et *dérives pseudopsychologiques*, qui dit *sujets thérapeutiques* dit *interaction avec les spiritualités nouvelles*, qui dit *spiritualités nouvelles* dit *intrusions spiritualistes dans les sciences*, expérimentales comme sociales. Tu n'es pas présent dans les débats en ligne, aussi fatigants que nécessaires sur le caractère politique assumé ou non de la zététique ; mais tu es une sorte de sextant, avec tes marottes, du « saint suaire » de Turin au « sang » de Saint Janvier, des pyramides de Falicon à la « mémoire de l'eau ».

Entre rationalistes, on ne se berce pas d'illusions : plus on vieillit, plus la probabilité de mourir est grande. Je ne veux attendre ni d'être moi-même moribond, ni de te voir moribond, être alors obligé de faire de la transcommunication instrumentale avec l'au-delà, ou tenter l'exégèse de tes courriers intimes pour retracer les grandes lignes d'une histoire dont tu es le dépositaire éclairé et l'acteur principal. Je vais essayer de te poser les questions que se poseront tes continuateurs, quand poussière tu seras redevenu et que nous autres continuateurs de ton œuvre aurons, – comme Keith Richards le fit avec les cendres de son père – sniffé un rail des tiennes.

1. Ton histoire

Avant de commencer, dis-moi si je me trompe : tu es Henri Broch ; tu es niçois ou quasiment ; tu es né en 1950 ; tu parles le nissart, le patois local ; tu es professeur de physique à la retraite à l'heure où nous écrivons ces lignes (2023) et tu es la légende française de la zététique. Ai-je dit une bêtise ?

Niçois, oui.
Né en 1950, oui.
Parle nissart, non : le nissart ou niçois est d'ailleurs plus qu'un *« patois local »*, c'est une variété de la langue occitane ; je comprends cette langue mais par manque de pratique, je la parle assez mal, si on excepte quelques jurons !
Physicien, oui, et à l'heure où ces lignes sont écrites, je suis professeur honoraire à l'Université Côte d'Azur (UCA[1]).

Tu veux dire l'ancienne Université de Nice Sophia Antipolis ?

Bien plus que cela ! L'UCA est une création, sorte de chimère qui englobe la « défunte » Université de Nice Sophia Antipolis et y adjoint plusieurs autres entités comme l'Observatoire de la Côte d'Azur, la Villa Arson, un Centre national de création musicale, un Institut de formation en masso-kinésithérapie, l'École régionale d'acteurs de Cannes et Marseille...

---
[1] Utiliser comme raccourci rapide le sigle ou acronyme UCA est un peu impropre car il désigne déjà une autre université, l'Université Clermont Auvergne.

Tu n'es pas l'un de ces nombreux sceptiques « congénitaux ». Si j'ai bonne mémoire, tu as commencé ta carrière de « croyant » assez tôt, près d'une pyramide.

On ne naît pas sceptique, on le devient. Ce n'est pas une boutade mais au contraire quelque chose qui, à mon avis, commence à être relativement bien établi par la littérature spécialisée.

La République des Athées (*Atheist Republic*), association créée à Vancouver et qui regroupe les athées à travers le monde, a pour crédo : « *Nous sommes tous nés athées, jusqu'à ce que quelqu'un commence à nous raconter des mensonges* ». C'est certes très joli et cela permet de soulever l'enthousiasme de certains, mais je pense ce crédo… plutôt *faux*. Il semble en effet que les petits enfants soient prédisposés au dualisme : *dualiste* (ou spiritualiste), je rappelle, ne signifie pas forcément *religieux*.

Ce que tu entends par là, c'est que les enfants sont en moyenne prédisposés à concevoir le monde comme divisé en deux parties : l'une matérielle, et l'autre immatérielle avec une entité non démontrée comme l'âme, ou « l'esprit », ou le « souffle de vie ». Peut-être est-ce effectivement trop difficile, voire vexant, de penser d'emblée que le monde est physicaliste, c'est-à-dire que notre vie psychoaffective, mentale est une pure émanation de notre cerveau ?

Oui, je pense que le tout petit *Homo sapiens* démarre sa vie en étant imprégné dès le départ d'un dualisme à l'état latent dans tout son environnement et c'est ce qui me fait dire qu'à mon avis on ne naît pas sceptique, on le devient. Cette opinion me paraît maintenant assez bien établie chez les personnes qui se sont intéressées au sujet[2] et que l'on pourrait résumer ainsi : l'enfant « naît » dualiste… et pourra, parfois, plus tard, devenir physicaliste. Je travaille par moments et depuis maintenant plusieurs années (…avec l'âge on va moins vite) sur une conférence traitant de « qu'est-ce que croire ? » intitulée « *Religions, sectes, idéologies, paranormal & Cie. Les prisons de l'esprit* »[3] mais que j'ai du mal à terminer, tant de portes et de questions s'ouvrent sur de nouvelles et intéressantes choses. Mais attention à ne pas me faire dire ce que je ne dis pas : nous ne sommes pas nés « pour » croire.

Certes, nés «*pour*» signifierait qu'il y a un projet derrière notre existence, un but ultime, une volonté qui a mû les processus évolutifs vers spécifiquement ce point. Le genre de « téléologie » (de *téléos* en grec : le but) dont raffolent les gens qui défendent des formes de créationnisme[4], et qui nous font remonter à rebours vers une cause déjà choisie, à la manière du personnage de Pangloss dans le *Candide ou l'Optimiste,* de Voltaire (1759).

Oui, c'est ce que j'appelais l'effet Bipède dans mon bouquin « *Le Paranormal* », au Seuil, en 1985 : « *l'existence des pantalons prouve que Dieu a voulu que nous soyons des bipèdes* ».

---

2   *Cf.* Thierry Ripoll, « *Quelles relations existe-t-il entre dualisme métaphysique, déterminisme, libre arbitre et responsabilité individuelle ?* », *Klesis*, 2018, 40, et les diverses références indiquées dans plusieurs de ses textes, en particulier ses deux ouvrages aux éditions Sciences Humaines, « *De l'esprit au cerveau* » 2018 et « *Pourquoi croit-on ?* » 2020, qui ont fait l'objet de deux conférences qu'il a données au CAZ, Centre d'Analyse Zététique, les 11 juin et 19 novembre 2021.

3   À la base dérivée de mon article « *Les prisons de l'esprit* », revue *Agone* n°23, 2000, pp. 109-129, d'où son titre provisoire.

4   À ce sujet, on pourra lire Monvoisin, « L'univers contenait-il en germe les frères Bogdanoff ? » Revue *Espèces* n°31, mars 2019.

J'avoue m'agacer un peu quand j'entends des documentaristes animaliers qui, maltraitant l'héritage darwinien, préfèrent dire « *l'orchidée a transformé son labelle pour ressembler à une abeille solitaire (très exactement une eucère) afin d'être pollinisée par elle* ».
Alors que la version plus rigoureuse serait : *parmi toutes les innovations chez les orchidées, la seule qui a eu un succès évolutif est celle du labelle trompant les eucères.*
En fait, quand j'entends le mot *pour* en biologie, ou en cosmologie, je sors mon browning ! Récemment encore, dans *Science & Vie* n°1235 p. 74, grand titre : « *Notre esprit est structuré pour croire* »[5]. On applaudit bien fort le bond en arrière de 200 ans. On croirait lire l'écrivain botaniste Joseph-Henri Bernardin de Saint-Pierre en 1784, dans ses *Études de la Nature* :
« *Il y a beaucoup [de fruits] qui sont taillés pour la bouche de l'homme, comme les cerises et les prunes ; d'autres pour sa main, comme les poires et les pommes ; d'autres, beaucoup plus gros, comme les melons, sont divisés par côtes, et semblent destinés à être mangés en famille : il y en a même aux Indes, comme le jacq, et chez nous la citrouille, qu'on pourrait partager avec ses voisins* »[6].

Donc nous ne sommes pas nés *pour* croire. Mais sommes-nous tout de même nés croyants ? Nés, peut-être pas, mais aurions-nous une inclination innée ?
Et bien contrairement à ce que l'on aurait presque tous tendance à penser, la réponse est peut-être bien que... oui !
Et si l'on désire résumer certaines recherches[7], il faut bien intégrer que, même si ce qui maintient les croyances en

---

5   https://www.science-et-vie.com/article-magazine/notre-esprit-est-structure-pour-croire
6   Dans *Études de la Nature* (XI, 417).
7   Comme par exemple le texte d'Adam Neiblum « *Are we born to believe ?* », *Free Inquiry*, février-mars 2020, pp. 19-26, dont je recommande la lecture et dont je m'inspire ici.

général, et les religions en particulier, est clairement
– études à l'appui – *l'endoctrinement*, ce n'est pas la seule
« source ». En effet, si le côté *culture*, qu'on appelait
autrefois l'acquis, est certes reconnu, il ne faut pas oublier
le côté *nature*, pas vraiment équivalent à *inné*, mais voisin.

Je sais bien que tu n'aimes pas le terme « naturel » mais cet
héritage natif fait partie de tous les individus *Homo sapiens*
qui, s'ils ont survécu, devaient appartenir à des
communautés ayant des relations sociales internes fortes
ainsi que certainement des contacts externes avec des tribus
« amies » pour un travail que l'on pourrait qualifier
d'équipe, un collectivisme primitif en quelque sorte. Et
même si le « formatage » de départ du cerveau n'est bien
sûr centré ni sur « religion » ni sur « athéisme », la forte
propension du tout petit enfant à trier par « individu du
groupe *versus* individu hors groupe » entraîne une
interprétation du monde en termes un peu dichotomiques,
c'est-à-dire « appartient au groupe » / « n'appartient pas ».
C'est probablement cette caractéristique acquise qui a pu
induire le petit *Homo sapiens* à interpréter quasiment tous
les *éléments hors-groupe*, et non seulement les *individus*
hors-groupe peuplant le monde comme étant des *êtres* avec
des réflexions, des *intentions* : un petit enfant prédisposé en
quelque sorte à interpréter les phénomènes qui l'entourent
en termes de manifestations de forces *intentionnelles* : d'où
une adhésion que l'on peut dire innée au credo « tout a une
cause ».

S'ouvre ensuite bien sûr une phase de socialisation avec les
adultes permettant à l'enfant de développer le côté culturel
et de subir alors... un *endoctrinement*. Mais ce dernier ne se
fait *pas* sur une pensée théiste mais sur une *forme*, un *type*
de religion et/ou de dieu. Un exemple que j'aime bien et
permettant peut-être d'être plus clair est celui du langage :
nous ne sommes pas endoctrinés « pour » le langage. Notre
cerveau est pré-câblé d'une façon telle qu'il est prédisposé à

parler, avec l'aide (non obligatoire) du larynx. L'endoctrinement de l'enfant se fait sur *le choix de la langue* qu'il va parler et non sur le fait d'être *capable* – au départ – de parler.

Ça me fait beaucoup penser à l'excellent livre de l'universitaire Pascal Boyer *Et l'homme créa les dieux : Comment expliquer la religion*, ainsi que la fantastique bande dessinée éponyme qui en a été tirée par Joseph Béhé il y a peu[8].
Ce que tu dis, c'est que nous avons une prédisposition au dualisme, qui facilite l'apprentissage d'une religion basée sur un dieu. Ça colle un peu à la métaphore du biologiste Richard Dawkins : la religion est une sorte de mème, de parasite mental viral, ou si l'on veut le voir plus gentiment, un coucou intellectuel opportuniste.

Voilà : on ne naît pas vraiment sceptique mais on le devient. C'est finalement tout à l'honneur de l'*Homo sapiens* devant alors faire un travail sur lui-même pour acquérir ses outils de sceptique.
Et cela certainement même bien avant les philosophes grecs antiques et la formalisation de la zététique.
Cette méthode – la méthode scientifique finalement – étant la seule méthode d'investigation auto-correctrice, on peut raisonnablement penser que des « zététiciens » étaient déjà à l'œuvre à l'époque de Rahan, « le fils des âges farouches »...

Je connais ton goût pour *Rahan*, le héros éponyme de la célèbre BD de Roger Lécureux et André Chéret, apparue à l'origine en 1969 dans le premier numéro de *Pif Gadget*. Rahan, avec sa tignasse, son collier de griffes

---
8   Pascal Boyer, *Et l'homme créa les dieux : Comment expliquer la religion*, Robert-Laffont (2001) ; réédition poche Folio essais, 2003. Pascal Boyer, Joseph Béhé, *Et l'homme créa les dieux*, Futuropolis, 2021.

et son coutelas d'ivoire, « *connaissait bien les coutumes qui devenaient traditions... ces traditions qui devenaient croyances et ces croyances des certitudes. Mais il se garda, une nouvelle fois, de juger les pensées de « ceux qui marchent debout », ses frères. »* **». C'est pour toi un intarissable modèle de zététique.**
Mais revenons à ta carrière de croyant.

Ma carrière de « croyant » ne remonte pas vraiment à la pyramide de Falicon, mais plutôt à une époque antérieure car, lorsque j'ai commencé à m'intéresser sérieusement à cette pyramide, ma démarche commençait déjà, de manière balbutiante, à reposer sur des faits prouvés plutôt que sur des hypothèses délirantes. Mais c'était mes tout premiers pas méthodologiques.

Vers mes 14-15 ans, j'ai décidé de m'intéresser de manière assez concrète à cette pyramide près de Falicon, au nord de Nice, que je connaissais depuis tout gosse par des balades faites dans le coin, en étant attiré surtout par la grotte dite de la Ratapignata[9] (grotte de la Chauve-souris, en niçois) dont cette pyramide marquait l'entrée. Quelques mois de recherche, et divers documents amoncelés plus tard, donc un peu après l'anniversaire de mes quinze ans (en 1965), j'ai décidé de commencer à écrire quelque chose sur le sujet et que ce quelque chose, un texte écrit à la main qui sera ensuite tapé à la machine par ma sœur pour plus de lisibilité, donnera *in fine* mon premier livre « La mystérieuse pyramide de Falicon »[10].

Au passage, je dois dire que je suis tout de même assez fier

---

9 Bien que très passable en niçois, je signale que l'orthographe ratapignata est une *ratapinhata* sur laquelle le lexicographe Frédéric Mistral (1830-1914) est passé en soufflant fort.
10 Henri Broch, *La mystérieuse pyramide de Falicon*, éditions France-Empire, 1976.

du relevé, certes grossier, des salles de la grotte que j'ai effectué en 1965-66, car fait avec les tout petits moyens du bord, uniquement boussole, fil à plomb et décamètre.

C'est vers cette même période que remonte ma participation à l'association CEREIC, Centre d'Études et de Recherches d'Éléments Inconnus de Civilisation, dont j'ai été parmi les tout premiers participants, mais trop jeune et surtout pas encore majeur pour en être inscrit comme l'un des fondateurs. De mémoire, on était seulement sept lors de la déclaration officielle de cette association.

Mineur juridique mais déjà un indispensable « mineur » à la pioche, utile pour creuser des sujets divers comme celui d'un soi-disant « haut lieu celte », selon Guy Tarade, recouvrant un « sanctuaire souterrain » pour lequel ce même Tarade, président de cette association d'archéologie quelque peu fantastique et fantasmée, me demandait en 1967 *« Pourriez-vous constituer une équipe spéléologique pour explorer les lieux ? »* et n'hésitait pas à compléter par un pompeux *« Je me charge de vous faire confier par le Conseil d'Administration du CEREIC la responsabilité de l'opération. »*. Super, pour un jeune de 16 ans et des poussières, non ?

C'est un excellent début de carrière ! Quand tu parles de Guy Tarade, tu veux parler de ce célèbre ufologue défenseur de la « théorie » néo-évhémériste ?

Je précise : cette pseudo-théorie est une spéculation ufologique selon laquelle les dieux dont parlent les anciennes mythologies et dont l'archéologie met les cultes en évidence étaient en réalité des extraterrestres humanoïdes.

Le sociologue Jean-Bruno Renard, professeur émérite à l'Université Paul-Valéry Montpellier, l'a ensuite surnommée « néo-évhémérisme », en référence au

philosophe grec Évhémère du IIIe siècle avant l'ère commune. Évhémère expliquait la croyance en les dieux à partir de l'existence de personnages illustres qui auraient, par la suite, été divinisés par la population. Ainsi le néo-évhémérisme postule selon le même principe que les peuples « primitifs », Nazca, anciens Égyptiens et autres, auraient, face à une technologie supérieure, divinisé ces visiteurs en provenance de l'espace.

Oui c'est cela mais, désolé, ta précision n'est pas entièrement exacte car ce n'est *pas* le sociologue Jean-Bruno Renard qui a introduit cette notion en référence à Évhémère.

Je suis en contact avec Jean-Bruno Renard depuis fort longtemps, depuis la sortie de mon ouvrage *Le Paranormal* en 1985 et il se trouve que j'étais intervenu dans un colloque – probablement le « Festival international du film sur les phénomènes paranormaux » à Dunkerque dont j'étais membre du Comité scientifique en cette même année – et où j'avais parlé, entre autres choses, d'archéologie fantastique.
Peut-être, en réponse à une question ou lors d'une intervention plus longue, ai-je fait référence à l'évhémérisme en parlant d'un auteur allemand qui avait déjà utilisé l'expression. Peut-être est-ce à une toute autre occasion ?... Ou en discutant avec l'auteur Thierry Pinvidic[11] ?...

Toujours est-il que ce dernier a indiqué à Jean-Bruno Renard que j'avais une référence de cet auteur allemand, et Jean-Bruno m'a ainsi contacté à ce sujet car il pensait avoir

---

11 Thierry Pinvidic, auteur entre autres de *« Le nœud gordien ou la fantastique histoire des ovni »*, France-Empire 1979 et qui dirigea le gros volume *« OVNI, vers une anthropologie d'un mythe contemporain »* qui sera publié aux éditions Heimdal en 1993.

introduit cette notion dans un article des *Archives de sciences sociales des religions* en 1980.

Je lui ai répondu que l'auteur allemand dont j'avais parlé était Joachim Rehork (né en 1930), et que j'avais lu il y avait bien longtemps déjà un article ou une entrevue dans lequel cet auteur parlait de l'évhémérisme, mais que cela devait remonter aux environs de 1969-70.

J'avais également donné comme référence à Jean-Bruno le livre de Rehork « *Recherche fascinante. L'archéologie moderne* » (1971, paru en français chez Marabout Université en 1976) dans lequel il y a un chapitre explicitement intitulé « *Erich von Däniken, 'archi-évhémériste'* ».

Donc il faut rendre à César ce qui est à César, et que grâce soit ainsi rendue à Joachim Rehork.

Noté. Guy Tarade, donc grand vendeur de livres, disons… De qualité discutable ?

Oui, il s'agit bien de lui : à l'époque (et aussi ensuite) un monsieur fort sympathique, chauffeur de bus TNL de son métier (les *Tramways de Nice et du Littoral* que tous les Niçois définissaient plutôt comme... *Traversent Nice Lentement*) et qui, peu après la création mais surtout après la médiatisation du CEREIC, a beaucoup changé.

Ne reculant devant rien, Monsieur Tarade s'était fait faire (vers 1972-73) la superbe carte de visite que voici (*cf.* image) :

Guy TARADE
Ecrivain-Conférencier
Président du C.E.R.E.I.C.

"Soucoupes volantes et civilisations d'outre-espace" (J'AI LU)
"Les dossiers de l'étrange" (R. LAFFONT)
"Les archives du savoir perdu" (R. LAFFONT)

"Le Neptune" - Bat. H - 8, quai des Docks   06300 NICE

Ce que beaucoup de personnes oublient ou ignorent, c'est que Guy Tarade est, avec un nommé André Millou, le véritable « créateur » du fameux *cosmonaute maya* de Palenque. C'est lui en effet qui a lancé depuis la base de lancement de Nice cette pure merveille rumorale dans un article paru en août 1966 dans le quotidien local *Le Patriote*, article dans lequel il expliquait que des extraterrestres avaient colonisé l'Amérique centrale, et que les savants de ce peuple de l'espace avaient « *laissé, gravé au cœur d'une pyramide maya, le plan d'un vaisseau cosmique à propulsion ionique ou photonique* » !

Rien que ça !

Revenons un peu en arrière.
En 1949, l'archéologue Alberto Ruz Lhuillier, archéologue franco-mexicain (1906-1979), directeur de fouilles sur le site maya de Palenque, découvre un escalier, comblé, qui s'enfonce au cœur du « Temple des Inscriptions », une pyramide du site maya de Palenque au Mexique. Après quatre campagnes de déblaiement et fouilles, il met au jour le 15 juin 1952 une crypte ornée de riches décorations murales et contenant un énorme sarcophage de pierre dans

lequel se trouvent un squelette et de riches offrandes avec jade, obsidienne, coquillages... La dalle de couverture – 6 à 7 tonnes à elle seule – est entièrement sculptée d'un motif complexe.

Guy Tarade et André Millou, une quinzaine d'années plus tard dans l'article dont je viens de parler, n'hésiteront pas à faire de ce motif le fameux plan d'un vaisseau cosmique avec son pilote. Cet article du *Patriote* fut repris, traduit *in extenso*, dans une petite revue italienne d'amateurs d'ovnis [12] ce qui conduisit « l'astronef de Palenque », et donc son « cosmonaute », à devenir la pièce centrale d'un gros dossier du *Domenica del Corriere*[13] consacré à la venue d'extraterrestres dans l'Antiquité !

Merveille reprise bien sûr immédiatement par les autres « archéomanes » néo-évhéméristes Robert Charroux, Erich von Däniken, Peter Kolosimo et consorts de par le monde...

Quand tu dis *archéomanes*, tu veux qualifier des gens qui se pensent archéologues sans en avoir les compétences ?
Des pseudo-archéologues « romantiques », des Bouvard et Pécuchet[14] de l'archéologie ?

C'est ça. Et tout le monde reprend en chœur, en oubliant presque systématiquement de citer leur initiateur Tarade et préférant encenser, comme « découvreur » de cette

---

12 *Clypeus* n°4-5, octobre 1966. En latin le *clipeus* (avec un « i » bien sûr, le « i grec » étant peut-être pour faire plus exotique et mystérieux) était le bouclier rond des Étrusques puis des Romains, et correspond bien à la représentation mentale d'une « soucoupe volante » dans les années 1960.

13 *Domenica del Corriere* du 26 février 1967. Ce journal, l'hebdomadaire du *Corriere della sera*, était le plus vendu des hebdomadaires italiens avec un tirage à l'époque à plus de 1 million d'exemplaires !

14 En hommage au roman inachevé de Gustave Flaubert « Bouvard et Pécuchet » (1881) dans lequel deux larrons s'inventent des expertises sur à peu près tout. Un téléfilm hilarant en a été tiré en 1989, réalisé par Jean-Daniel Verhaeghe, avec Jean-Pierre Marielle et Jean Carmet dans les rôles-titre.

merveille, « *le savant russe et professeur Alexander Kazantsev* »[15]. Or non seulement il n'était *pas* l'initiateur de cette découverte, mais en outre il n'était *ni* savant, *ni* professeur, *ni* russe (à la rigueur « soviétique », parce que kazakh). J'ai conservé pieusement l'article d'origine depuis cette lointaine époque.

Ni savant, ni professeur, ni russe ?

L'expression que j'utilise ici est un condensé des divers titres et fonctions qui ont été donnés à Alexander Kazantsev par de nombreux archéomanes et auteurs pseudo-documentés. Quelques exemples :
- « *Professeur* » (Robert Charroux, « *Histoire inconnue des Hommes depuis 100.000 ans* », 1963) ;
- « *Physicien* » (Guy Tarade, André Millou « L'enigma di Palenque », *Clypeus* n°4-5, 1966) ;
- « *Reçu les honneurs de la science russe* » (Guy Tarade, « *Soucoupes Volantes et civilisations d'outre-espace* », 1969) ;
- « *Écrivain et savant* » (Jacques Vallée, « *Chroniques des apparitions extraterrestres* », 1974) ;
- « *Savant soviétique* » (Serge Hutin, « *Hommes et Civilisations fantastiques* », 1970) ;
- « *Savant russe, Membre de l'Académie des Sciences de Moscou* » (vidéo « *Présence des extraterrestres* », de Harald Reinl, 1970) ;
- et le magnifique « *Authentique savant russe et professeur* » (Simone Waisbard, pourtant critique de Kazantsev, dans « *Tiahuanaco, 10.000 ans d'énigmes incas* », 1971).

Bon, la liste complète serait ultra-longue et il est temps de clore ici.

---
15 Et pour quelques longs extraits des dires des archéomanes les plus célèbres sur le cosmonaute de Palenque, j'invite à la lecture des pages 29 à 42 de mon ouvrage « *Le Paranormal* », ouv.cit, qui y sont entièrement consacrées.

En gros, la leçon qu'il faut en tirer, c'est que comme le saumon, il faut remonter à la source de l'information, au risque de raconter n'importe quoi.
Car Alexander Petrovitch Kazantsev (1906-2002), sans aucune compétence ou diplôme scientifique, écrivait fictions et essais très dilettantes – le mot est faible ! Il défendait par exemple l'idée, pourtant déjà désuète en son temps, que la planète Mars abritait des canaux témoignant d'activité extraterrestre ; que l' « événement » de la Toungouska en 1908, onde de choc de la désagrégation d'une météorite, qui rasa un cercle de 20 km de diamètre de forêt, était dû à l'écrasement d'une soucoupe extraterrestre ; que les *Dogū*, figurines de la période Jōmon, de 3000 à vers 300 avant l'ère commune, montraient des combinaisons de cosmonautes, et autres prouesses imaginatives.
En réalité le dessin de la dalle de ce sarcophage est-il si mystérieux que cela ?

Sans faire appel à quoi que ce soit d'extérieur – *facette « Parcimonie des hypothèses »* – mais uniquement au *même* site maya et à la *même* époque – *facette « Le contexte est important »*, ici contexte spatial et temporel – la réponse est là, sous nos yeux…

Je rappelle pour le lectorat qui n'a pas eu la chance de t'avoir en cours ou n'a pu encore avoir eu celle de te lire : les *facettes* sont des sortes de proverbes que tu as érigés en maximes d'autodéfense intellectuelle et qu'il faut garder à l'esprit en permanence, pour *« avoir l'esprit ouvert, mais pas au point que le cerveau s'en échappe* »[16]. On en trouve la liste dans le livre *Le Paranormal* déjà cité.

Depuis le Temple des Inscriptions, en se déplaçant d'environ 200 mètres, on arrive au Temple de la Croix à l'intérieur duquel on découvre une gravure de fond d'autel que l'on peut mettre en juxtaposition[17] directe avec le « vaisseau cosmique », ce qui nous livre la solution du mystère.
Le fameux « cosmonaute » se trouve être tout simplement le roi Pakal[18], symboliquement sacrifié sur l'autel, souverain donnant sa vie pour que les cultures soient bonnes et ressuscitant dans un au-delà solaire. Et le tout aussi fameux vaisseau est une représentation de l'arbre sacré (le *Ceiba pentandra*, ou kapokier, ou fromager...) ou de la plante sacrée (le maïs) des Mayas avec en partie inférieure le monstre des cavernes, symbole de mort, et en partie supérieure le quetzal, symbole du soleil et de vie.

Et, dans la foulée, me revient un autre de mes plaisirs mémoriels : le souvenir de Robert Charroux faisant écrire dédaigneusement par sa secrétaire quelques années plus tard, après la sortie de mon livre sur la pyramide de Falicon, que c'était par son livre que, moi qui le critiquais, j'avais connu la pyramide de Falicon... Souvenir délicieux car, dans les faits, c'est très probablement sinon très certainement par moi – via l'intermédiaire de son ami Guy

---

16 Bien qu'on crédite parfois Carl Sagan, ou James Randi de cette expression, elle leur est bien antérieure. Elle est présente dès 1940 dans une conférence de Walter Kotschnig, sous forme de conseil aux étudiants du Mount Holyoke College, Massachusetts (27 janvier 1940, *Blytheville Courier News*, « Professor Tells Students to Open Minds to Truth », page 2, Colonne 2 et 3, Blytheville, Arkansas).
17 Pour le schéma de cette juxtaposition et son explication, *cf.* mon ouvrage « *Le Paranormal* » ou
http://sites.unice.fr/site/broch/banque_images.html#cosmonaute
18 Plus précisément dénommé maintenant K'inich Janaab' Pakal Ier (603-683).

Tarade et le CEREIC – que lui, Robert Charroux, avait découvert l'existence de la pyramide de Falicon et de sa grotte. L'histoire se réécrit facilement.

Robert Charroux, autre grand pseudonyme, Celui de Robert Grugeau, autre théoricien des Ummites, des civilisations outre-espace, *etc.*, n'est-ce pas ?

Oui il s'agit bien de Robert Grugeau qui a pris comme nom de plume celui d'un village de la Vienne où il se plaisait, et c'est bien le théoricien des « civilisations d'outre-espace » et autres grands mystères ; encore qu'il semble que les termes « civilisations d'outre-espace » ou « Ummites » soient un peu empruntés à Guy Tarade, dans son livre de 1969[19]. Mais c'est Charroux qui a connu le succès médiatique le plus fou et le plus large et dont les ouvrages ont eu des tirages énormes à l'époque.

J'ai contacté les éditions Robert-Laffont : les chiffres culminent fin 2021 à 230 000. Tu frayais donc dans une drôle de faune !

Comme je l'ai déjà écrit (entre autres dans « *Le Paranormal* »), j'ai « *cru pendant plusieurs années aux phénomènes paranormaux au sens large, c'est-à-dire à tout ce qui relève du domaine attirant du Mystère avec un grand M ! J'ai également participé pendant longtemps à diverses expériences, activités de « clubs », « centres » et autres joyeusetés qui m'ont permis de découvrir des choses qui ne manquent pas de saveur et dont les multiples facettes ne peuvent qu'être difficilement imaginées par l'encéphale d'un non-initié...* » .
Et, comme je l'ai également répété souvent, il est à mon avis

---
[19] Tarade Guy, *« Soucoupes volantes et civilisations d'outre-espace »*, coll. L'aventure mystérieuse, J'ai lu, 1969.

sinon nécessaire, en tous les cas fort utile, d'avoir « pratiqué » quelque peu le « paranormal » si l'on veut pouvoir en goûter ensuite toutes les finesses et tous ses multiples aspects...

Je ne peux qu'être d'accord avec toi, moi qui ai cru à à peu près tout ce qui passait, allant même jusqu'à essayer de me soigner par magnétisme ou tenter d'hypnotiser mon chat.
Là, tu as 16 ans. J'imagine que tu n'as pas encore passé ton bac.

Pour le bac, ce sera en 1968.

Tu as participé aux mouvements étudiants ?

Les mouvements étudiants en mai 1968 à Nice auxquels j'ai participé n'ont peut-être pas eu l'ampleur gigantesque qu'ils ont eue dans d'autres villes, car à cette époque l'université de Nice était à peine naissante et devait donc compter un nombre « restreint » d'étudiants. Mais ces mouvements de contestation ont tout de même réuni pas mal de personnes et bien sûr beaucoup de syndicalistes, d'étudiants et de lycéens, dont je suis, puisque je suis encore en Terminale au lycée du Parc Impérial au moment des événements.
J'ai le souvenir – mais c'était il y a un demi-siècle et l'on connaît en zététique les « effets » de la mémoire – de foules vraiment importantes avec la place Masséna et l'avenue noires de monde. Et c'est lors d'un de ces mouvements à la mi-mai que j'ai rencontré pour la première fois Virgile Barel[20] député communiste des Alpes-Maritimes, qui, un peu moins d'une dizaine d'années plus tard, à partir d'un dossier que je lui avais bâti, interviendra à l'Assemblée

---

20 Virgile Barel (1889-1979), membre du Parti communiste français, élu régulièrement député des Alpes-Maritimes de 1936 à 1978 et faisant fonction de maire de Nice (président de la délégation spéciale) en 1944-45.

Nationale pour essayer de sauver la pyramide de Falicon, fortement menacée.

Il l'obtiendra ?

Je te raconte : en janvier 1978, Virgile Barel me contacte pour une « question écrite » à l'Assemblée Nationale sur la pyramide. Parallèlement j'avais pris diverses initiatives (pétition, contact de radios, télés, personnalités) dont je n'ai plus le souvenir exact. Voici deux points de repères temporels précis car documentés :

- Le 24 juin 1982, Pierre Lambertin, Préfet des Alpes-Maritimes, écrivait à mon frère Louis, conseiller général, qui lui avait fait parvenir une demande de protection de la pyramide de Falicon avec mon dossier :

> *« Comme suite à ma lettre en date du 18 août 1981, relative au projet de protection de la Pyramide de Falicon, j'ai l'honneur de vous faire connaître que le dossier de cette affaire a été soumis à la Commission Départementale des Sites qui, en sa séance du **11 mai 1982**, a émis un **avis favorable à l'inscription à l'inventaire des Sites, de la Pyramide et de ses abords**.*
[gras de moi]
> *Conformément à la procédure réglementaire le dossier est transmis pour décision au Ministre de l'Urbanisme et du Logement par l'intermédiaire de la Délégation Régionale à l'Architecture et à l'Environnement d'Aix-en-Provence. »*

- En offensive tous azimuts, j'avais également écrit directement au Ministre la Culture, en lui faisant parvenir mon dossier pour attirer son attention sur la pyramide de Falicon en insistant sur le fait que des mesures de conservation semblaient nécessaires.

Jack Lang m'a répondu le 4 août 1982 :

> *Vous avez bien voulu appeler mon attention sur la pyramide sise sur la commune de Falicon, près de Nice (Alpes-Maritimes), en faveur de laquelle vous voudriez voir prises des mesures de conservation.*
>
> *J'ai l'honneur de vous faire savoir que j'ai adressé le dossier que vous m'aviez remis à Monsieur le Directeur Régional des Affaires Culturelles de Provence (21/23 boulevard du Roy René, 13167 Aix en Provence Principal Cedex – Tel : (91) 27.98.40) avec lequel vous pouvez prendre contact pour toutes précisions utiles.*

Contact pris, on m'a indiqué que l'affaire allait suivre son cours.

Donc, sauvée ?

Attends, le cours des choses est parfois... un peu long.
Et c'est une équipe de l'association IPAAM (Institut de Préhistoire et d'Archéologie Alpes Méditerranée, la plus ancienne des associations niçoises consacrées à l'archéologie, fondée sous le nom *Institut des fouilles de Provence et des Préalpes* en 1926) qui a repris avec succès une vingtaine d'années plus tard, en 2004, le flambeau de la demande de classement. Leur dossier a été examiné par la Commission Régionale du Patrimoine et des Sites en sa séance du 21 juin 2007 et l'avis a été favorable. Et l'arrêté d'inscription au titre des Monuments historiques de la pyramide de Falicon a été signé par le Préfet de la Région Provence-Alpes-Côte d'Azur le... **7 août 2007** !

Bah, à l'échelle d'une pyramide, c'est une broutille. Bonaparte aurait sûrement déclaré : « *Henri, du haut de la pyramide de Falicon, 25 ans te contemplent* **».**
Sens-tu déjà ton attrait pour la physique ? Tu sembles plus versé dans l'archéologie.

Difficile de dire à quel moment cela se passe car, dès la classe de 6ème au lycée, je bossais toutes les matières quasiment de la même manière et avec le même plaisir, plaisir d'apprendre quel que soit le domaine car on n'avait pas grand chose à la maison.

Ton extraction sociale ? Famille paysanne ? Syndicalisée ? Ouvrière ?

Pour faire court : milieu ouvrier.
Francis, mon père : français, né à Nice, niçois depuis N générations, garçon-boucher, non syndiqué et plutôt anar, un tout petit peu catholique.
Marie, ma mère : immigrée italienne, née à Chiavenna, province de Sondrio, femme de ménage, sans position politique marquée, plutôt centrée sur la famille, et un peu plus catholique, sans pour autant pratiquer.
Ma mère, comme mon père, ont commencé à travailler à 14 ans, elle en usine en Italie, lui à Nice.

Ton père est garçon-boucher, tu veux dire de cette tradition un peu libertaire qui parle le louchébem de Paris ?

Tu crois vraiment, comme beaucoup de « jacobins » qu'à Nice au début du XXe siècle les bouchers et garçons-bouchers parlaient un argot de boucher *parisien* ?... Je n'en sais rien, je n'étais pas là mais je ne pense pas que des enfants qui lors de leur courte scolarité se sont fait taper fortement sur les doigts ou sur la tête (et ce n'est pas une image) pour leur faire « ravaler » leur langue niçoise et se concentrer sur la langue française soient particulièrement motivés pour devenir à peine quelques années plus tard des travailleurs adoptant avec entrain un argot parisien spécifique. Bon, mais là n'est pas ta question je suppose.

Effectivement. Mais c'est la première fois qu'on me traite de jacobin, je te remercie.

Je n'ai pas connu mes grands-parents que ce soit du côté maternel ou du côté paternel et *a fortiori* mes arrière-grands-parents : certains étaient décédés avant même ma naissance, d'autres le furent alors que je n'étais qu'un petit enfant. Mon grand-père paternel – qu'on appelait par son deuxième prénom, le plus joli, je te le donne en mille : Henri – Henri, donc, est mort des suites de la guerre de 1914 et mon père avait été pupille, « *adopté par la Nation* » en 1920.

Il n'y avait pas vraiment de livres à la maison, mais j'ai eu des parents formidables qui ont compris que l'école était « sacrée » et que le savoir, le sens et l'amour du travail étaient la plus importante des choses et c'est cela qu'ils m'ont transmis sans avoir besoin de faire de discours.

J'ai un frère et une sœur. Je suis le « petit dernier » *donc* celui qui a pu faire des études.
Louis, mon grand frère, n'a pas fait d'études et n'a même pas son baccalauréat. Il a quitté le lycée en troisième. Il a commencé à travailler jeune comme apprenti chez un carrossier de Nice, en tapant avec un marteau à tête ronde sur de la tôle de voiture à longueur de journée... Il est parti quelque temps plus tard à Londres pour travailler comme bagagiste, *groom* comme Spirou, en tenue, dans un hôtel. Il s'est vraiment fait tout seul. Et je pense que ce qui l'a humainement marqué très profondément, ce sont les 28 ou 29 mois qu'il s'est tapés comme appelé au service militaire pendant la guerre d'Algérie. Louis a été élu en 1976 conseiller général des Alpes-Maritimes par les quartiers

populaires de l'Ariane, Saint-André, Falicon et La Trinité, et ce jusqu'en 1994. En 1983, il est élu maire de La Trinité à la tête d'une équipe de rassemblement à gauche et il le restera dix-huit ans. Dix-huit années de gestion humaniste de cette commune aux portes de Nice.

Ma sœur Laurette a fait ses études secondaires au Lycée technique départemental et quelque temps après avoir passé son bac a été embauchée comme secrétaire à l'Inspection Académique des Alpes-Maritimes avant d'être nommée dans un collège à Langres, en Haute-Marne.

De mon côté, j'ai été boursier à l'échelon le plus haut il me semble (E7 de mémoire) depuis la classe de 6ème jusqu'à mon DEA, diplôme d'études approfondies (actuel Master 2). Mon « carnet scolaire » de l'école élémentaire a fait que j'ai été dispensé d'examen d'entrée en 6ème ; eh oui, à l'époque il y avait un examen pour être admis en classe de 6ème.

Un souvenir fort pour moi : à la rentrée en 6ème au lycée du Parc Impérial à Nice, j'ai été mis dans une 6ème « Moderne » avec l'argument de classe – et « classe », pas dans le sens scolaire ! – que la profession du père supposait que cet enfant ne pourrait pas suivre une 6ème « Classique » par principe trop difficile pour lui. Après le 1er trimestre et des résultats en peloton de tête, c'est grâce au soutien et à l'intervention forte d'un professeur de français – Monsieur Blanqui – que l'administration du lycée a accepté de me faire passer en cours d'année dans une section « Classique » et j'ai donc fait les 2ème et 3ème trimestres en « Classique » avec le latin et tout ce qui allait avec ce type de classe. Et j'ai fini l'année avec Mention de Prix d'excellence (« *mention* » car n'étant pas dans cette classe au 1er trimestre, ce prix ne pouvait pas m'être décerné).

De tels épisodes, même lorsque l'on est tout jeune, sont formateurs.

Blanqui, ne me dis pas que c'est la famille d'Auguste Blanqui (1805-1881), le célèbre révolutionnaire socialiste qui a passé une grande partie de sa vie en prison ?

Possible, car « l'Enfermé » Auguste venait de Puget-Théniers, pas loin de Nice. Mais je n'en sais rien.
Lors des distributions de prix en fin d'année, je cumulais souvent les premiers prix quelle que soit la discipline, y compris le premier prix de... catéchisme (je te vois rigoler bêtement !).

Huhuhu...

On disait alors « Instruction religieuse ». Et j'avais déjà quelques petites accroches avec l'aumônier, – car il y avait encore des aumôniers qui venaient dans les lycées *publics* – sur l'historicité ou non de certains personnages.

La science de manière générale m'a toujours attiré et je suis né avec la génération Spoutnik (1957) et Youri Gagarine (mission Vostok 1961), collectionnant en *live* plein d'articles de journaux et revues qui traitaient de l'espace (on ne parlait pas trop encore de « conquête spatiale ») et de l'astronautique, une de mes passions. J'ai lancé vers l'âge de 11-12 ans ma première fusée un peu efficace, bricolée toujours avec les faibles moyens du bord : je me remémore, à tort peut-être, une montée d'environ 1000 mètres, un lézard comme passager, et une redescente des deux étages en parachute, ; sans parler d'une espèce de soucoupe volante d'une trentaine de centimètres de diamètre, fabriquée avec un ami passionné également de soucoupe et qui avait connu sur un terrain vague quelques essais sympathiques avec déboires associés.

J'ai conservé longtemps un intérêt pour l'espace, l'astronomie et l'astronautique et j'ai toujours chez moi l'ouvrage « *L'encyclopédie soviétique de l'astronautique mondiale* » publié par les éditions *Mir* en 1971 et portant la dédicace que m'a faite Valentina Terechkova, la première femme dans l'espace, que j'étais allé voir lors de sa venue à Nice.

Et, coïncidence extraordinaire, sur une des premières pages de cet ouvrage, on apprend que la traduction française de cette encyclopédie a été révisée en particulier par… *Michel Rouzé !*

Michel Rouzé, *alias* **Michel Kokoczynski (1910-2003), journaliste scientifique qui entre autres faits d'armes critiques, a créé en 1968 l'AFIS : association française pour l'information scientifique (dont tu es membre, n'est-ce pas ?) qui publie la revue** *Science et pseudo-sciences* **depuis.**

Effectivement, je suis membre de l'AFIS, ainsi que membre du Comité de parrainage scientifique de l'association et de sa revue *Science & pseudo-sciences*. J'étais, depuis 1985, dans le Comité de Rédaction, devenu plus tard le « Conseil de l'Afis » puis finalement le « Comité de parrainage scientifique ». Cette revue créée par Michel Rouzé s'intitulait au début « Cahier de l'Agence Française d'Information Scientifique » (c'est bien le terme *Agence*, et non le terme *Association*) et elle a pris en 1985 le titre « SCIENCE… et pseudo-sciences ».

Cela étant dit, l'archéologie m'a toujours intéressé. Et la physique également, mais la partie véritablement scientifique de la démarche n'est venue qu'en fin de lycée.

2. Tes influences politiques

Je sais que tu nourris une pensée progressiste dite « de gauche », inspirée du communisme. Il me semble savoir que l'artiste plasticien Ernest Pignon-Ernest a joué un certain rôle dans ta pensée politique. Celle-ci t'est-elle venue de ta réflexion scientifique, ou est-ce l'inverse ?

Pourquoi pensée « *dite* » de gauche ?... Non : de gauche, tout simplement, car je ne suis pas pour du rouge un peu déteint ou du rose carrément plus que pâlissant comme on peut observer de nos jours, des roses plus que fanées.

Je mets des guillemets à « gauche », mais tu sais pourquoi. Ce découpage remonte à la répartition dans l'hémicycle de l'Assemblée nationale d'août-septembre 1789 sur le débat pro ou anti veto royal, autant dire que c'est ancien. Pour beaucoup de gens, « gauche » signifie Parti socialiste, ce qui mérite éclaircissement. En mode pirate, je résume ainsi : le positionnement à droite, c'est le respect du pouvoir, le conservatisme, le maintien des grandes structures, les notions de Nation, de patrie, de famille au sens restreint (hétérocentrée), une nostalgie du passé et des grands Hommes, le droit du sang, l'ordre moral et généralement une référence religieuse forte. On dit que la main droite de l'État, c'est l'armée, la police, la prison. À gauche, en théorie du moins, c'est plutôt l'opposé : le progressisme en terme de mœurs, le droit des faibles et des plus démunis devant les forts et les riches, la contestation du pouvoir et des structures en place, une grande libéralité dans les opinions et dans les choix moraux. La main gauche de l'État, c'est l'éducation, le soin, la prise en charge des catégories

sociales les plus vulnérables. Tu entends la même chose avec ce mot ?

J'entends la même chose, donc parfaitement d'accord avec tes définitions.

Par contre, je ne sais pas d'où tu tiens cette vraiment drôle d'information sur le rôle d'Ernest Pignon-Ernest dans ma pensée politique... car ce n'est absolument pas le cas !

D'où un tel « savoir », une telle pseudo-information a-t-elle bien pu sortir ?

Nous avons peut-être une solution possible suite à la survenue d'un bien triste événement.

Louis Broch (dont je suis fier, mais vraiment très fier, d'être le frère) vient de décéder dans la nuit du 31 décembre au 1er janvier 2022. Et pourquoi je t'indique cela ici, c'est parce que le tout premier article d'information sur son décès est paru le lendemain 2 janvier dans Nice-Matin accompagné d'une grande photo de Louis avec Ernest Pignon-Ernest, et *L'Humanité* a fait de même le 4 janvier avec la photo de mon frère Louis encore avec Ernest Pignon-Ernest.

Une photo donc classique des deux amis et compères ensemble, ce qui me fait me demander si ton « savoir » ne serait pas sorti d'un article d'un journaliste ou chroniqueur quelconque qui, il y a quelques mois ou quelques années, aurait écrit un article en allant un peu vite et en confondant les deux frangins.

J'admire l'artiste Ernest Pignon-Ernest mais je ne le connais pas vraiment personnellement et, lorsque j'ai découvert en 1974 la place Masséna à Nice magnifiquement « taguée » avec ses affiches contre le jumelage de Nice avec Le Cap (c'était l'époque du régime d'Apartheid en Afrique du Sud, mis en place de 1948 à 1991), mes idées politiques étaient déjà plus que formées.
Cela étant dit, Ernest Pignon-Ernest est l'un des co-fondateurs, avec mon frère Louis, de l'association *Les Amis de la Liberté* créée à Nice en 2006, à laquelle j'appartiens également, et dont les membres partagent tous une certaine démarche.

Une démarche... tu veux dire ? Une démarche communiste ?

Non pas du tout, pas au sens strict où certains entendent « communiste ». L'appellation « *Les Amis de la Liberté* » se veut un écho aux « *Les amis de la Liberté et de l'Égalité* » de 1780, association à laquelle adhéra Jean-Dominique Blanqui, député de la Convention, et père de l'illustre Auguste, et a pour démarche et objectif de (je cite nos statuts) « *développer, hors de tous les préjugés d'ordre social, ethnique ou religieux, et dans le seul engagement de la raison et de l'honneur, une citoyenneté dévouée au bien public, à la laïcité dans la République et animée de sentiments de fraternité, de solidarité et de respect de tou(te)s et de chacun(e)* ».

En gros, c'est de « l'humanisme séculier » (*secular humanism*), dans le style du philosophe Paul Kurtz ?

Si tu veux, en gros, bien que cela n'ait aucun lien direct avec Paul Kurtz, sur lequel nous reviendrons. Quant à l'origine de ma « pensée politique » vis-à-vis de ma réflexion scientifique ? « Pensée politique » cela me paraît, dans mon cas, un bien grand mot pour définir quelque chose qui ne me « transporte » pas systématiquement à longueur de temps. Je ne pense pas que l'une ait *impliqué* l'autre, quel que soit le sens de la flèche causale que l'on choisisse. Les deux me paraissent s'être formées un peu indépendamment l'une de l'autre, même si cela a pu se faire simultanément et parallèlement, et que l'osmose n'était bien sûr pas nulle entre les deux. Sans compter que, lorsque adolescent, tu vois ton frère (Louis, de onze ans mon aîné, appelé sous les drapeaux et envoyé pour de très longs mois en Algérie) venir en permission et avoir des tremblements des mains tels que tu n'es pas sûr qu'il puisse tenir un livre pour lire, tu te poses nécessairement des questions, et tu en poses aux autres, qui aident à ta formation et guideront ta pensée.

Cela étant dit, la lecture des œuvres de Marx, si répandue – ou présumée telle – à l'époque, ne m'a jamais tellement attiré et, plutôt que ses textes que je trouve plutôt rébarbatifs, je préférais lire quelques textes de Friedrich Engels comme l'inachevé « *Dialectique de la Nature* » dont des parties sont certes demeurées au stade de brouillon ou de notes éparses mais offrent quelques pépites ayant certainement contribué à ma formation et à mon orientation zététique.

Par exemple, la partie « *La science de la nature dans le monde des esprits* » de cet ouvrage d'Engels dont la lecture... me donne déjà à l'époque le « la » de quelques uns de mes futurs centres d'intérêt. En plus de son intérêt informatif et intellectuel, cette partie sur le spiritisme est parsemée de petites doses d'humour qui en rendent la lecture encore plus agréable. Elle se termine par une citation de Thomas H. Huxley, déclinant en 1869 l'invitation d'un comité spirite à venir travailler avec eux par ces mots : « *À mon avis, le seul bien qui pourrait sortir de la démonstration de la vérité du spiritisme, ce serait de fournir un nouvel argument contre le suicide. Plutôt balayer les rues sa vie durant que de raconter, une fois mort, des âneries par la bouche d'un médium qui se loue à une guinée la séance !* »[21].

Une vraie *punchline* ! Pour rappel, le biologiste Thomas Henry Huxley est connu sous le nom de « bouledogue de Darwin », sobriquet qu'il avait inventé lui-même car fier et opiniâtre défenseur de l'évolution de Darwin. Il est le grand-père d'Aldous Huxley (1894-1963), qui écrira entre autres le célèbre « *Le meilleur des mondes* », ainsi que le recueil « *Les portes de la perception* » *(The Doors of Perception)*, qui m'a beaucoup impressionné lisant ça adolescent : le type y avale de la mescaline pour expérimentalement voir ce que ça fait. Cela avait aussi marqué le chanteur Jim Morrison, au point de lui inspirer le nom de son légendaire groupe, *The Doors*. J'ai refait moi-même quelques expériences sous psychédéliques devant caméra, pour voir, en pensant à lui… C'est beau, la science !

En résumé, en tant que citoyen impliqué dans la république – au sens de *res public*a, la chose publique – j'essaie simplement d'aider dans la mesure de mes moyens à la diffusion de ce que je pense être « bon » et porteur de

---

21 Réponse du 29 janvier 1869 à la *Dialectical Society* de Londres, *Daily News* du 17 novembre 1871. Le travail du comité porte le nom de « *Report on Spiritualism of the Committee of the London Dialectical Society* », 1871.

progrès pour notre société et tous les humains qui la composent.

Je rappellerai ici qu'à mon avis, attitude scientifique et comportement citoyen nécessitent un même terreau mental-moral pour leur développement et une société véritablement démocratique présuppose nécessairement des citoyens non pas aptes à la marche forcée, mais bien plutôt aptes à la réflexion. Il est donc grave de voir s'effriter les bases mêmes de l'esprit critique.

Par les temps parfois obscurantistes qui courent, la poésie, l'art et la littérature permettent certes de maudire les ténèbres avec élégance mais il ne faut en aucun cas oublier que la science, elle, *en plus*, peut permettre d'y allumer une chandelle.

La méthode scientifique, l'Art du doute, peut donc être un réel rempart contre tous les obscurantismes quels qu'ils soient, et permettre ainsi de « lutter » contre la violence qui n'est souvent que la fille de l'inculture. Mais pour ce faire, encore faut-il que l'esprit critique ait des données solides sur lesquelles prendre appui car un esprit critique tournera à vide s'il n'est pas suffisamment informé et informé de manière suffisamment objective. Sans l'information, l'utilité d'un esprit critique est nécessairement limitée. Quant à la formation, nécessité première, elle semble malheureusement difficilement assurée au vu du constat d'un milieu éducatif constituant souvent un vivier de croyances. Un chantier énorme à entreprendre attend les jeunes pousses zététiciennes...

Donc résumons.
Nous sommes en 1974, tu as 24 ans. Tu es communiste, et ta pensée scientifique se forme. Tu avais certainement subodoré les critiques de Popper sur le matérialisme dialectique des Soviétiques, incontradictible en soi. Cela t'a-t-il posé problème ?

J'aurai 24 ans en novembre. Je ne subodorais rien et cela n'était pas vraiment dans mes préoccupations. J'étais plutôt la tête dans le guidon pour mes études et recherches : thèse de doctorat de spécialité en mécanique quantique passée en mai 1974, puis thèse de doctorat d'État ès Sciences passée en décembre 1978 et, parallèlement, bosser (cours particuliers, cours en boîte d'enseignement, chargements et déchargements de camions, un zeste de guitare aux terrasses de cafés avec un autre guitariste et une amie à la voix extraordinaire comme Joan Baez, et quelques autres trucs) pour faire rentrer un peu d'argent à la fin du mois !

Je te vois d'ici, pattes d'éph, cheveux longs et barbe fleurie, en train de chanter des *protests songs*.

En 1974, malgré ces problèmes de fin de mois pas vraiment idéaux pour une location d'appartement et la simple vie quotidienne, nous avons décidé avec ma compagne de nous installer. Compagne qui allait devenir deux ans plus tard – par la grâce de... l'Éducation Nationale ! – mon épouse. Un mariage en effet précipité si l'on peut dire, pour une demande de poste double, primaire et supérieur, d'enseignants en coopération à l'étranger, demande pour laquelle il était nécessaire – ou très fortement recommandé, je ne me rappelle plus – d'être mariés. On avait demandé dans l'ordre les pays suivants Laos, Venezuela, Algérie : trois pays un peu en ébullition à l'époque. Après l'entretien obligatoire que nous avons passé aux Renseignements Généraux... on a eu tampon rouge et refus de la France sans que l'on sache pourquoi… Mais avec ma compagne Nadine, on était maintenant mariés !

À l'époque, je ne pense pas que je réfléchissais sérieusement sur le type de problème que tu évoques dans ta question car, politiquement, je ne suis pas resté suffisamment longtemps encarté ou militant actif.

L'héritage stalinien, les atrocités, le système répressif : tu n'as jamais décidé de débarquer du mouvement communiste ? Ou bien, as-tu opté pour une branche type « bolivarienne », trotskyste, maoïste ?

J'ai débarqué du Parti communiste (du parti, pas du communisme en tant que tel) en 1977 et je n'ai choisi aucune de ces options, qui avaient pourtant un fort parfum exotique accrocheur à l'époque. En fait, je rigole doucement lorsque je constate, aujourd'hui plus de quarante ans plus tard, moi qui vote toujours « extrême gauche », le parcours de quelques personnes ayant choisi à l'époque des options du style *Parti socialiste unifié, Organisation Communiste Internationaliste* ou *Ligue Communiste Révolutionnaire* et qui me garantissaient qu'elles allaient « tout faire péter » puis, entrant au Parti socialiste, qu'elles allaient « le noyauter de l'intérieur » et qui, *in fine*, se sont évaporées ou carrément établies lamentablement et tristement comme caciques socialistes...

La pseudoscience d'État comme l'affaire Trofim Denissovitch Lyssenko t'était-elle connue ?
Pour rappel, cet obscur personnage est le grand promoteur d'une théorie génétique pseudo-scientifique, la « génétique mitchourinienne » (héritée d'Ivan Mitchourine, pépiniériste autodidacte), qu'il promeut pendant la période stalinienne en Union soviétique, où elle accède en 1948 au rang de théorie officielle exclusive, opposée à une « science bourgeoise », en l'occurrence la génétique de Thomas H. Morgan. Cela a

valu un drame agroalimentaire en URSS, ainsi que la déportation d'un certain nombre de généticiens[22].

L'affaire Lyssenko était déjà connue à ce moment-là mais je ne saurais pas t'en dire grand-chose, et je ne sais pas si les biologistes de la Faculté des Sciences de Nice s'y intéressaient vraiment, ni en connaissaient vraiment les différents aspects.

Je te pose la question car je crois avoir lu dans le livre de Sylvain Laurens « *Militer pour la science* **»[23] que dans les années 1940, le mouvement rationaliste français, très adossé au courant communiste, avait reçu l'injonction de ne pas critiquer Lyssenko en dépit des aberrations (et** *in fine* **crimes) du monsieur.**

Cela ne me semble pas relever de ma génération. Je n'ai aucune idée sur ce sujet car comme je te l'ai dit, je ne sais même pas si les biologistes s'y intéressaient à l'époque, et pour ce qui est des collègues physiciens (à la Faculté des Sciences de Nice, les communistes relevaient à une large majorité de cette discipline) personne ne se posait la question de savoir si c'était de bon ton ou non, car cela n'était vraiment pas un sujet d'actualité.

Comment se tisse le début de ton réseau ? As-tu déjà durant les années 1970 des sceptiques autour de toi ? Comment se tisse le début de ton réseau ? Marcello Truzzi ? Les gens qui formeront le CSICOP ? Le

---

22 Pour en savoir plus, Dominique Lecourt, *« Lyssenko : histoire réelle d'une « science prolétarienne »*, Paris, PUF, « Quadrige », (1976 (éditeur Maspéro) et Yann Kindo, L'affaire Lyssenko, ou la pseudo-science au pouvoir [archive], SPS n° 286, juillet-septembre 2009 http://www.pseudo-sciences.org/spip.php?article1216
23 Sylvain Laurens, *« Militer au nom de la science, une socio-histoire des mouvements rationalistes en France (1931-2005) »*, éd. École des Hautes Études En Sciences Sociales En Temps & Lieux, mars 2019.

CICAP ? Les grandes figures comme Martin Gardner, James Randi ou Isaac Asimov te sont déjà connues ?

À cette époque-là, il n'y a aucun réseau, et donc *a fortiori* rien de structuré. Je suis un électron libre et je ne connais vraiment pas grand chose de Martin Gardner ou James Randi. Isaac Asimov ne m'est connu – lui, depuis très longtemps par contre – que par ses ouvrages de science-fiction et de vulgarisation. J'ai des activités concrètes de vulgarisation scientifique à partir de 1970, par exemple avec l'Animation Culturelle Municipale de la ville de Nice, pour laquelle j'interviens avec mon ami Pierre Coullet dans des classes d'écoles élémentaires, classes avec des élèves à qui je parle essentiellement d'astronautique et un peu d'astronomie ou autres sciences.

Un des premiers contacts que j'ai établis est avec le philosophe Paul Kurtz (1925-2012) aux États-Unis à qui j'avais écrit. Je pense que c'était pour le « Manifeste Humaniste II », de 1973 publié chez *Prometheus Books,* maison d'édition qu'il avait créée… Ou est-ce pour l'appel « Objections à l'astrologie » qu'il cosigne en 1975[24] ? D'ailleurs, je ne me rappelle plus du tout comment j'ai découvert le Manifeste humaniste. La seule chose dont je me souvienne vraiment bien, c'est de notre première rencontre en 1975 en France. Hasard extraordinaire, l'épouse de Paul Kurtz est une Française originaire de Mouans-Sartoux et les Kurtz avaient ainsi un sympathique pied à terre dans la région niçoise. Lorsque nous sommes allés chez lui pour discuter un peu longuement, je me suis littéralement escrimé à… appuyer tout au long de l'interminable trajet sur la pédale centrale de ma vieille 2

---

24 « *Objections to Astrology A Statement by 186 Leading Scientists* », *The Humanist*, September/October 1975.

CV afin de... ne pas venir percuter sa Jaguar qui me précédait. Oui, Paul aimait les belles voitures.
Désolé, chacun a les souvenirs qu'il peut et je sais bien que tout le monde n'est pas fan de 2 CV et autres bolides vrombissants, n'est-ce pas ?

Koff-koff, excuse-moi, je tousse.

De mémoire, à cette occasion, nous avons échangé sur diverses choses et je lui avais parlé de quelques actions zététiques qui pourraient sans trop de complications, être menées dans le système éducatif sous réserve que l'administration de l'académie suive (ce qui ne sera pas, ou pas souvent, le cas). De son côté, Paul Kurtz n'avait pas hésité à me proposer directement, alors que l'on venait juste de faire réellement connaissance, de créer une maison d'édition *Prometheus-France* ! Le but était, comme nous nous sommes réjouis à l'imaginer, de « mettre à la disposition du public le plus large possible des livres et documents participant à la défense et la promotion de la raison, la science et la libre-pensée dans tous les domaines et toutes les activités humaines ». Ce projet de maison d'édition, déjà compliqué à mener à bien en 1975 parallèlement à tout le reste, ne sera en fait pas finalisé par suite de mon manque de disponibilité. Néanmoins *Horizon Chimérique,* une maison d'édition, créée vers la fin des années 1980 à Bordeaux, totalement indépendante de *Prometheus Books*, lancera la collection Zététique.
Pour l'anecdote : c'est en fait par une curieuse chaîne causale que cette collection a vu le jour. Patrick Sargos, un français professeur de maths résidant à Dakar au Sénégal m'écrit en 1985 ou 1986 pour me féliciter : il vient de lire « *Le Paranormal* » et il a très fortement apprécié. Nous échangeons et, étant tous les deux intimement persuadés qu'il faudrait qu'il y ait beaucoup plus d'ouvrages avec une

telle approche rationnelle, il m'indique que son frère Jacques Sargos possède à Bordeaux une galerie d'art et qu'il serait peut-être prêt à lancer une collection qui traiteraient de telles thématiques. Et c'est ainsi qu'en 1989 *Horizon Chimérique* publie le premier volume de la collection Zététique...

... Avant de jeter l'éponge quelques années plus tard. Le relais sera alors pris avec la maison d'édition *Book-e-Book* que j'ai créée en 2002, avec mon épouse Nadine, et Nicole et Paul Lebrun, un couple avec lequel nous sommes amis depuis le début de nos études à la fac… Outre la reprise des anciens titres pour pouvoir les faire connaître et les diffuser, *Book-e-Book* a ainsi publié sous sa propre bannière une soixantaine de titres.

C'est colossal.

Même si le terme colossal n'est pas vraiment approprié, il est vrai que cela a représenté un gros travail pour publier. Nous avons ainsi créé la collection de petits livres courts en 2008 et sur une dizaine d'années, nous avons tenu sur cette collection la cadence de 4 à 5 volumes par an.

Tu y as d'ailleurs contribué : deux livres personnels[25] plus un autre avec le collectif CORTECS[26] dans cette collection *Une chandelle dans les ténèbres* des éditions Book-e-Book dont le titre ne doit absolument rien à Carl Sagan comme certains ont pu l'alléguer, puisque c'est un hommage que j'ai voulu rendre à de lointains prédécesseurs comme « *A candle in the dark* » de Thomas Ady (1656) et « *The discoverie of witchcraft* » de Réginald Scot (1584).

---

25 « *Les Fleurs de Bach, enquête au pays des élixirs* » en 2008 et « *Quantox : Mésusages idéologiques de la mécanique quantique* » en 2013, respectivement n°4 et 21 dans la collection *Une chandelle dans les ténèbres*.
26 « *Esprit-critique es-tu là ? 30 activités zététiques pour aiguiser son esprit critique* » en 2013, n°22 dans la même collection.

Mais en passant, tu as aussi planté un petit clou. C'était dans ta période peut-être un peu trop « anar » volontariste.

Peut-on être trop « anar » volontariste ? Vaste question.

Lors de ton intervention à la Médiathèque de Valbonne Sophia Antipolis sur les élixirs floraux de Bach justement, tu avais (de mémoire) lancé à tue-tête que, si l'on n'avait pas les moyens d'acheter ton ouvrage, il fallait « *le voler* » en librairie ! Dur dur à entendre pour le ou les libraires qui travaillent souvent... durement, et pour les fondateurs de la petite maison d'édition *Book-e-Book* en plein démarrage, qui étaient présents, et dont les publications par volonté « politique » des fondateurs, n'étaient distribuées ni à la *FNAC* ni chez *Amazon* ni chez aucun de ce type de distributeur.

C'est vrai, j'ai dit quelque chose comme ça. Il s'agissait surtout de cibler les mastodontes type FNAC, évidemment pas les petites librairies. Je continue à penser que le vol peut être une réappropriation politique, comme dirait l'anarchiste Alexandre Marius Jacob. Or Book-e-Book n'avait pas d'enseigne, donc... Il ne s'est jamais agi d'aller voler chez Book-e-Book, évidemment ! Je suis navré de vous avoir mis mal à l'aise. Anecdote, j'ai tenté de faire inscrire « *si vous n'avez pas les sous, volez-le (dans une grande enseigne)* **» pour mes livres ultérieurs, mais aucun éditeur n'a été d'accord.**

Fin 2018, les quatre mousquetaires fondateurs de la maison d'édition *Book-e-Book* ont confié la suite de cette aventure éditoriale à l'Association Française pour l'Information Scientifique.

Là il semble y avoir deux trous. Tout d'abord entre le CEREIC 1966 et 1976 et la parution de ton livre « *La mystérieuse pyramide de Falicon* » : en terme sceptique, que fais-tu ? Rencontres-tu des gens du monde rationaliste durant cette période ?

Je ne vois pas de trous car il n'y a rien de particulier. Que fais-tu toi par exemple entre tes 15 ou 16 ans et tes 21 ans (majorité à l'époque) ?…

Si tu me poses la question, pour moi c'est ma période politique et mystique ! Politique parce que je passe mon bac, découvre la bêtise du système des prépas, le syndicalisme universitaire, et le féminisme. Mystique parce que j'essaie d'hypnotiser les gens grâce au manuel de l'occultiste Paul-Clément Jagot[27], je me crois capable de détecter quand je suis observé, je fais des stages de magnétisme et lis de la radiesthésie. Mon *must* ? « *Histoire naturelle du surnaturel* », de Malcolm Lyall-Watson *alias* Lyall Watson[28], que j'ai piqué dans la bibliothèque de mon père. De ce que raconte ce biologiste sud-africain, j'ai tout gobé tout cru ! Et c'est vers 20 ans que je tombe sur deux livres : le tien, « *Le Paranormal* », qui en 1985 bat en brèche les expériences de Cleve Backster sur les plantes, ainsi que le pseudo-culte des « champignons-pierres » mayas (et qui ne sont vraisemblablement que des moules de potier, si j'en crois Ulrich Kohler, dont tu cites l'article[29]). Bref, deux histoires de Watson que j'avais avalées toutes crues et dont le décorticage pourtant à ma portée, m'avait

---

[27] Paul-Clément Jagot, « *Comment on devient hypnotiseur, théories et procédés de l'hypnotisme* », Dangles, version 1946.

[28] « *Supernature: A Natural History of the Supernatural* », Bantam Books, 1973, traduit chez Albin Michel en 1974.

[29] Ulrich Kohler, « *Mushrooms, Drugs, and Potters: A New Approach to the Function of Precolumbian Mesoamerican Mushroom Stones* », American Antiquity vol. 41, n°2, avril 1976, pp. 145-153.

échappé. Cela m'a traumatisé et je me suis infligé une humilité éternelle ; puis il y a eu *Impostures intellectuelles*, de Alan Sokal et Jean Bricmont, en 1996, qui, malgré ses défauts apparents aujourd'hui, a été le début de ma déconversion rapide.

Pour ma part, je me suis formé de diverses manières et à diverses activités, comme je te l'ai déjà dit. J'ai appris à jouer au tarot pendant des heures, j'ai gratté un peu la guitare, j'ai passé mon permis de conduire, payé intégralement par ma sœur, je me suis mis au taekwondo (puis, plus tard, au kendo, mais pour pas très longtemps pour ce dernier sport, – probablement parce que les sabres de bois n'étaient pas laser. et bien sûr j'ai étudié, étudié, étudié. Seconde, première, terminale puis entrée à la Faculté des Sciences en septembre 1968 en Mathématiques-Physique, première et deuxième année puis passage en Maîtrise de Physique, puis DEA, puis thèse de spécialité en mécanique quantique en mai 1974.

Pour répondre à ta question, je n'ai pas le souvenir de rencontrer spécifiquement des gens du « monde rationaliste » mais à cette lointaine époque-là, les gens de gauche étaient encore très majoritairement rationalistes de fait.

J'ai par contre un souvenir bien présent dans ma mémoire, c'est celui d'une rencontre cette année 1974, lors d'extraordinaires vendanges en groupe (travail bénévole, gîte et couvert offerts) au Thoronet dans le Var, tout à côté de la superbe abbaye ; une rencontre avec une très jolie jeune fille brune… devenue depuis ma compagne puis mon épouse deux ans plus tard.

Je suppose que tu conviendras que, entre 1966 et 1976, tout ce qui précède laisse vraiment peu de temps à un tout jeune homme pour se consacrer sérieusement à ce que l'on pourrait appeler des activités ou des travaux sceptiques.

Et que se passe-t-il entre la rencontre avec Paul Kurtz en 1975, et la parution de « *Le Paranormal* » ? Hormis un bouquin de mécanique des fluides avec ton ancien directeur de thèse Dan Vasilescu[30], qu'as-tu fait de spécifiquement « sceptique » pendant ces dix ans cruciaux ? Kurtz te met-il en lien avec d'autres personnalités du milieu ?

Paul Kurtz ne me met pas d'office en lien avec des personnalités du milieu, mais il est vraiment disponible pour moi et pour tout contact que je désirerais possiblement établir avec des membres de son « équipe ». Mais créer des contacts pour créer des contacts ne m'intéresse pas. La lecture des écrits des collègues « sceptiques » et/ou « humanistes » me paraît déjà largement enrichissante. Je ne le ferai que lorsque des échanges d'informations seront nécessaires.

Et qu'ai-je fait durant cette décennie dont tu parles ? À mon avis, peut-être pas mal de choses, mais rien de bien particulier qui sortirait vraiment de l'ordinaire car je suis en fait bien occupé par mes recherches en biophysique, avec ma thèse d'État en 1978 puisque je publie sur cette décennie une trentaine d'articles scientifiques, tous dans des revues scientifiques internationales à comité de lecture, dans mon domaine de biophysique centré sur l'analyse conformationnelle théorique du squelette des acides nucléiques et de molécules apparentées.

Et actuellement, une quarantaine d'années plus tard, difficile de se rappeler de ce que j'ai pu faire de

---

30 « *Mécanique. Statique et dynamique des fluides* », avec Dan Vasilescu, coll. PCEM, éditions Bréal, 1977, réédité en 1984.

spécifiquement sceptique sinon quelques bribes mémorielles qui font émerger quelques actions.

Je me souviens par exemple de la démystification en « live » que j'ai faite il y a presque cinquante ans – c'était en 1976 – d'un soi-disant *« professeur initié par Maharishi Mahesh Yogi » qui, assez* incroyablement, avait été autorisé à venir donner une « conférence » dans un amphithéâtre de la Faculté des Sciences de Nice sur la Méditation Transcendantale et en profitait pour essayer de recruter des adeptes, en ne se refusant pas de faire appel à la mécanique quantique pour prouver ses dires. J'ai ensuite écrit un petit texte intitulé clairement *« M.T.* [pour Méditation Transcendantale] *: une nouvelle escroquerie »*[31] qui m'a permis de donner aux personnes qui pouvaient être intéressées quelques références sur les techniques de contrôle de certaines fonctions du corps humain relevant à l'époque encore du domaine de l'expérimentation. Accessoirement, Yogi essayait de faire passer de ridicules petits sauts de grenouille jambes croisées pour preuve de ses capacités de lévitation.

Fascinant. On retrouvera un peu plus tard cette pseudo-technique chez Shōkō Asahara, de la secte *Aum Vérité suprême*, qui se rendra tristement célèbre par ses attentats meurtriers au gaz sarin à Tokyo en 1995 (et lui vaudra la mort par pendaison en 2018). J'ai un peu étudié le cas de Maharishi Mahesh Yogi en 2007 pour une *newsletter* de l'Observatoire zététique[32]. En substance, j'expliquais qu'en 1966 le regretté George

---

31 Henri Broch, *« M.T. : une nouvelle escroquerie »*, *Patriote Côte d'Azur*, 2/8 avril 1976, p. 2.
32 Richard Monvoisin, *« Chroniques zétético-musicales n°02 : George Harrison »*, la POZ, n°23, mai 2007. http://zetetique.fr/chroniques-zetetico-musicales-n02-george-harrison/

Harrison, des Beatles, flirtait depuis un petit moment avec l'*International Society for Krishna Consciousness*. Et en 67, il décide d'aller avec sa femme apprendre le sitar. Ravi, il prend ses cours chez le grand Shankar, Ravi lui aussi. Et là, il croise entre deux leçons le Maharishi Mahesh Yogi, guru indien fondateur de la fameuse *Méditation Transcendantale.*
George, fasciné, en parle à ses copains, et c'est parti : les Beatles, Mick Jagger, Marianne Faithfull, tout le monde s'embarque vers Bangor, au nord du pays de Galles, suivre le séminaire du sage barbu. Les Beatles sont tellement bluffés que les voilà installés pour une poignée de semaines dans le devenu célèbre Ashram du Maharishi, à Rishikesh en Inde (État de l'Uttarakhand). Il y aura du beau monde, là-bas aussi, entre Mike Love des *Beach Boys*, Donovan (celui de *Smokin' Banana*) et Mia Farrow.

J'indiquais dans cet article que la MT n'est pas une structure très drôle, loin de là. Considérée comme secte dans les rapports parlementaires, ses tactiques de développement ne sont pas jolies jolies, et sa stratégie politique étrange. Rappelons-nous en France du PLN, Parti de la Loi Naturelle, proposant des vols yogiques pour générer la paix dans le monde et candidatant à diverses élections : ce parti était une émanation de la MT, MT qui a désormais trouvé un excellent ambassadeur en la personne du réalisateur David Lynch. Au travers de sa fondation *David Lynch Foundation For Consciousness-Based Education and Peace,* il fait le tour des campus pour convertir les gens à la pratique de la Méditation et la culture « maharaîchère ».

Autre chose ? Ah, si, me revient peut-être un point particulier : en 1981, j'ai participé aux Assises de la Recherche et à leurs préparatifs lancés par le ministre Jean-Pierre Chevènement. Je me suis centré sur et en m'occupant d'un groupe régional de discussion autour de *l'esprit critique*[33] et j'ai essayé, parallèlement, de diffuser de l'information sur les problèmes de la recherche[34].

Et suite à ces Assises Nationales de la Recherche, avec une dizaine de collègues scientifiques nous avons créé l'association A.N.A.I.S., *Association Niçoise d'Animation et d'Information Scientifiques*, avec comme domaine, pour ce qui me concerne, le développement de l'esprit critique par l'analyse des pseudo-sciences. Cette association avait pour objectif principal (mais non unique) de promouvoir la construction d'un CCSTI Nice-Côte d'Azur, Centre de Culture Scientifique, Technique et Industrielle, qui aurait été basé si possible dans ce qui était encore un bel édifice : la Gare du Sud.

Dans ce cadre, j'ai été co-créateur en 1983 de l' « *Exploratoire* », inspiré de l'*Exploratorium* de San Francisco, où les maîtres-mots étaient « explorer, jouer, comprendre », en gros un ensemble d'expériences interactives mises à la disposition du public. Et je fus co-responsable de la mise en place, en 1983-84, d'une série d'expositions ayant totalisé plus de 30 000 visiteurs dans les Alpes-Maritimes et le Var avec des étudiants, des enseignants du Supérieur, des chercheurs CNRS et 27 collègues du Secondaire venus de 11 établissements différents, et pour partenaires l'Université, le Rectorat et la

---

[33] Henri Broch, David Cotto, « *Développer l'esprit critique* », *Question d'avenir, Recherche et Technologie en Provence Alpes Côte d'Azur,* Textes des Assises Régionales (Assises Nationales de la Recherche), 1981, pp. 60-61.

[34] Henri Broch, « *Comment désenclaver la recherche* », *Patriote Côte d'Azur* n°737, 6-12 novembre 1981, p. 21.

Mission à l'Action Culturelle du Ministère de l'Éducation Nationale. Et bien sûr certaines des expériences ou manipulations présentées portaient sur des effets « magiques », des errements de notre cerveau...

Mais le point peut-être le plus intéressant pour la période qui nous concerne ici, c'est le sondage que j'ai entrepris auprès des étudiants des DEUG[35] A1, B1 et A2 du premier cycle Sciences de l'Université de Nice en 1982-83 afin de comparer leur niveau d'appréciation de la scientificité de la torsion des métaux par le pouvoir de l'esprit (psychokinèse) et celui, entre autres, de la dilatation relativiste du temps (relativité).

Travail fondateur, qui présageait celui de Daniel Boy et du récemment défunt Guy Michelat[36] ensuite. Nous autres, jeunes padawans l'avons souvent utilisé en introduction de nos enseignements.

Et le résultat était édifiant : 68 % de ces étudiants et étudiantes pensaient que la psychokinèse avait été prouvée scientifiquement, et parallèlement 52 % d'entre eux pensaient que la dilatation relativiste du temps, un acquis scientifique de longue date, était une pure spéculation théorique.
C'est le point de départ concret de la modification de mon enseignement de physique pour y introduire une bonne dose de zététique, avant d'aboutir, une dizaine d'années plus tard, à la création d'une UE (unité d'enseignement) explicitement de zététique.

---

[35] Ancien diplôme universitaire préparé en deux année, l'équivalent des années de Licence 1 et et 2 actuelles.
[36] D. Boy & G. Michelat, « *Croyances aux parasciences : dimensions sociales et culturelles* », Revue française de sociologie Année 1986 27-2 pp. 175-204.

J'ai également produit des « papiers » spécifiquement sceptiques ou zététiques durant cette décennie.

Parmi divers petits écrits, on pourrait noter deux mini-articles sur des sujets que j'avais déjà commencé à creuser antérieurement, deux articles très courts mais directs et avec des titres bien explicites destinés à donner « instantanément » l'information principale : en 1981 *« Les mystificateurs de la sainte hémoglobine »*[37], consacré au fameux « sang » de saint Janvier et sa liquéfaction (sa *fusion*, pour les physiciens) et, en 1983, *« Le Saint Suaire de Turin : un faux mystère... mais une vraie escroquerie ! »*[38] consacré au fameux « linceul » de Jésus-Christ.

J'ai aussi produit un autre texte, une plaquette « *Réflexion critique et pseudo-sciences* » que j'ai publiée pour l'année scolaire 1981-1982 au CNDP-CRDP Nice (le CNDP-CRDP deviendra en 2014 le réseau Canopé, bien connu des enseignants du primaire et du secondaire). C'était un supplément au bulletin de liaison dans la série « *Documentation et points de vue* ». Cette plaquette sera d'ailleurs reprise et publiée en deux parties par la revue « *Nouvelles Brèves* » du Comité Para belge sous l'intitulé « *Documentation para-critique* »[39].

Et me reviennent aussi à l'esprit trois autres écrits.

- *« Esprit (critique) es-tu là ? »*[40], en réalité une entrevue réalisée par le journaliste Philippe Jérôme pour *Révolution*, un hebdomadaire du Parti communiste français.

---

37 *Patriote Côte d'Azur* n°732, 2-9 octobre 1981, p. 2.
38 *Patriote Côte d'Azur* n°816, 13-19 mai 1983, p. 5.
39 Henri Broch, « *Documentation para-critique : 1ère partie* », Nouvelles Brèves (Bruxelles) n°46, décembre 1983, pp. 391-395, et « *Documentation para-critique : 2ème partie* » dans le n°48, juin 1985, pp. 437-441.
40 « *Esprit (critique) es-tu là ?* », entretien avec Henri Broch réalisé par Philippe Jérôme, Révolution n°284, 9 août 1985, pp. 22-23.

- « *Une épée de Damoclès sur l'Éducation, la Science et la Culture* »[41] que je publie dans la revue *European Journal of Science Education* pour essayer d'attirer l'attention de mes collègues enseignants-chercheurs sur les risques impliqués par le développement des pseudo-sciences et la nécessité de développer la zététique.
- « *Le Projet Alpha. Rapport sur trois années de psi* »[42] que j'ai publié, cosigné avec Michel Rouzé, dans la revue *Science & Vie* sur cette superbe expérience de James Randi.

Pour rappel, Randall James Hamilton Zwinge, *alias* **James Randi**[43] **(1928-2020), était un illusionniste canado-étasunien, au ton rude mais à l'opiniâtreté imparable, très connu aux USA, entre autres pour ses prouesses en escapologie (l'art de l'évasion) et pour avoir dénoncé preuves à l'appui divers malfrats du paranormal, en particulier le télé-évangéliste Peter Popoff en 1986. Juste pour le** *pitch* **: le projet Alpha est le nom d'un célèbre canular qui eut lieu en 1979 aux États-Unis. James Smith McDonnell, Directeur général de McDonnell-Douglas et partisan du paranormal, fit un don de 500 000 dollars à l'Université de Washington à Saint-Louis (Missouri), qui créa un Laboratoire de recherche parapsychique à son nom. C'est dans ce laboratoire McDonnell que James Randi introduisit subrepticement deux complices magiciens, Steve Shaw, qui deviendra connu sous le nom de Banachek, et Michael Edwards, qui se firent rapidement passer pour de très bons sujets psi.**

---

41 Henri Broch, « *Une épée de Damoclès sur l'Éducation, la Science et la Culture* », *European Journal of Science Education*, 1985, vol. 7, n°4, pp. 353-360. https://www.tandfonline.com/doi/epdf/10.1080/0140528850070403
42 Henri Broch, Michel Rouzé, « *Le Projet Alpha: rapport sur trois années de psi* », *Science & Vie* n°796, janvier 1984, pp. 8-155.
43 Petite recommandation : un étonnant documentaire est sorti sur Randi en 2014 : *An Honest Liar*, de Justin Weinstein et Tyler Measom, produit par *Left Turn Films, Pure Mutt Productions* et *Part2 Filmworks*.

Oui, je raconte ça dans l'article dont je viens de parler ainsi que dans un large chapitre *« Le Projet Alpha ou Un gros pavé dans la mare »* (pp. 145 à 160) de mon ouvrage *« Le Paranormal »*.

Je ne vois sincèrement pas en quoi le ton de Randi serait rude. Et en plus « rude » ou « dur » est l'expression utilisée souvent par des parapsyphiles pour dénigrer tranquillement, sans preuve, les propos des sceptiques.

Ce n'est pas pour autant que ce n'est pas rude. Un exemple : nous sommes d'accord toi et moi pour encourager l'étude scientifique des phénomènes étranges et déclarés « paranormaux ».
Or le leitmotiv de James Randi, malgré tous ses mérites – comme son *masterpiece*, l'éventage de l'imposture du télévangéliste Peter Popoff en 1986 – a été de marteler plus souvent que de raison que les gens du monde du paranormal sont des charlatans, sans nuance ni finesse, ce qui me paraît contradictoire avec une idée d'ouverture (parcimonieuse) à ces sujets.

Plus souvent que de raison ?... Je n'en suis pas du tout sûr, surtout en se resituant dans l'époque à laquelle cela se passait et qui présentait dans le monde du « paranormal » des expériences dont le protocole déridait parfois vraiment les zygomatiques. Mais cela étant dit, ma position a toujours été que nous devions, sans aucun rejet *a priori*, examiner et étudier scientifiquement les phénomènes dits « paranormaux » qui pouvaient se présenter. Une démarche ouverte donc, mais en gardant bien sûr toujours en tête cette courte phrase du biologiste Jean Rostand : *« Avoir l'esprit ouvert n'est pas l'avoir béant à toutes les sottises »*.

Mais en gardant à l'esprit ceci : on anticipe souvent que les sujets-psi, ou sujets qui prétendent avoir de telles capacités, seront enclins à tricher. Mais on oublie fréquemment que la triche peut venir des expérimentateurs eux-mêmes, les gens qui montent les expériences pour tester les capacités psi.

En 1987, dans un texte de commentaire auquel j'avais été invité par la revue *Behavioral and Brain Sciences*[44], j'avais essayé de soulever ce point particulier qui est que la *fraude*, non par les sujets-psi mais par les expérimentateurs, et/ou *l'oubli, l'erreur* ou même le *mensonge* par ces mêmes expérimentateurs dans le compte-rendu des circonstances des expériences pouvaient être à mon avis la source *principale* de résultats positifs en faveur de la parapsychologie. Songeons simplement ici par exemple à Levy, Rhine (*cf. plus loin*), Samuel Soal[45], Wilhelm Tenhaeff[46]…

Tu as parlé un peu plus haut des risques impliqués par le développement des pseudo-sciences. *Pseudoscience*, le mot est lancé. Je sais qu'à des fins pédagogiques, tu distingues *science, non-science* et *pseudoscience*.

Ce n'est pas un problème simple. Pour le résumer drastiquement, il y a beaucoup de manières d'appréhender le monde qui nous entoure : introspection, mysticisme, poésie, *etc*. Parmi elles, une seule démarche vise à faire des

---

[44] Henri Broch, « *Struggle for reason* », BBS vol. 10, n°4, 1987 (*commentary on Rao and Palmer: Parapsychology review and critique*), pp. 574-575, texte malheureusement publié raccourci et retouché par la revue qui, en outre, avait supprimé les quelques références indiquées.

[45] Soal dont la fraude fut démontrée dès 1978 par la statisticienne Betty Markwick pourtant adepte de la parapsychologie. Pour tous les détails, *cf.* Henri Broch, « *Au Cœur de l'Extra-Ordinaire* », éd. Book-e-Book 2015, pp. 204-206.

[46] Sur l' « affaire » Tenhaeff, que j'ai abordée dans « *Le Paranormal* », ouv. cit., pp. 88-90, on pourra lire avec intérêt les deux articles de Piet Hein Hoebens dans *The Skeptical Inquirer* : « *Gérard Croiset : investigation of the Mozart of* « Psychic Sleuths » ». Partie 1 », vol. VI, n°1, automne 1981, pp. 17-28 et « *Croiset and professor Tenhaeff: discrepancies in claims of clairvoyance* », vol. VI, n°2, hiver 1981-82, pp. 32-40.

énoncés qui tendent à être universalisables et qui essaient de se départir des présupposés subjectifs de chacun. C'est elle qu'on appelle la *science*. Par opposition, les *non-sciences* – ce n'est en rien péjoratif – sont certes peut-être captivantes mais n'ont pas le même programme. Les *pseudosciences*, par contre, sont des disciplines qui, bien que non-sciences, cherchent à se draper de tous les atours d'une science pour se présenter comme scientifiques. Il s'agit donc d'une sorte d'*usurpation d'identité*.

On pourrait nous dire qu'il n'y a pas une démarche scientifique, mais des démarches scientifiques. Travailler sur une solution aqueuse ne pose pas le même genre de problèmes que travailler sur un groupe social, étudier le présent n'est pas la même chose qu'étudier le passé…

Effectivement, il y a une épistémologie propre à chaque discipline. Les mathématiques et les sciences juridiques, par exemple, ne se testent pas directement sur le réel, et font leurs démonstrations sur la cohérence interne de leurs prédicats. Mais parfois, il m'arrive de dire en cours que le socle commun de toutes ces démarches, c'est essayer de dire des trucs valables pour un maximum de gens et un peu moins faux qu'avant. Avec cette définition, toutes les disciplines deviennent sœurs.

Oui. Le débat sur les critères de démarcation science/pseudoscience alimente depuis 50 ans la littérature. Je garde pour mon usage les critères du philosophe nord-américain Mario Bunge, qui disait que pour prétendre au statut de scientificité, chaque champ cognitif devait répondre à une douzaine de conditions spécifiques simultanément nécessaires.

Mario Bunge (prononcer « Boun-Re ») (1919-2020) était la coqueluche des matérialistes. Quand il a sorti à 96 berges *Entre deux mondes, Mémoires d'un philosophe-scientifique*, son autobiographie de 660 pages aux éditions *Matériologiques*, je me suis jeté dessus. Et j'avoue que malgré le respect que j'ai pour lui, je me suis doucettement ennuyé, en dépit de la traduction de mon copain le biologiste Pierre Deleporte. Je trouve que ses fameux douze – 12, ça fait un peu cousu de fil blanc – points, tirés de l'acrostiche C.H.A.M.P. C.O.G.N.I.T.I.F., bon... ça fait un peu gadget. Ne me fais pas dire ce que je ne pense pas ! Je sais bien qu'il y a une différence entre l'astrologie et l'astronomie, et je sens bien l'intérêt d'avoir des critères de démarcation non ambigus, vieille antienne que ce problème depuis Karl Popper, qui l'appelait le « problème de Kant »[47] : *Comment les énoncés synthétiques peuvent-ils être valides a priori ?* Mais l'épistémologie des sciences humaines et sociales ayant des spécificités propres, idem pour les sciences médicales/psychiatriques, les sciences politiques ou juridiques, je me prends à douter qu'il y ait réellement une liste de critères qui fasse l'affaire sans coup férir. Je vois que s'il y a des critères nécessaires, aucun n'est réellement suffisant devant la profusion des champs disciplinaires.

Pour ma part, je pense que les gadgets comme tu dis peuvent parfois, sans en abuser, être utiles en permettant d'améliorer un peu la « visualisation / compréhension / mémorisation » de certains concepts.
C'est ainsi qu'au lieu d'introduire le concept complexe de *nudge*, je peux mobiliser un simple exemple, comme

---

47   Karl Popper, « *La connaissance objective* », Éditions Aubier, Paris, 1991, p. 74.

l'impact environnemental d'une simple petite gravure de mouche dans une pissotière…

Le cas le plus connu de *nudge*, « *coup de coude* », appelé aussi parfois *paternalisme libertarien* : l'histoire dit qu'au début des années 1990, l'aéroport Schiphol d'Amsterdam a introduit efficacement des images de mouches dans les urinoirs de ses chambres pour hommes dans le but de réduire la quantité d'urine déversée sur le sol et devant ensuite être nettoyée. C'est le cas paradigmatique de *nudge*, tel que décrit par l'économiste Richard Thaler et le juriste Cass Sunstein dans leur essai du même nom[48]. Renseignements pris, l'idée, attribuée fréquemment à Aad Kieboom, un responsable de l'aéroport, provient du responsable du service de nettoyage, Jos van Bedaf. Fin de la parenthèse sur le *nudge*.

Dans mes cours de zététique à l'université, j'ai abordé les critères dont on parle dans la première partie de la section « Démarcation science/*pseudo*-science » de mon enseignement de zététique, à savoir celle consacrée à la méthodologie scientifique. C'était donc bien sûr incorporé dans mon support[49] de notes de cours à libre destination des étudiants, ainsi qu'à toute personne qui désire le télécharger. Mais ayant constaté concrètement que cette approche permettant d'établir *possiblement* un distinguo n'entraînait manifestement pas un grand enthousiasme de la part des étudiants de sciences, je me suis restreint au contexte général de ce problème de la démarcation science/pseudo-science dans

---

48 « *Nudge : la méthode douce pour inspirer la bonne décision* », Vuibert, 2010 ; en anglais, « *Nudge: Improving Decisions about Health, Wealth, and Happiness* », Yale University Press, 2008.
49 Henri Broch, « *Cours de Zététique. 1. Méthodologie scientifique* », téléchargeable à http://sites.unice.fr/site/broch/polycop_methodo.pdf

mon enseignement. Pour les détails, je renvoie à mon article du dictionnaire encyclopédique Quillet[50].

Je suis d'accord avec toi sur le fait que l'on puisse douter qu'il y ait une liste faisant l'affaire « sans coup férir ». Mais j'aime bien cette analogie/comparaison qu'utilise notre collègue physicien Jean Bricmont lorsqu'il explique qu'il est certes difficile voire impossible de définir un séparateur unique science *versus* non-science : « *Remarquons, à titre d'analogie, que si l'on se déplace de Paris à Tokyo, on ne peut pas dire, sauf par convention, qu'il y a un endroit précis où finit l'Europe et où commence l'Asie. Néanmoins, en effectuant ce voyage, on passe bien de l'un à l'autre.* »[51]. Certes, tu me diras peut-être : « *comparaison n'est certes pas raison* », autre facette zététique.

Oui, ça me rappelle le paradoxe *sorite* d'Eubulide, il y a environ 2400 ans. Sorite, de « *soros* », le tas : certes, un grain de sable ne fait pas un tas, un deuxième non plus, mais arrive un moment où on a effectivement un tas. À quel moment le non-tas devient-il un tas ? Effectivement on raisonne à partir de beaucoup de termes indispensables du langage courant qui souffrent d'un flou sémantique important, donnant parfois l'illusion à tout le monde qu'on est tous d'accord sur le sens alors que ce n'est pas le cas.
À propos de terme, comment le mot *zététique* arrive-t-il ?

On ne peut pas dire que le mot zététique « arrive » car il fait partie de mon vocabulaire depuis les années 1960, en fait

---

50 Henri Broch, « *Sciences, pseudosciences et zététique* », *Dictionnaire Encyclopédique Quillet Actuel* 1994, pp. 184-190 section Philosophie.
Cet article est disponible à
http://sites.unice.fr/site/broch/articles/H.Broch_Dict_Quillet_1994_Zetetique.pdf.
51 Jean Bricmont, « *Pour un usage nuancé de Popper* », AFIS, 5 octobre 2002, https://www.afis.org/Pour-un-usage-nuance-de-Popper-4631.

même depuis... que je suis tout gosse ! Il se trouve qu'il existait, il y a fort longtemps, un jeu appelé *Diamino* dont j'étais un champion. Ce jeu, sorte d'ancêtre du Scrabble, fut inventé par Madeleine Rousseau, née Janssens, qui en obtint un brevet d'invention en décembre 1936. Il consistait à former des mots entrecroisés grâce à de petits carrés de bois sur chacun desquels étaient inscrits une lettre (ou exceptionnellement un petit diablotin, le joker) et le nombre de points qu'elle valait. La lettre Z étant difficile à caser, *zébu, zée, zèle, zen, zeste, zététique, zeugma, zibeline* et bien sûr *zéro, zone, zoo* et quelques autres n'avaient plus vraiment de secret pour moi.

Et l'intérêt de ce vocable résidait dans le fait qu'étant à peu près inconnu du public, en tous les cas à l'époque et dans le cadre des activités de vulgarisation, il n'avait donc aucune connotation potentiellement « repoussante » et il incitait au contraire automatiquement les gens au questionnement : *qu'est-ce que c'est que ce truc ?*... Et c'est la raison du choix de ce mot qui, au-delà de son sens qui correspond parfaitement à ce que je voulais développer, permet avec ce *késako* initial une belle « accroche ».

***Pardon d'insister : mais il y avait déjà scepticisme, ou scepticisme méthodologique, rationalisme, ou matérialisme méthodologique.* Mais pourquoi te paraissait-il nécessaire de mettre un autre nom au milieu ? Pour donner une certaine couleur ? Pour simplement laisser ta « marque » (ça m'étonnerait) ?**

Les termes *scepticisme, rationalisme* et autres étaient à l'époque fortement connotés : *scepticisme* vu comme exclusivement dur, donc dogmatique et rejetant tout ; *rationalisme* comme dans rationalisation de la production et autres amusettes... *Rationalisme* est en train de disparaître sous nos yeux et *scepticisme* s'est en fait curieusement adouci très récemment.

Actuellement, la jeune garde des recherches en didactique des sciences et sciences de l'éducation en France, comme Charlotte Barbier, de l'Université Paris Cité, font un distinguo que je trouve pertinent entre *rationalisme* et *matérialisme* : le rationalisme, pour faire simple, se *focalise sur les compétences et attitudes de l'individu qui exerce sa pensée critique* sur des aspects épistémiques comme la fiabilité des sources, la robustesse d'un raisonnement, la validité des arguments ; tandis que le matérialisme englobe une idée de conscience critique, de classe, sexe, racisation, conditions d'existence diverses et souvent inégalitaires, et pose la question de manière plus transdisciplinaire en incluant l'individu dans un réseau réticulé de rapports de pouvoir.

La première *conception* est celle qui a eu le plus de succès dans les politiques publiques, *plus particulièrement* la branche « libérale », si j'ose dire, *avec un héraut comme Gérald Bronner*, où la responsabilité de la croyance ou des choix biaisés revient au cerveau plus ou moins malade ou pris en défaut de l'individu. D'où l'assentiment maximal à cette branche dans les mois et années ayant suivi les attentats de 2015 en France : il s'agissait de déradicaliser, de soigner des individus qui ne pensaient pas bien. Assentiment colossal, succès absent.

Je me félicite avec le CORTECS de ne pas avoir vraiment couru les différentes bourses proposées à l'époque, sur ce programme rationaliste « anti-terroriste » qui reste pour moi une page sombre pour la zététique. Ça a contribué à fortement la cliver, peut-être est-ce un bien, au fond. En ce moment se crée la

FIDESS, *Fédération des Initiatives pour le Développement de l'Esprit critique et du Scepticisme Scientifique,* **avec justement une mention claire de l'aspect réticulé et collectif des processus, et une déclaration claire de l'objectif politique émancipateur de la zététique et de son enseignement. Dit autrement : aider les autres à penser plus rationnellement en soi n'a guère de sens si ça ne s'inscrit pas dans une visée de justice sociale. Je ne sais pas si ça marchera, mais étant convaincu que la zététique est une démarche fondamentalement libertaire de transformation sociale, je ne peux que voir ça d'un bon œil.**

Mon œil se joint au tien.

Bon, on aurait peut-être pu parler de *physicalisme* mais la couleur eût été un peu différente et aurait dénoté plus une attitude qu'une méthode. Les mots en « isme » me font toujours un peu hésiter car ils relèvent assez souvent d'une idéologie. Dans ma conférence *De Naturae Rebus*, que j'ai donnée plusieurs fois avec des petites variations des thèmes choisis et dont le titre est un clin d'œil en hommage au matérialiste ou physicaliste Lucrèce et son « *De Rerum Natura* », je ne manque jamais de citer sa superbe phrase : « *Si les Humains voyaient qu'il est un terme sûr à toutes leurs misères, ils auraient un moyen, alors, de résister tant aux religions qu'aux menaces lancées par les devins*[52]. »

De même, je conclus souvent avec son leitmotiv, son véritable « refrain » qu'il rappelle de manière récurrente dans quatre de ses six « Chants », refrain dont je pense qu'il définit bien la démarche dont nous devons nous inspirer : « *Il faut donc dissiper ténèbres et terreurs de l'esprit, et*

---

[52] Lucrèce, poète et philosophe (c'est-à-dire physicien) latin du 1er siècle avant notre ère, est véritablement un des précurseurs du matérialisme, et même pourrait-on peut-être dire du « physicalisme ». Lucrèce, « *De la nature des choses* », trad. par B. Pautrat, Paris, Librairie générale française, Le Livre de poche, 2002.

cela, ni rayons de soleil, ni brillants traits du jour ne le font, ce qu'il faut, c'est bien voir la nature et en rendre raison. »

Magnifique.
Quelques voix te contestent la paternité du terme zététique, l'offrant à l'italo-étasunien Marcello Truzzi. As-tu eu des liens avec lui ?

Tu veux parler de la soi-disant « création » du terme par Truzzi ? C'est effectivement ce qu'on lit par exemple dans l'extrait ci-dessous, écrit par le Groupe Étudiant de l'Institut Métapsychique International :
« (…) Marcello Truzzi créa ainsi le terme de « zetetic » (...). Une telle approche s'est également diffusée en France, en particulier par le biais du biophysicien Henri Broch qui reprit le terme de zététique de Truzzi mais qui le détourna de son objectif initial. »

La paternité du terme « zetetic » à Truzzi qui l'aurait *créé* ? Totalement désopilant !
Je n'ai jamais eu le moindre lien ou contact avec Truzzi. La seule chose dont je me souvienne un peu est d'avoir personnellement parlé explicitement de zététique à Paul Kurtz lors de notre toute première rencontre...
Je ne sais pas d'où Truzzi a tiré son inspiration pour ce vocable. Et contrairement à ce que peuvent croire les contestataires dont tu me parles, le terme existait en langue anglaise... bien avant Truzzi qui ne l'a certes pas inventé du tout puisqu'une revue dénommée explicitement... « ***The Zetetic*** » existait même au XIXe siècle, vers les années 1850. Oui, avec cet intitulé *exact,* et traitant, c'est cocasse, de... la Terre plate !

Tu parles du pamphlet paru en 1849 qui s'appelle « *Zetetic Astronomy: Earth Not a Globe* », de Samuel Birley Rowbotham ? Ce texte prendra la forme d'un livre défendant la Terre plate, effectivement. Rowbotham était un personnage étrange : socialiste, mais aussi pseudo-thérapeute, impliqué semble-t-il dans des morts causées par des cures au phosphore. J'ai cru lire qu'il avait été soupçonné d'avoir involontairement tué l'un de ses (très nombreux) enfants.

Non, je pense à « *The Zetetic* », « A monthly journal of cosmographical science »[53]. Mais je vais plus loin : il y a également une association étasunienne nommée explicitement *Zetetic*, une société littéraire d'étudiants de l'Université d'État de l'Illinois créée en 1874 et qui est demeurée active jusqu'au début du XXe siècle !

En fouillant des archives[54], j'ai retrouvé la manifestation publique en novembre 1822 à Édimbourg d'une association appelée *The Edinburgh Free thinkers Zetetic Society*, dont les membres – accompagnés d'enfants des deux sexes, précise la manchette – furent arrêtés. Il semble que ces gens étaient très proches des mouvements libre-penseurs, suffragistes universels, pro-amour libre et pro-liberté d'expression, dans la lignée des Richard Carlile et autres Robert Taylor dont le *Infidel home missionnary tour* en 1829 à l'Université de Cambridge ébranla le jeune Charles Darwin, encore étudiant en 2ème année. J'ai également trouvé une

---

53 « *The Zetetic* », A monthly journal of cosmographical science, N° I, Stafford, july 1872 (edited by B. Chas. Brough.)

54 Compte-rendu, *Edinburgh Free Thinkers' Zetetic Society*, House of commons, Great Britain. Parliament, The parliamentary Debats, Wyman, 1823 - April 16, 1823 1013-1019.
https://api.parliament.uk/historic-hansard/commons/1823/apr/16/edinburgh-free-thinkers-zetetic-society et *British Chronicle, The Edinburgh Miscellany*, 1822 Vol 90 p. 743.

archive du règlement intérieur de la *London Zetetic Society*, daté de 1822 également[55]. **Voir que ces sociétés zététiques étaient laïcardes, anarchisantes, et même quasi-féministes, soutenues et parfois financées par des femmes d'ailleurs, ne peut que me faire plaisir.**[56]

Dans la contestation, certains ne reculent devant rien, comme Bertrand Méheust qui, bien que professeur de philosophie dans un lycée à Troyes, ose écrire textuellement que : « *le terme 'zététique' est* **la version francisée d'un adjectif anglais, zetetic** »[57] ! [gras de mon fait pour souligner l'énormité de l'affirmation].
Tout simplement ahurissant, puisque *zététique* est déjà utilisé depuis des siècles !
Méheust devrait relire Kant : « *la méthode propre de l'enseignement philosophique est la zététique, comme l'appelaient quelques anciens (de ζητεῖν), c'est-à-dire l'investigatrice* »[58].
Soyons clairs. Notre vocable français ne doit strictement rien aux pratiquants de la langue anglaise... ce serait certainement plutôt l'inverse ! En fait, il existe depuis des siècles dans la langue française, et il était dans ma jeunesse présent même dans des petits dictionnaires usuels très courants comme le *Petit Larousse*, le *Littré de Poche*, *etc*.

---

55 *The Republican*, January 4th to May 17th, 1822, édité par Richard Carlile, Vol. 5, p. 570.
56 On lira avec profit Iain McCalman, « *Females, Feminism and Free Love in an Early Nineteenth Century Radical Movement* », *Labour History*, May, 1980, N° 38, pp. 1-25 *et* Gordon Pentland, « T », *Historical Research*, Volume 91, Issue 252, May 2018, pp. 314-332, https://doi.org/10.1111/1468-2281.12222
57 Bertrand Méheust, « *Devenez savants : découvrez les sorciers, Lettre à Georges Charpak* », Institut Métapsychique International, Ressources Débats et controverses, 14 février 2005.
58 Dans « *Mélanges de logique* », chapitre IV « *Avertissement d'Emmanuel Kant sur l'ensemble de ses leçons pendant le semestre d'hiver 1765-1766* », édition 1862, p. 195.

En fait qu'est-ce que la zététique et d'où vient ce terme ? La question m'a été et m'est encore souvent posée et je reprends donc la réponse que je donne habituellement : elle tient en quelques lignes.

Le mot Zététique vient du vocable grec *zêtêin* qui signifie *chercher* et la langue française l'utilise depuis fort longtemps. Ainsi, pour donner quelques exemples :

- pour Pierre Larousse en **1876**, « *Zététique : se dit des méthodes de recherches scientifiques, méthode zététique* »,
- pour Émile Littré en **1872**, la Zététique est la « *méthode dont on se sert pour pénétrer la raison des choses* ».

Tu l'as dit plus haut : Emmanuel Kant avait lui-même utilisé le mot vers 1765.

Pour Antoine Furetière revu par Henri Basnage de Beauval et Jean-Baptiste Brutel de La Rivière en **1727** : « *méthode dont on se sert pour résoudre un problème* ».

Pour Thomas Corneille en **1694** dans son *Dictionnaire des Arts et des Sciences* : « *qui cherche les raisons des choses* ».

Pour Antoine Furetière en **1690** : « *la recherche de ce qui peut être connu* ».

François Viète en **1591**, publie, chez Jamet Mettayer imprimeur du roi, « *Zeteticorum libri quinque* », etc.

D'où mon utilisation dans une filiation naturelle de ce mot qui, de plus, correspond bien à un processus *dynamique* de recherche d'informations.

En effet, la belle définition du vocable « zététique » par Pierre Larousse dans son *Grand Dictionnaire Universel* du XIXe siècle me semble devoir être également rappelée par quelques extraits :

« *Le nom de* zététiques, *qui signifie chercheurs, indique une nuance assez originale du scepticisme : c'est le scepticisme provisoire, c'est presque l'idée de Descartes considérant le doute comme un moyen, non comme une fin, comme un procédé préliminaire, non comme un résultat définitif* »[59].

Autrement dit, et je résume cela sous l'expression **l'Art du Doute**, la zététique considère le doute comme un procédé, une pratique, un *Art* d'après la propre définition du mot *art* qui est « l'ensemble des moyens, des procédés, des règles intéressant une activité, une profession ». Et Larousse poursuit :

« *Si tous les sceptiques avaient été réellement* zététiques *et seulement* zététiques, *ils auraient dit avec Pyrrhon : "nous arrivons non au doute, mais à la suspension du jugement" (...) sceptiques signifie littéralement examinateurs, gens qui pèsent, réfléchissent, étudient attentivement ; mais il a pris à la longue un sens plus négatif que dubitatif, et a signifié ceux qui sous prétexte d'examiner toujours ne décident jamais. (...) le mot* zététiques *n'est pas fait pour trancher le débat entre les deux acceptions de tous ces termes (...) Le nom de* zététiques *est resté, d'ailleurs, dans l'enceinte de l'école qui l'a créé ; et, malgré sa très large extension, qui eût permis d'en faire le terme général désignant tous les chercheurs de la vérité dans tous les domaines, il est exclusivement appliqué aux sceptiques, et on peut même dire aux sceptiques grecs ou pyrrhoniens.* »

Fasse Prométhée, et les nouvelles générations, qu'à plus d'un siècle d'intervalle, soit réalisé le souhait de Pierre Larousse ; souhait informulé, mais si transparent quand il regrettait dans sa dernière phrase ci-dessus que le terme *zététiques* soit restreint, non par le sens mais par l'usage, aux sceptiques seuls alors qu'il pourrait légitimement être le

---

59 Pierre Larousse, « *Grand Dictionnaire Universel du XIXe siècle* », 1876, tome 15.

« *terme général désignant tous les chercheurs de la vérité dans tous les domaines* ».

Permets-moi d'être irrévérencieux.
Là, tu montres que *zététique* est un mot ancien : OK.
Que tu le connais depuis toujours : c'est improuvable, mais je te crois.
Mais si Truzzi utilise ce terme en 1974 dans sa newsletter *The Zetetic* (1974-1976), anciennement *Explorations* (1972-1974), peut-on dire qu'il est le premier à l'utiliser dans son sens contemporain ?

Si certains veulent le dire, ils *peuvent* le dire[60], mais il n'y a pas de sens contemporain vraiment spécifique, et le vocable était déjà utilisé par les Anciens comme étant « la » démarche permettant de comprendre la nature des choses[61]. Je ne vois pas l'intérêt de mener une bataille digne d'une cour d'école pour savoir qui le premier a utilisé un terme qui a plus de 2000 ans. Pour ce qui me concerne, je n'ai jamais revendiqué la paternité du mot ; j'ai toujours expliqué qu'il s'agissait non d'une création mais d'une remise au jour.

Ce qui compte réellement à mon avis, c'est ce qui a pu être fait concrètement du terme à notre époque. Si, en France, nous avons réussi à créer un enseignement universitaire officiel portant ce nom, et destiné à promouvoir la méthode d'investigation scientifique auprès d'un public étudiant le plus large possible, je ne suis pas sûr qu'il en ait été de

---

60 Référence est faite au sketch « *Le Sâr Rabindranath Duval* » de Pierre Dac et Francis Blanche, dont une archive du 26 mars 1956 est ici : https://www.youtube.com/watch?v=Vp_NrF9zfEw
61 Pour une approche souriante des pensées antiques, j'invite à la découverte de l'excellent ouvrage de François Herbaux *« Antique Zététique. Aux origines de la philosophie du doute »*, coll. *Une chandelle dans les ténèbres* n°49, éd. Book-e-Book 2021.

même dans quelque autre pays que ce soit sur notre planète bleue, USA inclus.

Pour qu'on comprenne bien pourquoi tu sembles sinon agacé, du moins blasé, je reviens aux propos du GEIMI, le groupe Étudiant de l'*Institut Métapsychique International*. La suite de leur propos n'était pas piquée des hannetons :

> *« Tout comme Randi, Henri Broch diffuse une approche sceptique particulièrement dure fondée sur le mépris des parapsychologues. Ses ouvrages recèlent également de nombreuses erreurs et approximations. Henri Broch évite également scrupuleusement toute allusion aux recherches scientifiques sur le sujet qui ne vont pas dans son sens. »*[62]

Dommage que les « étudiants » du Groupe Étudiant de l'*Institut de Métapsychique International* ayant publié les lignes ci-dessus ne précisent pas explicitement quelles sont les « nombreuses erreurs et approximations » que mes ouvrages recèleraient. Peut-être ne les ont-ils pas lus réellement et se contentent-ils alors de rumeurs et ouï-dires de parapsyphiles ? Ou bien peut-être ont-ils lu trop vite ? Ou bien peut-être leurs présupposés sont-ils si forts qu'ils se croient dispensés de fournir la moindre preuve de leurs allégations ? En tous les cas, « salissez, salissez, même sans objet ni preuve, il en restera toujours quelque chose ».
On pourrait même penser que ces personnes ont été un peu instrumentalisées, car je vois mal d'anonymes étudiants publier cela sans avoir *a minima* reçu l'onction des responsables dudit Institut dont le nom est ainsi utilisé.

---

62 https://www.pseudo-scepticisme.org/a-propos/dou-vient-le-probleme/

Je ne sais pas s'ils ont été instrumentalisés. Mais effectivement, le lien était fort puisque leur responsable était Paul-Louis Rabeyron, membre du comité directeur de l'Institut. Profitons-en pour introduire l'Institut en question : l'IMI est une fondation française, créée en 1919 par Jean Meyer, négociant en vins ayant fait fortune et pratiquant spirite, cofondateur de l'Union Spirite Française. Cette fondation fut présidée par le médecin Rocco Santoliquido et dirigée par le docteur Gustave Geley, deux personnes qui défendaient un spiritisme « scientifique ». Meyer, lui, se déclarait « positiviste spirituel », un programme qui ferait peut-être sourire aujourd'hui.

L'IMI vient d'une autre structure qui l'a précédée, l'Institut Psychique International, paraphé en 1899 mais créé lors du IVe congrès de psychologie de Paris de 1900, sous le mécénat providentiel du diplomate Youriévitch, qui ayant vécu des phénomènes paranormaux, souhaite regrouper les forces vives de la psychologie sur le sujet.

Pour des raisons administratives, l'IPI devient l'IGP, Institut Général Psychologique. Dès 1904, des voix se lèvent contre le mot *psychique* et la place présumée trop grande donnée aux occultistes, théosophes, spirites, scinde l'aréopage de chercheurs. En parallèle de trois autres groupes se crée le Groupe d'étude des phénomènes psychiques. Le début du schisme entre la psychologie et l'étude de la métapsychique se fera sentir lors de la création de la Société de psychologie, par Janet, qui excluait de fait les « psychiques » (et les étrangers, soit dit en passant)[63]. Précisons que ce schisme

---

[63] On peut lire ça dans Brower, M.B. *« Unruly Spirits: The Science of Psychic Phenomena in Modern France »* Urbana, IL: University of Illinois Press (2010). De très éclairantes informations se trouvent dans « *Métapsychique et psychologie en France (1880-1940)* », de Nicolas Marmin, dans la Revue d'Histoire des Sciences Humaines 2001/1 (no 4), pp. 145 à 171. https://www.cairn.info/revue-histoire-des-sciences-humaines-2001-1-page-145.htm Merci à Renaud Evrard pour les éclaircissements sur cette période.

ne fut jamais complet, pour le pire comme pour le meilleur d'ailleurs, car la psychologie anomalistique moderne[64] offre de belles perspectives.

Même si je suis rétif par réflexe aux associations qui s'affublent de noms non déposés comme *Institut,* ou *Université,* comme l'Université Interdisciplinaire de Paris par exemple, je rends hommage à l'idée de départ, et même à la maxime de l'IMI « *Le paranormal, nous n'y croyons pas, nous l'étudions* ». Mais j'ai compris de la bouche même d'un membre de l'IMI la méprise : le paranormal, ils n'y croient pas, car... ils « savent » que ça existe !
C'est cette adhésion *a priori* de certains de ses membres qui fera se regrouper des gens très divers durant un siècle, et qui aura tendance chez nous autres sceptiques à percevoir ce champ comme un tout sinistré perclus de fraudes et de niaiseries. Il faut dire que les quelques travaux méthodologiquement intéressants et bien menés en parapsychologie (il y en a) ou en psychologie anomalistique sont noyés au milieu d'une soupe ectoplasmique de prétentions hétéroclites, depuis les *Poltergeist* (esprits frappeurs) jusqu'aux expériences de mort imminente en passant par des témoignages de sorcellerie de bocage. Effectivement, persuadés que les zététiciens voulaient leur perte, – et en soi, ce n'était pas complètement faux –, tous les coups ou presque furent permis de leur part dans la décennie 2000.

---

[64] La psychologie anomalistique est une sous-discipline de la psychologie spécialisée dans l'étude des facteurs psychologiques dans les croyances et expériences extraordinaires, comprenant celles que l'on considère paranormales ou surnaturelles (télépathie, clairvoyance, apparitions d'ovnis, de fantômes ou d'anges) ou des expériences relatives au contact thérapeutique. On n'y présume pas d'emblée qu'une expérience bizarre est paranormale ou surnaturelle.

Une tentative à l'Observatoire zététique (association grenobloise, montée en 2003) de travailler avec un de ses membres s'est soldée par des échecs.
J'ai voulu suivre le cours *Sciences, société et phénomènes dits « paranormaux »* de l'un des administrateurs de l'IMI, Paul-Louis Rabeyron, à l'Université catholique de Lyon, mais j'ai reçu une sorte de fin de non-recevoir. Ton livre « *Gourous, sorciers, savants* » s'est pris son quintal de critiques acerbes, en 2006, de même que ma thèse de 2007. D'ailleurs, je te raconte un truc qui m'a laissé chafouin.

Ce groupe étudiant avait scanné ma thèse avec *Ctrl+F* et mots-clés, et avaient fourni une critique sur tous les points en lien avec la parapsychologie (et exclusivement la parapsychologie, rien d'autre), me « sommant » d'y répondre. Or je n'ai aucun mal à accepter les critiques et à tenter d'y répondre ; j'en avais déjà reçu un paquet, certaines justifiées – je ne trouve pas que ma thèse soit un réel travail de recherche bien ficelé, par exemple. Mais là, j'avoue que je n'avais guère envie devant leur verdeur et leur chantage bizarre.
Et crois-le ou non, je l'ai fait quand même, si si, admettant quelques points, réfutant d'autres. J'ai donc envoyé mes commentaires, et… rien. Ils n'ont pas publié mes réponses sous les leurs. Pire, il est toujours indiqué sur leur site à l'heure où j'écris ces lignes que je n'ai pas daigné répondre. J'avais fini par râler, c'est là que ma réponse avait été intégrée, mais de façon… particulièrement laide sur le plan graphique. Et maintenant, joie des transferts web, on trouve encore leurs critiques bien achalandées, tandis qu'accéder à mes réponses demande de passer par les archives du Net.

Bon, tu vois, il n'y a pas mort d'hommes, mais c'était particulièrement incommodant. Je finis néanmoins par entrevoir ces temps-ci que nous pouvons envisager de collaborer sur des protocoles. Il y a quelques signes d'ouverture, notamment du côté de Renaud Évrard. J'aimerais bien faire de l'auto-ganzfeld avec eux, un protocole sur les perceptions extrasensorielles que l'on doit à Charles Honorton (1946-1992) que j'ai déjà mis en place dans le cadre de travaux d'étudiants.

Ce que tu fais connaître sur ce « chantage bizarre » de la part de ce groupe d'étudiants de l'IMI suivi de la non-publication de tes réponses, c'est effectivement un comportement vraiment lamentable, mais malheureusement un peu habituel dans le domaine. Et c'était déjà le cas même à l'époque pas si lointaine où les mails n'existaient pas, et où tout passait encore par des courriers papier.

Et même s'il n'y a pas, comme tu le dis fort bien, mort d'homme, il n'en reste pas moins qu'avec un comportement de ce type, il semble inutile de songer à des collaborations, ni même à la simple élaboration de protocoles en commun. Au risque de passer pour un vieux grincheux, je rappelle que « dans un laboratoire, on ne travaille pas avec des éprouvettes sales ».

Et désolé mais pour ma part, je ne rends pas hommage à la maxime de l'IMI, et j'ai déjà explicité pourquoi dans *l'Art du Doute* avec un chapitre intitulé explicitement « *Le paranormal nous n'y croyons pas. Nous l'étudions...* ». Tout est dans leur « *l* » apostrophe[65]...

Quant au Ganzfeld j'ai déjà, également dans le même ouvrage, détaillé[66] que poser une question de recherche sous la forme « *la privation sensorielle aide-t-elle au développement des facultés paranormales ?* » n'est pas

---
65 *Cf.* Henri Broch « *L'Art du Doute* », éd. Book-e-Book 2008, p. 12.
66 *Cf.* même ouvrage, même chapitre, pp. 13-14.

vraiment adéquat, car avant de voir ce qui pourrait aider à leur développement, encore faudrait-il que ces facultés paranormales existent. Je pense qu'il faudrait inviter ces parapsychologues à la lecture de « *la dent d'or* » de Fontenelle.

Ah, l'histoire de la dent d'or ! Narrée par Bernard le Bouyer de Fontenelle dans *Histoire des oracles* au chapitre IV (1686), c'est un « classique », illustrant les discours pseudo-savants théorisant sur un phénomène (ici une dent en or ayant poussé dans la bouche d'un enfant) sans se donner la peine de vérifier le phénomène[67].

J'aimerais dire ici que je n'ai strictement aucun mépris pour les *individus* parapsychologues, et je l'ai déjà largement précisé en maintes et maintes occasions, quasiment dans chaque conférence que je donne sur des sujets liés à la parapsychologie et en insistant dessus dans mes réponses aux questions de l'assistance qui confond souvent une « attaque » sur un argument ou sur un comportement avec une « attaque » sur l'individu qui est en train d'argumenter. Mais il y a toujours des personnes prêtes à s'exciter et à me reprocher des choses qui n'existent pas. Voici un exemple : un scientifique biophysicien m'avait écrit à propos des travaux du professeur Yves Rocard, et je lui avais fait un courrier de réponse détaillé, courrier que j'ai rendu public en le mettant en ligne car il pouvait présenter un intérêt pour les internautes[68].

---

67 Le texte est disponible ici : https://cortecs.org/la-zetetique/la-dent-dor-de-fontenelle-et-le-chateau-en-espagne/
68 http://sites.unice.fr/site/broch/articles/HB_Rocard_magnetiseur.html. Voici un petit extrait de l'introduction de mon courrier :
« Ce biophysicien - je synthétise - s'indigne du fait que j'aurais finalement ridiculisé le Pr. Yves Rocard *en l'assimilant aux adeptes de la momification.*
Ce que je n'ai jamais fait car assimiler quelqu'un - un *scientifique* - qui, normalement, a les capacités et la formation scientifique lui permettant de

Yves Rocard, célébrissime personnage de notre milieu, père de notre ancien premier ministre Michel Rocard, grand physicien, proche de la nobélisation, qui eut le mérite de s'intéresser à la sourcellerie, mais malheureusement en oubliant le B-A BA de la méthode. Les expériences qu'il a livrées dans son livre principal, *La science et les sourciers – Baguettes, pendules, biomagnétisme* (1989, Dunod) sont méthodologiquement indigentes. Parfois, quand je pense à lui (ou à Montagnier, ou quelques autres), je parle d'*effet Formule 1*, métaphore qui plaira au pilote qui sommeille en toi : un pilote de F1, ça conduit bien et ça sort rarement de la route. Mais quand ça sort, ça sort loin, et avec fracas ! Contrairement à ce qu'on répète souvent, ce n'est pas qu'il se soit penché sur les sourciers qui pose problème, c'est la manière avec laquelle il s'y est pris, qui est tellement percluse de biais que j'en ai fait un TP d'enseignement[69].

Je vais te décevoir peut-être mais je ne suis pas trop fan de F1 bien qu'un Grand Prix avec son circuit en ville se déroule pas trop loin de chez moi ; je préfère de loin les rallyes.

---

faire une expérience méthodologiquement correcte et bien construite avec quelqu'un - un *magnétiseur* - qui n'a pas nécessairement cette formation est une assimilation à mon avis intellectuellement malhonnête... **_vis-à-vis du magnétiseur_**.

En effet, le scientifique est censé être dans son domaine de compétence, ce qui n'est pas nécessairement le cas du magnétiseur. L'importance ou la gravité d'un « dérapage méthodologique » n'est donc pas la même et les deux situations ne peuvent pas être assimilables (sans même parler du principe d'autorité porté par le scientifique et donc de la crédibilité supérieure - à juste titre ou non - qui sera attribuée à ses dires). »

69 En particulier les pages 180-190 de son livre « *La Science et les sourciers ; baguettes, pendules, biomagnétisme* » Paris, Dunod, 1989.

Je donne ici un passage de mon texte, passage qui traite du soi-disant mépris que je pourrais avoir pour les para-psychologues :

« Deux points tout d'abord :

1) Je ne méprise **jamais _une personne_** (un individu) en tant que telle, en quelque occasion ou circonstance que ce soit.
Je peux par contre mépriser _le comportement_ qu'ont certaines personnes pour asseoir leurs affirmations ou croyances et, dans ce cadre, je l'exprime clairement dans des phrases sans détour. Pour moi, **un chat est un chat** et si mes mots sont parfois forts, on pourra certainement reconnaître aussi qu'ils sont justes.

2) Et je présuppose mes lecteurs/auditeurs capables de **faire le distinguo entre ce qui serait une critique _"ad hominem"_** (je n'aime pas le terme "attaque" mais je veux bien l'utiliser en lieu et place de "critique" si cela doit être plus clair) **et ce qui est la critique _d'un comportement ou d'un argument_ d'une personne nommément citée**. »

Dans mon livre chez *Book-e-Book* « L'Art du Doute », pages 30-31, je fais d'ailleurs le même genre de réponse à l'historien des sciences Jean Rosmorduc. Et à cet auteur qui parlait de « rompre des lances contre Elizabeth Teissier », je rappelle que, dans mon analyse à boulets rouges de la thèse de doctorat de sociologie de cette astrologue, j'ai bien précisé *« j'estime – en tant que physicien et pour la seule partie qui relève de mon domaine de compétence – qu'il est de ma responsabilité, tant sociale que professionnelle, de m'opposer à de telles dérives (et non – j'insiste – de m'opposer spécifiquement à Madame Teissier) »*. La

conclusion de mon analyse était on ne peut plus claire et tirait même un coup de chapeau (oui !) à l'astrologue Germaine « Elisabeth » Teissier en précisant explicitement à qui incombait la responsabilité de la dérive.
Tu ne me crois pas ? Voici la fin de mon texte :

> « En conclusion : ... SVP, ne tirez pas sur Mme le Dr. Teissier.
> (...) L'objectif du présent texte n'est pas de tirer à boulets rouges sur Mme Germaine Teissier qui, très astucieusement, a su **exploiter la débilité (au sens étymologique) intellectuelle et/ou l'incompétence de certains universitaires**.
> **Il ne faut pas se tromper de responsable(s)**.
> On peut donc saluer l'habileté médiatique de l'astrologue de service mais, dans le même élan, **il faut clairement désigner du doigt les pâles personnages qui ont accepté d'entériner et de trouver "très honorable(s)" de telles absurdités**. »[70]

Mais j'ai par contre un profond mépris, tant pour les *méthodes rhétoriques* de certains parapsychologues que pour les méthodes expérimentales franchement mal élaborées dont font montre de nombreuses expérimentations que l'on peut trouver dans ce domaine.

Je te bouscule encore. Que le GEIMI ait eu des méthodes pénibles, j'entends, je l'ai vécu. Mais ce ne sont pas les premiers, et ce ne seront sûrement pas les derniers. Mais quand ils écrivent « *Ses ouvrages recèlent également de nombreuses erreurs et approximations.* **», je suis d'abord interloqué, puis je me dis, en bon zététicien : regardons de près. J'ai contacté des anciens**

---
70 Henri Broch, « *Analyse de la thèse de doctorat de Mme Germaine (Elizabeth) TEISSIER* », 2001, disponible ici :
http://sites.unice.fr/site/broch/articles/HB_These_Teissier.html

membres de ce groupe, et ils m'ont dit que des critiques t'ont été transmises, et sont restées sans réponse de ta part.

Tu viens de me narrer ton expérience avec eux : ces « étudiants » qui scannent ta thèse, pondent et diffusent un texte de critique puis te tancent d'y répondre. Ta légendaire gentillesse ayant pris le dessus, tu leur fais parvenir tes réponses et commentaires... qu'ils n'ont *pas* publiés et, cerise sur le gâteau, en indiquant toujours sur leur site que tu n'avais *pas* daigné répondre !
Le problème, c'est qu'elle est d'une affligeante banalité. C'est quasiment tout le temps comme ça.
Répondre aux tenants (aux *croyants*) de la parapsychologie ne sert à rien ou à pas grand-chose, sinon à une inutile perte de temps.
Là où toi ou moi, placés face à des preuves, serions disposés à éventuellement modifier, changer ou faire évoluer nos positions, je pense que ce n'est pas le cas pour une majorité d'entre eux.
C'est pour ça que j'ai pris mon parti de laisser ces gens sans réponse lorsque les émetteurs, en plus, souvent anonymes ou sous pseudonymes, n'ont même pas l'élémentaire politesse de contacter *d'abord* la ou les personnes pour s'assurer des dires, demander des informations ou confronter les allégations/affirmations de leur texte.

Tiens, un exemple ! Quand un parapsychologue démarre plein pot un article en écrivant *« Henri Broch a 21 ans, en 1966, quand il débute son enquête sur un monument archéologique »* alors que lorsque je débute cette enquête, je n'en ai même pas encore... 15 et demi, et que découvrir mon année de naissance ne relève pas vraiment d'un exploit titanesque mais d'une recherche de quelques secondes seulement, je me dis que pour la précision de cet article, c'est très mal parti. Ai-je de quoi me forcer à lire la suite ?

Ou encore, regarde cette méthode incroyable ! Déclarer : « *[son propos] pourrait être résumé comme suit* », et hop ! Les auteurs parapsychologues mettent guillemets et italiques, comme si leur résumé était ce que j'avais exactement écrit. On fait un épouvantail de mon propos, et… on me le prête ! Imparable.

Quand les mêmes dénoncent aussi, mon « *expression « échec complet », si **catégorique** et **incompatible** avec l'outil statistique* » [les gras sont de moi] à propos des résultats de tests que j'ai menés dans le cadre du Prix-Défi dont on parlera plus loin, ils ne semblent ne connaître ni le français, ni l'outil statistique dont ils sont en train de parler. Un échec « complet » est bien primo un échec et secundo un échec *particulier*, très loin d'un seuil minimal convenu lors du protocole. Il est donc exact et normal de le spécifier en tant que tel si l'on désire être précis.

Quand d'autres encore abordent la « liquéfaction » du « sang » de saint Janvier pour défendre un parapsychologue allemand qui défend le phénomène paranormal du « champ affectif » (?) pour expliquer ce « miracle »… Que dire sinon recommander de regarder sans œillère les faits, les simples faits.

Ou quand d'autres encore répètent à l'envi que la scientificité des expériences de Rhine et consorts a été démontrée, alors qu'un protocole correct d'expérience, relativement aisé à concevoir, et correspondant à une loi aussi simple que la loi binomiale n'a même pas été respecté… Rappelons ici que la loi binomiale ne peut s'appliquer *que* lorsque la probabilité de réalisation de l'événement est *constante*, ce qui signifie en d'autres termes que *tous* les cas possibles de réalisation *doivent* être *équiprobables*. En d'autres termes, il faut par exemple, si on parle de cartes, concevoir une expérience faisant intervenir un tirage *avec* remise, c'est-à-dire de manière à ce que l'on soit ainsi systématiquement dans les *mêmes* conditions pour tout tirage, autrement dit que le tirage à l'instant t ne dépende donc pas de ce qui s'est passé à l'instant t-1, ou encore avant bien sûr.

Un exemple parmi d'autres lu sur les pages de l'IMI :

> *« On a un paquet de 25 cartes (…) comportant 5 exemplaires de chacune des 5 figures (…) : étoile, rond, carré, croix, vagues. (…) L'expérimentateur bat et coupe le paquet de cartes et le met face contre table. (…) il prend chaque carte sans regarder le côté face (…) et demande au sujet de la nommer. Les résultats sont notés au fur et à mesure (…). Jusqu'à la fin, le sujet ignore si la figure qu'il nomme est juste ou non. Il ne peut donc pas se servir du résultat de ses premiers choix pour faire les derniers.(…). Pour apprécier les résultats obtenus, il faut être capable de faire la part du hasard. C'est là qu'interviennent les statistiques. (…) Le calcul est très simple. On a une chance sur 5 de nommer la bonne carte.(…) D'une façon générale, on peut montrer que la loi de répartition de k est la loi binomiale »*[71]

Ces parapsychologues présupposent que les sujets-psi participant à une telle expérience de tirage de cartes (*sans* remise) sont des handicapés neuronaux qui - <u>oubliant qu'il y a seulement 5 ronds dans tout le paquet de 25 cartes</u> - n'hésiteront donc pas à répondre par exemple *rond, rond,*

---

[71] https://www.metapsychique.org/la-parapsychologie-quantitative-et-les-travaux-de-j-b-rhine/

rond, rond, rond, rond, rond,... (25 fois). Ou rond « seulement » 24 fois puis carré, ou encore rond seulement 23 fois puis deux autres figures. Ou encore... *etc., etc., etc.* Et ceci avec toutes les possibilités de mixage sur le *nombre* d'apparitions d'un rond (de 6 à 25) et sur *l'ordre* des cartes tirées.

Et, bien sûr, il en est de même pour les quatre autres figures des cartes de Zener (croix, vagues, carré, étoile).

Ce sont ainsi *des milliers et des milliers* de tirages, pourtant *concrètement possibles* dans une expérience bien conçue (c'est-à-dire *avec* remise), qui sont ici inexistants avec le protocole adopté[72] (leur probabilité de sortie, avec une expérience sans remise, est bien sûr 0, zéro). Le choix d'un tel protocole invalide est d'autant plus curieux de la part des parapsychologues qu'il leur était tout *aussi simple* et tout *aussi rapide* de faire un tirage de cartes *avec* remise. Ce qui aurait ainsi supprimé toute ambiguïté (je parle de supprimer l'ambiguïté sur le protocole statistique et l'indépendance des tirages, pas sur le reste du protocole et/ou du matériel utilisé dans l'expérience sur lequel il y aurait peut-être aussi des choses à redire...). Mais il semblerait que les parapsychologues n'y aient pas songé. Quel dommage...

On reparlera de Rhine tout à l'heure.

---

[72] Ne croyez pas que la faiblesse de ce protocole soit uniquement due au fait que ce sont des parapsychologues « débutants » qui l'auraient conçu. En effet, même Joseph Banks Rhine, le grand ponte à l'auréole de scientificité que certains essaient savamment d'entretenir (savamment mais désespérément, son manque total de rigueur expérimentale étant maintenant, il me semble, assez largement reconnu), ne faisait guère mieux puisqu'il n'optait *pas* non plus, la plupart du temps, pour un protocole qui correspondrait à un tirage avec remise, *a priori* seul protocole vraiment facile à élaborer mais rigoureux, sans tactique possible, que l'on peut ainsi associer avec une loi binomiale.

D'accord, et j'en reste là, je ne voudrais pas trop te lasser avec ce genre d'exemples et je laisse ces parapsychologues à leurs travaux, en attendant de leur part peut-être une lettre (ou plusieurs) de demandes d'excuses sur ce qu'ils ont pu écrire, par erreur sans doute, dans leur « jeunesse ».

3. Les grandes dates

Si tu devais résumer la renaissance du mot zététique à nos jours en cinq ou six dates, lesquelles indiquerais-tu ? Celle de création des cours ? Celle de la création du laboratoire ? La naissance d'associations ? La « fin » du laboratoire ?

Difficile de décrire comment j'ai pu effectuer l'implantation, ou favoriser la renaissance d'un intérêt pour la zététique car cela ne s'est fait pas fait délibérément mais plutôt de manière naturelle.

Tu veux dire qu'il n'y avait pas de stratégie de ta part, comme par exemple imposer des cours d'esprit critique à l'université ?

Une « stratégie » sur plus d'une décennie pour obtenir une UE officielle inscrite dans les maquettes d'enseignement ?
Fichtre, très balèze pour prévoir sur une durée aussi large. Cette durée m'aurait en fait découragé dès le départ si j'avais envisagé mon enseignement sous cet angle de « tactique ».
Non, dans les faits, rien de cela. Je n'ai pas cherché à imposer quoi que ce soit, j'ai simplement essayé de pratiquer et de faire pratiquer ce que j'estimais non seulement utile, mais nécessaire pour mes étudiants et étudiantes.
Cela a permis de montrer concrètement à des responsables l'attrait, l'utilité et l'impact que des cours d'esprit critique pouvaient avoir.
Je vais garder six ou sept jalons.

- **Début des années 1980**

Les premiers cours de zététique remontent aux années 1981-1983 via mes enseignements de physique en premier cycle universitaire à la Faculté des Sciences, sur le « campus Valrose » de l'Université de Nice. En effet, j'avais introduit le terme *zététique* pour stimuler le questionnement dans mes cours de physique afin de mieux définir la méthode que je prônais dans un cours spécifique intitulé *Rappels sur quelques aspects de la méthodologie scientifique à partir des phénomènes « paranormaux »*.

Mais j'utilisais probablement plus l'expression *esprit critique* à l'époque dans mes cours universitaires, comme dans la plaquette que j'ai publiée au CNDP-CRDP Nice dont je t'ai déjà parlé.

- **1985**

C'est l'année de publication de mon ouvrage « *Le Paranormal* » aux éditions du Seuil dans la collection Science Ouverte. Contrairement à ce que de nombreuses personnes peuvent penser actuellement à la lecture de cet ouvrage, toujours diffusé par Le Seuil, ce livre fait très peu connaître le vocable zététique. En effet, à la suite des quelques rares entrevues un peu complètes que j'ai pu donner à la sortie du livre, la plupart des médias qui rendront compte de l'ouvrage sont nettement plus intéressés, au vu des titres de leurs articles, par ma formule « ***Esprit critique, es-tu là ?*** » que par le mot *zététique*.

- **1986** (à mon avis une année-clef)

C'est l'année où, avec le lancement du service Minitel *36.15 ZET*, la zététique a peut-être réellement commencé à « faire son trou » et la diffusion du vocable à se faire bien au-delà d'un cercle restreint de personnes. Ce service de zététique, service Minitel officiel de l'Université de Nice, dont le responsable légal était le Président de l'Université, ès qualité, je l'ai créé en 1986 après plus d'une année de travail de préparation sur la structure du service et l'introduction des données sur le serveur *SUPER*, Serveur Universitaire Pour l'Enseignement et la Recherche, créé par mon collègue physicien Christian Athénour. Il porte le sous-titre « *Les dossiers scientifiques du paranormal et de l'occulte* » et met à disposition, dès son ouverture sur le réseau, plusieurs milliers de pages Minitel d'informations scientifiques.

En cette année 1986, c'est un article de *Science & Vie*, une pleine page dans le numéro 830 au mois de novembre, sous un large chapeau « *ZÉTÉTIQUE. Si vos tables tournent...* », consacré à ce service Minitel qui commence à faire connaître le mot *zététique* au grand public. Petit clin d'œil, cet article est signé M.R., initiales de Michel Rouzé, le fondateur de l'AFIS.

Rouzé, que tu connaissais déjà.

Oui, depuis 1980, comme je l'ai raconté plus haut.
Et c'est également cette année-là que je donne une conférence intitulée « *Le décor paranormal à la lumière de la zététique* » dans le cadre d'un colloque sur « *L'attitude parascientifique* » organisé par l'Institut des Hautes Études à Bruxelles, conférence qui fera connaître un tout petit peu la zététique dans le public universitaire.

Et c'est toujours cette année-là que, sur le service Minitel ZET de l'université, je lance avec l'illusionniste Gérard Majax le défi zététique qui deviendra quelques mois plus tard, au début de 1987, grâce à l'investissement de notre collègue belge Jacques Theodor, le *Prix-Défi Zététique international* Broch-Majax-Theodor avec à la clef une somme rondelette de 500.000 FF. Somme portée à l'occasion de la centième candidature à 1.000.000 FF puis, à

l'occasion de la 200ème candidature et de la création de la monnaie européenne, à 200.000 euros.
Et ce Prix-Défi Zététique participera lui aussi largement, tout au long de ses quinze années d'existence, à faire connaître la zététique.

Il n'y avait pas un magicien belge également, Claude Isbecque, dit « Klingsor » (décédé en octobre 2020) ?

Non, Claude Isbecque *alias* Klingsor était un ami de Jacques Theodor mais n'a jamais fait partie du Prix-défi zététique.

Comment avais-tu rencontré Gérard Majax ? Et Jacques Theodor ?

Pour Gérard Majax, je n'ai pas de souvenirs précis, mais de mémoire, ce doit être en 1982 que j'ai fait parvenir à Gérard Majax la plaquette dont j'ai parlé, qui venait de paraître au CNDP-CRDP Nice et dans laquelle j'avais introduit le *« rôle critique de l'illusionnisme »*.
C'est ainsi que le contact s'est établi, facilité entre nous par le fait que nous sommes de la même génération et niçois tous les deux, et que nous avons ensuite entrepris des actions communes de « démystification ». Nous nous sommes également retrouvés lors d'émissions télévisées, comme « *Droit de Réponse* » de Michel Polac le 12 octobre 1985 sur TF1, où je réalise mon désormais célèbre tour de voyance pure par courrier !
Et c'est donc tout naturellement à Gérard que j'ai demandé s'il acceptait d'être l'illusionniste contrôleur pour « l'appel à preuves », le défi, que j'ai lancé en 1986 avec le service Minitel ZET de l'Université de Nice Sophia Antipolis

Quant à Jacques Theodor, il était l'un des co-organisateurs du colloque à l'Institut des Hautes Études de l'Université de Bruxelles en 1986 dont j'ai parlé plus haut. J'y avais été invité à donner une conférence « *Le décor paranormal à la lumière de la Zététique* », et c'est ainsi que j'ai fait sa connaissance, et c'est cette rencontre et les contacts qui ont suivi qui ont incité ensuite Jacques à proposer un gros chèque sur le défi que j'avais lancé avec Gérard Majax.

- Et puis il y a **1993**.

Les cours de zététique deviennent officiels et « autonomes », c'est-à-dire qu'ils ne sont plus intégrés dans mes cours de physique et entrent alors officiellement dans les maquettes d'enseignements de plusieurs dominantes scientifiques de l'Université Nice Sophia Antipolis

« Quel beau métier, professeur ! »[73] **Ayant fait un parcours similaire dix ans plus tard, je sais que ce n'est pas simple. Comment t'y es-tu pris ? Y a-t-il eu une conjonction spécifique des astres ?**

Certainement une bonne conjonction, mais à mon avis a joué le fait que les responsables des campus, par exemple le Président de l'Université de Nice Sophia Antipolis, le Directeur de la Faculté des Sciences, *etc*. étaient à l'époque eux aussi des enseignants-chercheurs, contrairement à ce qui se passe souvent de nos jours.

Avec certes des services « allégés » mais souvent – sinon toujours – avec un service d'enseignement ; par conséquent, ils étaient au courant de ce que leurs collègues faisaient, des résultats obtenus et de ce qui était exposé dans les réunions de concertation sur l'enseignement puisque, souvent, ils y participaient concrètement.

---

73 Ayant pris pour parti de glisser une contrepèterie dans chacun de ses livres, mais ayant coutume d'oublier où, cette fois Richard l'indique, elle est ici.

Placé sous l'égide du Département de Physique de l'Université, l'enseignement a été ouvert à l'ensemble des dominantes de DEUG scientifiques (nos actuelles Licence 1 et 2) jusqu'en 2000-2001, mais devant le nombre croissant d'étudiants s'inscrivant dans cet enseignement (à la fin 2010, plus de 6000 avaient déjà suivi mes cours de Zététique à l'UNS), le manque cruel de moyens et les nouvelles réformes de l'enseignement supérieur, j'ai été contraint de limiter cet enseignement, qui s'est donc ensuite présenté en deux modules (pour quatre unités d'enseignement différentes) en Licences de l'UNS.

- **1998**

C'est la création du Laboratoire de Zététique à la Faculté des Sciences de Nice, avec comme membres d'Honneur deux Prix Nobel de Physique, Georges Charpak (1924-2010) et Pierre-Gilles de Gennes (1932-2007).

Même question : pour avoir tenté la création d'une structure fédérative de recherche sur la pensée critique dans mon université, avec mon collègue et ami Nicolas Pinsault, puis finir par réussir, pour la voir sombrer aussi sec faute de moyens, je sais à quel point ce n'est pas facile. Comment t'y es-tu pris ?

La demande de création d'un laboratoire est venue *après* la création officielle de l'enseignement. *A priori* ça peut surprendre. La plupart des personnes m'ayant interrogé au cours du temps pensent en effet que la création d'un laboratoire constitue un peu les prémices nécessaires à la création d'un enseignement spécifique sur la thématique dudit laboratoire. Mais tel n'est pas le cas. Ça a été l'inverse.

Ce qui a permis la création du laboratoire de zététique est, pour une bonne partie, la fréquentation importante des cours, avec souvent plus d'étudiants dans l'amphi que d'officiellement inscrits dans l'UE, ainsi que le constat fait par des collègues enseignants d'autres disciplines (et rapporté explicitement lors de réunions autour des résultats d'examens) de l'utilisation par les étudiants des « recettes » de zététique dans leur propre discipline. D'autre part, le fait que Jacques Theodor ait annoncé qu'il prenait en charge les frais d'équipement du laboratoire, ordinateurs et divers matériels.

Jacques Theodor, homme étrange, mais qui m'a payé une année d'inscription de thèse en 2006, tant j'étais fauché.

Et enfin, je pense que même si cette nouvelle part peut paraître plus petite, elle n'est pas à négliger : le fait est que, lors de ma demande de création d'un laboratoire, le Directeur de la Faculté des Sciences était Michel Rouillard, un collègue chimiste qui me connaissait fort bien tant comme individu que comme biophysicien auteur de travaux de recherche scientifique.

Et puis une association, une « Amicale du laboratoire universitaire de zététique » sera créée en 2003 pour servir de relais aux actions vers le public. Cette association prendra en 2008 le nom de *Centre d'Analyse Zététique* (CAZ).

Je me souviens du début des années 2000. Je t'avais contacté en 1999 pour faire une thèse avec toi, te rappelles-tu ? Puis je suis parti voyager, puis travailler en Europe de l'Est, puis en Afrique de l'Ouest, et je suis rentré en 2002 pour faire ma thèse avec toi.
Ma première venue au laboratoire, je m'en souviens bien : il y avait un aréopage de gens avec toi, en

particulier les deux Denis, Denis l'Ancien, Biette, instituteur fondu d'archéologie[74] et Denis le Jeune, Caroti, qui deviendra mon comparse et montera avec moi le collectif CORTECS en 2010.

Plus tard, j'y rencontrerai Jérôme Bellayer, qui sera auteur chez Book-e-Book de plusieurs ouvrages[75], le magicien monégasque Stéphane Bollati, ainsi que le professeur de biologie évolutive québecois Cyrille Barrette, auteur également de divers ouvrages critiques[76] et sa femme Louise Brochu, qui deviendront des amis, Cyrille me transmettant son goût de l'analyse d'ossements. J'y ai même fait la connaissance de Mouhamed Fadel Niang l'enseignant sénégalais qui deviendra directeur de l'Institut d'enseignement professionnel de Thiès : anecdote, je reverrai peu après Fadel au congrès sceptique européen (ECSO, bien connu des sceptiques). Et c'est lui qui, pour que je fasse bonne figure pour ma présentation, me prêtera... ses chaussures, tant les miennes étaient des épaves.

---

74 Denis Biette a publié *L'énigme des crânes de cristal. Un mythe moderne ?* (coll. Une chandelle dans les ténèbres, n°19), Book-e-Book, 2012.

75 Jérôme Bellayer a écrit :
- *Sous l'emprise de la Lune. Le regard de la science* (n°15), Book-e-Book, 2011.
- *Prière de guérir ! La blouse blanche ne fait pas le moine* (n°27), Book-e-Book, 2014.
- *Electrosensibles. Vivons-nous les prémices d'une catastrophe sanitaire ?* (n°39), Book-e-Book, 2016.
- *La Radiesthésie face à la science : baguettes, pendules... Eppure si muove !* (n°50), Book-e-Book, 2021.

76 Cyrille a écrit ou co-écrit :
- *Mystère sans magie, science, doute et vérité : notre seul espoir pour l'avenir*, Éditions MultiMondes, 2007.
- *Aux racines de la science. Propos d'un scientifique sur la philosophie de la science*, Book-e-Book, 2014.
- *L'étonnant panda, erreur de la nature ou merveille d'adaptation*, Éditions MultiMondes, 2023.
- *Lettres ouvertes, correspondances entre un athée et un croyant*, avec Jean-Guy Saint-Arnaud, Mediaspaul Québec, 2013.
- *La vraie nature de la bête humaine, carnets d'un biologiste*, Éditions MultiMondes, 2020.

Cela fait deux décennies mais j'en garde bien sûr le souvenir, pas complètement précis dans les détails certes mais j'en ressens encore la chaleureuse ambiance.

Et j'ai bien vivace le souvenir d'une incroyable soirée en 2005 dans un restaurant niçois, pizza et spécialités italiennes, où nous étions dix participants, de cinq nationalités différentes, avec en particulier Fadel, Graham Matthew, Cyrille et Louise. Et je revois encore Stéphane s'emparant d'une braise bien rouge directement dans le four à pizza du restaurant et commençant à se réchauffer les mains avec, en expliquant sa procédure sous ton regard « émerveillé » de doctorant zététicien prêt à tenter cette expérience dangereuse. Expérience que tu as aussitôt répliquée et sans te brûler. Ton initiation de chaman insensible à la douleur était faite !

Je referai ça maintes fois ensuite, avec plus ou moins de bonheur. Quelques années plus tard, avec des copains de l'Observatoire zététique, nous sommes partis investiguer sur le site de Glozel, où ont été découvertes par Émile Fradin en 1924 des gravures portant un alphabet pour le moins... étrange. Là, ambiance feu de camp, nous tenterons avec le professeur de physique Stanislas Antczak d'éteindre des braises, misant sur l'effet Leidenfrost avec notre bouche : l'effet, qui porte le nom de Johann Gottlob Leidenfrost, médecin et théologien allemand du XVIIIe siècle, désigne le phénomène qui met en caléfaction une goutte d'un liquide sur une plaque chaude : c'est-à-dire qu'une fine pellicule de vapeur se crée à partir du liquide et isole momentanément de la chaleur de la plaque. Je ne te le cache pas, ce fut un semi-échec cuisant. Quelque temps plus tard, je préparerai le matériel sur mon campus pour tenter de tremper mes mains dans du plomb en

fusion rougeoyant, en pariant sur le même effet physique. Mais au dernier moment, alors que le plomb commençait déjà à chauffer, les agents du service sécurité incendie de l'université m'empêcheront de réaliser la chose – à raison peut-être. Je n'ai pas retenté depuis.

Arrêtons-nous sur Glozel : ce ne sont pas simplement des « gravures » qui ont été découvertes mais deux « tombes », avec des fragments crâniens et d'os longs, et environ 3 000 objets de pierre, de terre cuite et d'os. Ce n'est, pour l'instant, pas un alphabet mais un système de signes dont on ne comprend toujours pas bien la signification et dont on n'est même pas sûr qu'il servait à une écriture.

Le site de Glozel est à mon avis un site *authentique*[77] découvert en 1924 par un tout jeune paysan de 17 ans en labourant un champ. Un site que l'on pourrait qualifier de « double », c'est-à-dire un site de dépôt (dépôts votifs, dans la couche argileuse jaune) puis de gisement (débris d'une *possible* installation de fondeurs de verre, dans la couche végétale superficielle noire), tous deux bien distingués stratigraphiquement. Un site donc occupé à de multiples reprises et de datation plutôt compliquée avec, comme cela

---

[77] J'ai donné quelques courtes informations sur ce site dans l'ouvrage « *Au cœur de l'extra-ordinaire* », ouv. cit., pp. 76-78 et je recommande personnellement la lecture des ouvrages suivants qui sont à mon avis d'excellents travaux sur le sujet et constituent des références incontournables :
- « *La préhistoire chahutée. Glozel, 1924-1941* » de Joseph Grivel, éd. L'Harmattan 2003.
- « *Glozel avant Glozel. Confins et sanctuaires* » de Joseph Grivel, éd. L'Aurisse 2019 (un autre tome est en cours d'écriture par J. Grivel concernant cette période).
- « *Le temps enfoui. Glozel après-guerre* » de Joseph Grivel, éd. L'Aurisse 2022.
- « *Glozel. Bones of contention* » de Alice Gerard, éd. Iuniverse, New York, 2005 (publié en français, avec un petit addendum, « *Glozel. Les os de la discorde* », éd. Le Temps Présent 2013).

a été physiquement mesuré par thermoluminescence (TL) et/ou Carbone 14, des pièces remontant à plus de 2000 ans (diverses dates entre 380 avant notre ère et 250 après), des pièces datant des environs du XIIIe siècle, d'autres plus récentes et d'autres – très peu nombreuses – plus récentes encore du début du XXe siècle, bref une dispersion sur plusieurs époques et un vrai méli-mélo.

Il ne faut pas oublier que la datation TL ne situe que la date de la *dernière* chauffe et non la date de la fabrication d'origine. Et il faut savoir par exemple qu'un écobuage d'arbres et de broussailles de grande envergure a été effectué en 1889 à Glozel sur le Champ des Morts.
Les datations Carbone 14 de plusieurs fragments osseux donnent également des dates largement dispersées. N'oublions pas que le mobilier osseux de Glozel a reçu des « traitements » avec l'application de diverses substances - « cire », peut-être gélatine, paraffine, et autres - afin d'être mieux conservé après sa découverte. Exemples : fragment de fémur 340-530 de notre ère ; os gravé de deux rennes s'affrontant 1280-1390 ; fragment de crâne 1850-1955 ; deux petites « lampes » en argile, datées en 2013, ont donné le résultat -22 à +348 pour l'une et +33 à +393 pour l'autre.

Ce site a malheureusement souffert, dès l'origine au début du siècle dernier, de « bagarres » injustifiées pour ne pas dire imbéciles entre, je synthétise bien sûr, des tenants d'une civilisation néolithique au centre de la France inventant l'écriture, puis des tenants de l'Atlantide, des extraterrestres ou autres, et quelques personnalités des domaines connexes de l'archéologie : un débat fort loin de se dérouler de manière intellectuellement honnête avec des discours des uns ou des autres pas toujours appuyés sérieusement ou correctement sur les résultats de terrain.

Penses-tu que je me trompe en estimant que le principal moteur du succès de l'« écriture » de Glozel était l'énorme envie des archéologues nazis de trouver des écritures anciennes autres que sémites ?
Ne dit-on pas d'ailleurs que l'archéologie française doit beaucoup de sa professionnalisation aux nazis, et que les premiers professionnels, Albert Grenier, Jérôme Carcopino, par exemple, avaient des velléités sinon nazies, au moins *Völkisch* (Völkisch désignant ce courant ethnocentré pangermaniste qui fut très en vogue dans la première moitié du XXe siècle) ? Je pense avoir compris cela à la lecture de Laurent Olivier, *Nos ancêtres les Germains : les archéologues français et allemands au service du nazisme*, édité chez Tallandier en 2012.

La partie « écriture » de Glozel n'a pas eu à mon avis le large succès que tu sembles lui accorder.
Associer Glozel et l'extrême droite et le nazisme, je suis très circonspect et je te renvoie au chapitre spécifique *« Qui veut noyer son chien... »* du dernier ouvrage de Joseph Grivel qui montre que « *l'implication militante des formes les plus exécrables de la droite extrême dans le soutien à Glozel* » n'est en fait « *qu'une légende édifiée de toutes pièces et montée en épingle à partir d'éléments des plus ténus, sans aucun fondement probant.* »[78]

Quant à plonger ses mains dans du plomb en fusion, tu peux te reporter aux mémoires du maître de l'illusionnisme et de la prestidigitation Jean-Eugène Robert-Houdin qui, comme sa spécialité l'indique, devait pourtant très certainement tenir à la bonne forme de ses agiles doigts. Dans ses

---

78 Dans *« Le temps enfoui. Glozel après-guerre »*, ouv. cit. Le chapitre « Qui veut noyer son chien... » dont je parle ici couvre les pages 315 à 338.

« *Confidences et révélations* » il nous raconte[79] comment il s'est lavé les mains avec de... la fonte liquide à environ 1600°C !

J'ai lu ça, et pour cause ! C'est toi qui m'avais fait découvrir Robert-Houdin. Tu m'avais même dit qu'on reconnaît un auteur sérieux s'il ne se trompe pas dans son nom, qui est bien Jean-Eugène Robert-Houdin, et non comme on le voit souvent Robert Houdin. Mais marcher dans les pas de ce genre de personnage donne des sueurs froides.
Revenons-en à la chronologie.

- **2002**

C'est ce que l'on pourrait presque appeler l'année de la zététique au niveau du public. En effet, l'ouvrage « *Devenez sorciers, devenez savants* » que j'ai écrit avec Georges Charpak est publié aux éditions Odile Jacob et connaît un succès fulgurant. C'est le best-seller des essais et documents de cette année 2002 et il est traduit en 13 langues. Le vocable zététique s'implante au niveau du public par la large diffusion de cet ouvrage et par le très grand nombre d'articles de presse qui y sont consacrés.

La revue *Science & Vie* par exemple réalise en 2003 un dossier entier intitulé « *La Zététique* » et y consacre... 14 pleines pages !

- **Les années 2010...**

L'enseignement de zététique a maintenant largement essaimé depuis Nice et sa création au début des années 1980

---

[79] *Cf.* le passage entier de ses mémoires cité en pages 278-280 de mon ouvrage « *Au cœur de l'extra-ordinaire* » dans la partie qui traite de la marche sur le feu et autres capacités : J'y parle de l'état sphéroïdal et de la caléfaction (effet Leidenfrost). Sur d'autres thématiques d'illusionnisme, on peut lire également avec plaisir l'ouvrage « *Magie et physique amusante* » de Jean-Eugène Robert-Houdin, éd. Book-e-Book 2008.

et des cours de zététique sont dispensés dans d'autres établissements (dont une dizaine d'universités), en France et à l'étranger.

Tu ne t'es pas ménagé. Lorsqu'en 2003, j'ai monté mes premiers cours de zététique, à l'UFR de pharmacie de Grenoble, avec la chimiste Christel Routaboul, il m'arrivait de t'appeler pour te demander de la documentation quand une question tombait dans une des nombreuses crevasses de mes connaissances. Tu as toujours répondu.

Ce qui me paraît on ne peut plus normal si l'on désire que l'enseignement de l'esprit critique essaime et que les jeunes prennent la relève des anciens.

Le laboratoire de zététique à l'Université Nice Sophia Antipolis (UNS) a maintenant disparu. Il avait été mis dans une sorte de sommeil profond au début 2015 car aucun collègue n'avait pris le relais au laboratoire suite à ma retraite au dernier trimestre 2014. Professeur émérite, j'ai continué quelques activités à l'université pour ce qui concerne l'activité « recherches-expériences » de la zététique, la partie « enseignement », quant à elle, demeurant présente à l'université.

C'est le *Centre d'Analyse Zététique*, association ayant la disposition d'un local sur le campus Valrose de l'UNS suite à une demande officielle que j'avais faite au nom du CAZ en 2013 à la Directrice de l'UFR Sciences (demande acceptée), qui a assuré l'ensemble des activités de culture scientifique à destination du public et qui a également pris en charge les actions « recherches », comme par exemple les expériences menées en 2014 pendant plus d'une semaine en continu avec un magnétiseur professionnel[80] qui désirait faire tester ses « pouvoirs » par des scientifiques.

L'enseignement de zététique a donc continué sans moi à l'UCA, et le petit groupe d'enseignants de zététique (quatre personnes) était coordonné par mon collègue Aziz Ziad, professeur de physique de l'Observatoire de la Côte d'Azur.

Mais à la rentrée 2019 l'enseignement de Zététique que dispensaient ces collègues n'était plus au paysage de la licence. Il avait été supprimé... sans même que ces enseignants n'en soient prévenus ! Et sans qu'une raison ne soit donnée explicitement par les responsables de l'université.

S'en était alors suivie une lettre signée par le petit groupe au complet des enseignants de zététique (et également signée par ton serviteur en tant que fondateur de cet enseignement) en réaction à cette curieuse suppression. Lettre demeurée sans aucune réponse.

Et à l'heure actuelle, en 2023, alors que tant de personnes, d'enseignants et de responsables politiques nous parlent soi-disant de développer l'esprit critique dans l'enseignement, on ne voit ici toujours rien poindre à l'horizon : un drôle de paradoxe pour l'université qui a vu naître l'enseignement de zététique !

Et vers le dernier trimestre de l'année 2022, après la suppression de l'enseignement de zététique à l'UCA, nous est arrivée l'information que, sous l'argumentation que de fortes contraintes s'exercent sur les espaces d'enseignement

---

80 Le protocole détaillé et le compte rendu complet que nous avons fait de cette expérience se trouvent dans la *CAZette* n°3 qui lui est presque totalement consacrée et que l'on peut trouver ici
http://sites.unice.fr/site/broch/CAZette/CAZette3.pdf.
Une vidéo des expériences avec ce magnétiseur professionnel est également disponible là :
http://sites.unice.fr/site/broch/Videos_Zet/CAZ_Operation_Citron_UNIVERSITE_NICE.mp4

disponibles, l'Université Côte d'Azur a décidé de récupérer « les » locaux (…en réalité, un *seul* local, une salle au 4ème niveau du bâtiment de TP Physique) occupés par l'association.

Et le CAZ se fait ainsi mettre à la porte *sans aucune proposition de relogement* de la part de l'Université Côte d'Azur. Exit donc la zététique, enseignement et association, de l'université. Exit également le site du laboratoire/CAZ sur un serveur de l'université puisque l'on nous demande à la même période, pour des raisons (?) de sécurité informatique, de fermer ce site dans les meilleurs délais et de le migrer ailleurs.

Sont-ce des raisons recevables, selon toi ?

Difficile de répondre mais cela peut être recevable car l'UCA semble avoir effectivement des problèmes de locaux liés, à mon avis, à un certain émiettement des enseignements, et peut-être aussi à un « gonflement » de l'université passant de l'Université Nice Sophia Antipolis à l'Université Côte d'Azur. Quand un enseignement qui se faisait en amphi avec un nombre important d'étudiants ainsi regroupés en un même lieu et pour une même durée est supprimé et remplacé par plusieurs enseignements diversifiés et à petite échelle, avec des petits groupes d'étudiants (style TD), la conséquence pourtant bien prévisible est que cela nécessite bien sûr d'avoir nettement plus de locaux à disposition.

Mais ce qui est choquant dans le cas du CAZ, c'est que nous n'avons reçu aucune proposition de relogement alors qu'il était peut-être possible de trouver quelque chose sur le campus.

Et tout cela, curieusement, se produit parallèlement à la tenue concrète en octobre 2022, sur le campus sciences et *sous l'égide de cette Université Côte d'Azur*, d'une journée de conférences sur… « *Sciences et bouddhisme* » ouverte au public et dont le final est donné par un « *chercheur en Physique* »[81]… spécialiste de la synchronicité, la rétrocausalité et l'influence du futur !!!

Philippe Guillemant. Effectivement, c'est certes un ingénieur de recherche à Polytech' Marseille, mais spécialiste du mélange des genres, en publiant des ouvrages spiritualistes chez l'éditeur Trédaniel, peu connu pour sa rigueur épistémologique, et en faisant des conférences un peu partout dans les librairies ésotériques sur ces thèmes.

Et quand on pense que, suite à une remarque sur cette incroyable journée publique de conférences sur un campus de *sciences*, le président de l'université ose écrire que l'Université Côte d'Azur développe « *une politique forte sur la diffusion de la culture scientifique et l'approche épistémologique de la construction des savoirs qui nous positionne comme un acteur lisible au niveau national et international dans ce domaine* »...

Là où l'université devrait être garante du contrat laïque du chercheur, cela pose un problème fondamental de mettre sur le même plan, dans une journée ouverte au public et sur un campus sciences, des chercheurs en neurosciences et un directeur spirituel du Centre bouddhiste tibétain Karmapa. Quelle sera la prochaine étape ?

---

81   https://lapcos.univ-cotedazur.fr/journee-de-conferences-%C2%AB-sciences-et-bouddhisme-%C2%BB-choisissons-nous-notre-destin-determinisme-et-libre-arbitre

4. Tes dossiers

Tes dossiers sont assez légendaires pour nous autres : homéopathie 1988, « Suaire » de Turin, « sang » de saint Janvier/San Gennaro, *etc*. Lesquels considères-tu comme principaux ? Ton énergie étant comme à nous tous limitée, comment choisis-tu tes dossiers ? Que réponds-tu à ceux qui te diraient que tu choisis, par exemple de travailler sur les « médecines alternatives », sans toucher aux industries pharmaceutiques colossales, ou sur des mensonges plus… d'État ? Dit autrement, le côté « politique » du choix ou du non-choix des sujets.

Légendaires, mes dossiers ? Fichtre !
C'est peut-être sympa mais je prends ainsi un nouveau coup de vieux.

On peut être légendaire jeune ! Regarde Hannibal, Denys le Jeune, Pline le Jeune..

Mes principaux dossiers ? Tu viens d'en citer trois mais ce ne sont pas « *mes* » principaux dossiers. Peut-être ceux qui ont eu le plus d'attrait médiatique, et malgré le soin porté à mes écrits, à mes contenus de cours ou à mes réponses complètes aux médias ou à différents demandeurs d'informations, j'ai souvent été dépité du traitement partiel des sujets.

Un exemple assez récent : en décembre 2018, un certain Laurent Tlacuilo écrit sur un site web qu'en ce qui concerne la gravure du cosmonaute maya de Palenque, Henri Broch se trompe en disant qu'elle représente un sacrifié anonyme puisque l'on sait maintenant qu'elle représente le roi Pakal

[Dieu seul sait où cette personne a pu trouver cela puisqu'elle ne donne pas de référence précise]. J'adore au passage le « *on sait maintenant qu'elle représente le roi Pakal* » de la part de quelqu'un qui écrit cela en... 2018. Pourquoi ? Parce que j'explique exactement depuis maintenant des décennies, oui, depuis des *décennies* (en fait presque un demi-siècle !) que la gravure doit représenter le roi défunt placé dans ce tombeau, représenté comme un sacrifié sur un autel, donnant en quelque sorte sa vie pour que les cultures soient bonnes, pour que l'arbre ou la plante sacrée se maintienne, *etc*.

Très exactement depuis le courrier de réponse que m'a fait parvenir en janvier 1975 (il y a 48 ans) l'archéologue Alberto Ruz Lhuillier, le propre découvreur du tombeau de Palenque, qui m'expliqua que le tombeau devait être celui du chef maya qui régnait dans la région dans la seconde moitié du VIIe siècle de notre ère, et dont il me donna même le nom calendérique : *Wöxök Ajau*. Ce que les données actuelles confirment, la date du décès du roi Pakal I de Palenque actuellement adoptée étant l'an 683.

D'ailleurs, cocasserie de l'histoire : dans la phrase « *on sait maintenant qu'elle représente le roi Pakal* », l'auteur a retiré le « maintenant » lors d'une mise à jour en 2021.

C'est agaçant.

Voici un autre exemple plus vieux (que je détaille plus bas avec ma longue réponse au courrier d'un dénommé Alain Delmon). Le journal Nice-Matin a publié le 19 décembre 1988 un article titré ainsi « *Henri Broch : 'Benveniste est naïf et incompétent'* ». Pour rappel, le médecin Jacques Benveniste (1935-2004) fut l'acteur principal de l'affaire de la mémoire de l'eau, en 1988. En fait, le journaliste, ou le rédacteur en chef du journal, a tronqué une de mes phrases de l'interview pour faire son titre, certes, court et accrocheur, mais ce n'est pas ce que j'ai déclaré. Par contre, voici ce que j'ai explicitement dit : « *Benveniste est naïf et incompétent ou menteur et charlatan* ». Et cela me paraît une certitude incontournable, excluant toute autre possibilité dans l'affaire en question.

Je reconnais là ton style, lui aussi légendaire. Je m'arrête un instant dessus : tu sais que j'ai opté pour une démarche relativement douce par rapport à la tienne. Et je n'ai pas réussi à t'infléchir là-dessus. Quelles sont les vertus que tu vois à une certaine « frontalité » dans les dénonciations ?

Démarche relativement douce par rapport à la mienne ? Mais la mienne n'a absolument rien de « dur » ou de quoi que ce soit relevant de cet épithète. Je me rappelle avoir dit, il y a fort longtemps maintenant, qu'il fallait éviter de se prendre pour sœur Emmanuelle car ce n'était pas notre « mission ».
Attention, ne pas confondre sœur Emmanuelle (1908-2008), la « petite sœur des chiffonniers », avec celle que je nomme très précisément « *mère* » *Tere$a*, sinon ma phrase prend vite une tournure d'insulte.

Oui, l'albanaise Anjezë Gonxhe Bojaxhiu, *alias* Mère Teresa, dont la stratégie très conservatrice et anti-avortement a été impitoyablement dénoncée dans le livre de Christopher Hitchens « *Le mythe de mère Teresa, ou comment devenir une sainte de son vivant grâce à un bon plan média* », paru aux éditions Dagorno en 1996 et qui m'avait choqué. Je regrette que le titre anglais de son édition de 1995 n'ait pas été traduit, il était formidable : *The Missionary Position: Mother Teresa in Theory and Practice* (*La position du missionnaire, mère Teresa en

théorie et en pratique). **Mais tu vois, même Hitchens a su mettre de l'eau dans son vin car au départ, le titre qu'il voulait était...** *La vache sacrée*. **Il a admis que c'était quand même un poil trop fort.**

Pour ma part, je trouve le titre français meilleur que le titre anglais car il est beaucoup plus clair, « mythe » et « plan média » étant on ne peut plus explicites alors que pour « *missionary position* », outre la connotation sexuelle qui aurait certainement fait sourire, je ne suis pas sûr que beaucoup de potentiels lecteurs du livre de Hitchens devant ce titre fassent instantanément le rapprochement avec les *Missionnaires de la Charité*.

J'entends. *Les Missionnaires de la charité* **est la congrégation religieuse créée en 1950 par Mère Teresa.**

Et le titre de son film documentaire prévu comme *La vache sacrée* a été remplacé par *Hell's Angel, L'ange de l'enfer*[82] que, pour ma part, je trouve peut-être plus pertinent et surtout mieux ajusté.
Même si parler franchement et directement avec des mots précis et parfois crus n'est pas toujours agréable, que ce soit pour la personne qui t'entend ou pour toi également, je suis convaincu par l'expérience que cela porte ses fruits *beaucoup plus* qu'un parler mou, ou doux, si tu préfères, dès lors que l'on considère les résultats *sur le moyen ou le long terme* et non sur le très court terme.
Très court terme sur lequel on observe bien souvent des réactions virulentes immédiates, épidermiques, viscérales et donc non raisonnées. Mais, quel que soit l'impact de telles réactions sur la fréquence de ta pompe cardiaque, cela ne

---

82 *Hell's Angel*, de Christopher Hitchens & Jenny Morgan, produit par Tariq Al (1994).

doit pas te pousser à modifier ta démarche, même si ce n'est bien sûr jamais agréable de subir ce type de réactions.

Si tu dois parler par exemple du « saint suaire » de Turin en essayant de séduire ton auditoire avec des données temporelles peut-être exactes mais via une formulation dite « douce » comme, par exemple en synthèse si tu dis *« certaines personnes au Moyen Âge se sont crues inspirées par Dieu et ont créé cette toile pour l'honorer au travers de son fils mort sur la croix*[83]... », tu auras à mon avis une efficacité quasiment nulle sur le long terme en comparaison d'une formulation, que certains qualifieraient de « dure », comme par exemple : *« le saint « suaire » de Turin est un faux mystère mais une vraie escroquerie made in France au XIV*[e] *siècle »*, avec bien sûr, accompagnant nécessairement cette formulation, les explications et les *preuves* historiques et physiques de la datation, les *preuves* de la mystification et les *preuves* du but lucratif de cette mystification pour justifier l'emploi du terme escroquerie : autant de preuves que je donne à chaque fois bien sûr, si les gens veulent bien discuter paisiblement et non réagir viscéralement.

---

[83] Ce qui au passage présupposerait donc l'existence de Dieu et l'historicité de son soi-disant fils. Autant faire appel directement au miracle et ainsi ne rien expliquer, ce sera plus simple d'autant plus que si l'historicité de Jésus de Nazareth ne semble plus trop discutée, l'historicité du personnage Jésus-Christ – pourtant une véritable star médiatique mondiale – semble, à mon avis et au vu de travaux sérieux publiés sur le sujet et, tout au moins à ma connaissance, non contredits, assez faible pour ne pas dire quasi nulle. Je renvoie entre autres à : *« Le christianisme avant Jésus-Christ. Préhistoire et formation de la religion chrétienne »*, Jean-Kléber Watson, ouvrage en souscription, ISBN 2-9503756-0-X, Périgueux 1988 (cet excellent travail a reçu le prix 1989 du Cercle Ernest Renan) ; *« L'invention de Jésus. I L'hébreu du Nouveau Testament »* et *« L'invention de Jésus. II La fabrication du Nouveau Testament »*, de Bernard Dubourg, éd. Gallimard 1987 (I) et 1989 (II) ; *« Le christianisme sans Jésus »*, de Guy Fau, auto éd. 1995 ; *« Une invention nommée Jésus »*, de Nicolas Bourgeois, éd. Aden 2008 ; et *« Jésus-Christ a-t-il existé ? »*, Georges Las Vergnas, sans date ni référence pour le tirage que je possède (mais il semblerait que ce soit l'édition de 1966 chez La Ruche ouvrière).

La vertu que je vois à une certaine « frontalité » (c'est ton terme, pas le mien), c'est de provoquer un remue-méninges, chez quelques-unes, peu, je te l'accorde, des personnes touchées par l'information.
Remue-méninges que ne provoque pas, à mon avis, une version douce de la formulation. Et bien sûr, ce remue-méninges ne se fait pas sur le moment, il se fait plus tard, à tête reposée, pourrait-on dire, pour la personne dont la réaction viscérale instinctive, et donc ne permettant pas à ce moment-là une réflexion sur le sujet traité, était forte et l'a donc en quelque sorte « marqué ». On ne travaille pas pour les croyants endurcis ou les parapsyphiles endurcis, on travaille pour les personnes ouvertes à la discussion et sensibles à une argumentation construite, on travaille pour cette numériquement petite frange de la population. Des personnes qui auront écouté les arguments avancés jugeront elles-mêmes – même si c'est beaucoup plus tard – de quel côté était vraiment l'intolérance.

Au passage, je signale que même si cela n'est pas agréable à faire, car cela implique souvent d'avancer seulement par petites touches, par petits crans, et si cela porte souvent des personnes à sur-réagir épidermiquement, il faut si possible se placer dans une position *contradictoire* avec celle du parapsychologue, du croyant, du médium ou autre, afin qu'il n'y ait aucune échappatoire possible pour l'un comme pour l'autre. Car si l'un des deux débatteurs montre que l'autre a tort, alors ce débatteur a nécessairement raison et l'hypothèse qu'il soutient est ainsi prouvée. C'est le seul cas où en montrant l'inexactitude de la proposition de l'opposant, on démontre ainsi automatiquement la validité de la sienne.

Je ne suis pas complètement de ton avis. Autant la fermeté dans les informations délivrées ne nécessite pas

de détours... Encore que : je me suis déjà retrouvé dans des séances de transcommunication instrumentale, où des gens en deuil cherchaient à parler avec leur enfant mort, et j'ai préféré me taire, en vertu du principe que je n'aurai pas le temps de prendre soin du choc que j'allais leur créer si je disais ce que j'en pensais.

Et tu as bien fait à mon avis. Sache que la situation que tu décris m'est arrivée également plusieurs fois et chaque fois j'ai préféré me taire car j'ai fait mon mantra de ceci : la béquille psychologique qu'est la croyance pouvant apporter à l'individu *plus* de bénéfices que de coûts et la non-croyance ne pouvant en proposer autant, personne ne peut s'arroger le droit de retirer cette béquille s'il ne peut offrir la marche à l'individu.

Bon, admettons qu'on ne doive pas transiger sauf cas exceptionnel sur l'information. Pour autant, la psychologie sociale mobilise la « dissonance cognitive », un trait caractéristique chez l'humain de préférer nier les faits ou détester la source quand les informations vont à l'encontre de leur idée sur un sujet. Et tout l'art de la zététique est pour moi triple : il y a les connaissances qu'on apporte, il y a le chemin pour les proposer à l'esprit de l'interlocuteur – et ce chemin est très dépendant de l'interlocuteur –, et il y a la dynamique : à quel rythme j'égrène ou distille ces informations. Aussi j'opte pour des propos fermes, mais une forme la plus agréable possible et une temporalité variable, *primo* parce que j'ai envie de montrer que le style sceptique ou zététicien n'est pas d'être rudoyant ou cassant (je tente de casser un stéréotype dont toi et moi faisons souvent les frais), *secundo* parce que comme le dit si bien Phil Plait, *The bad astronomer*, personne n'a jamais changé d'avis en se faisant ridiculiser, qui plus

est en public. Je recommande sa conférence *Don't be a dick* (« Ne sois pas un connard »), tenue à la convention *The Amazing Meeting* n°8 organisée par l'équipe de James Randi en 2010[84].

Comme tu le dis, c'est un stéréotype dont nous faisons souvent les frais.
Juste un petit mot supplémentaire sur le classique présupposé qu'un propos « dur » bloquerait les personnes et empêcherait ainsi une possible évolution ou modification de leurs croyance. J'ai publié en mai 1983 dans le Patriote Côte d'Azur un article intitulé justement *« Le saint suaire de Turin. Un faux mystère… mais une vraie escroquerie ! »* qui m'a attiré la vive réaction d'un abbé via un courrier du 26 mai 1983 disant :

> *« Monsieur Henri Broch aurait été mieux inspiré de terminer son sous-titre par un point d'interrogation plutôt que par un point d'exclamation. Monsieur Henri Broch a bien de la chance, lui, de savoir avec certitude que le suaire est une escroquerie ! Peut-être s'est-il laissé aller à de l'anti-religiosité primaire ? (…) Chacun place ses certitudes là où il peut ! »*

Quelque temps plus tard, je donne, entre janvier et avril 1987, un cycle de conférences sur les trois campus de l'Université de Nice et sur plusieurs Maisons des Jeunes et de la Culture de la ville.
Et à ma conférence du 6 mars à la MJC Bon Voyage entièrement consacrée au « suaire » de Turin se trouve dans les spectateurs l'abbé qui m'avait fait le courrier un peu vif dont je viens de parler.
Suite à cette conférence et à la partie questions/réponses qui s'en est suivie (largement plus de trois heures au total sur le

---
[84] Phil Plait, *Don't be a dick* https://www.youtube.com/watch?v=5opz8kvVovs

« suaire »), j'ai reçu de cet abbé une nouvelle lettre datée du 7 mars 1987, le lendemain de ma conférence :

> *« Monsieur Henri Broch,*
> *Votre apport sur le Suaire, mais plus encore votre aptitude à écouter les questions m'ont convaincu de la clarté de vos positions sur le Suaire.*
> *Merci de contribuer à dépoussiérer l'Église Catholique.*
> *Sur bien des points très importants nous sommes en désaccord, notamment sur la foi. Ce qui compte à mes yeux c'est le dialogue possible, avec vous il est réel.*
> *Bravo ! »*

J'ai tiré mon chapeau à cet ecclésiastique, en rendant hommage à son comportement véritablement exemplaire et je salue son courrier qui met vraiment du baume au cœur du zététicien que je suis en me confortant dans ma démarche. Est-ce que je tombe dans un biais de confirmation en ne retenant ou ne citant ici qu'un cas potentiellement « isolé » pour soutenir mon hypothèse ? Oui, peut-être, la critique pourra se faire sur ce point. Mais je ne tiens aucune statistique et je n'ai pas idée d'un cas mémoriellement aussi bien référencé et je cite donc ce simple cas car celui-ci est en fait totalement familier à ma mémoire et bien « imprimé » car j'en parle, en le résumant, dans mes conférences dans lesquelles le « saint suaire » intervient. Et en plus, l'abbé en question est fort sympathique et niçois.

Mais je pourrai peut-être penser à Rémy Chauvin avec qui je n'ai pas été particulièrement amène, même si toujours précis et exact dans mes formulations des divers courriers que nous avons échangés, et qui a pourtant modifié sa position sur la marche sur le feu et, qui sait, peut-être sur quelques autres points. Nous reparlerons, de Rémy Chauvin tout à l'heure.

Allez, un autre exemple ! « *Le Paranormal* » n'est pas un ouvrage tendre avec les croyances – de mémoire, un journaliste avait même parlé de *tirs à boulets rouges* – et c'est pourtant cet ouvrage dont tu dis toi-même qu'il t'a aidé à changer.

Là, je sens un biais de confirmation possible, avec tes deux exemples personnels. Et puis j'ai choisi, moi, quand je l'ai lu.

Pour en revenir aux « principaux » dossiers, je traite en fait de la même manière, ou à tout le moins j'essaye, l'ensemble des recherches que je mène, que le sujet soit considéré comme un « grand » ou un « petit ».
Certes l'énergie de nous tous est limitée mais tu conviendras avec moi que, de même que lesdites limites peuvent être différentes ou largement différentes d'un individu à l'autre, le véritable paramètre fondamental est le *temps* que tout un chacun sera capable, ou disons plutôt prêt, à consacrer concrètement à sa recherche.
Et je ne choisis pas « mes » dossiers. C'est tout simplement en fonction de l'actualité et de ce que des lectures, mais surtout des discussions avec des gens, discussions ou échanges de correspondances, me laissent comme gros points d'interrogation, quand ce ne sont pas des demandes explicites de besoin d'informations sérieuses et approfondies.

La zététique ne se restreint évidemment pas à l'analyse scientifique rigoureuse des phénomènes « paranormaux », même si ce domaine représente selon moi le domaine à privilégier au niveau de l'enseignement. La zététique couvre bien sûr d'autres domaines. Mais on ne peut pas tout faire ni tout étudier, car les journées n'ont que 24 heures...

Un exemple de dossier hors « paranormal » que l'on a traité en fonction de l'actualité et des demandes d'information formulées à l'époque lors de diverses discussions : est-il démontré que les champs magnétiques des lignes à haute ou très haute tension ont un effet sur la santé des gens qui vivent à proximité de ces lignes ?
La question semblait avoir été tranchée et une réponse positive donnée.

Notre petite équipe a mené l'enquête et effectué quelques vérifications statistiques sur les données publiées. Nous avons pu mettre en évidence que les conclusions que certains avaient tirées n'étaient *pas* justifiées.

Je ne vais pas détailler ici et je renvoie vers trois textes que nous avons publiés sur le sujet :
- *Lignes électriques à haute tension et cancer chez l'enfant*[85] (2006). Une analyse zététique des affirmations concernant la soi-disant nocivité (cancers, leucémies...) des champs magnétiques des lignes à haute tension tirées de la publication de G. Draper & *al.* en 2005 dans le *British Medical Journal*[86], publication dont plusieurs médias avaient donné un large écho.
- *Fausses vérités et argumentation sélective*[87] (2006). Une approche zététique de comment certains « argumentent » sur les prétendus effets des champs électromagnétiques sur la santé.

---

85 *Lignes électriques à haute tension et cancer chez l'enfant. Ce que certains oublient...*, 2006, par Henri Broch, Jérôme Bellayer, Denis Biette, Denis Caroti.
http://sites.unice.fr/site/broch/articles/HBJBDBDC_Draper.html
86 G. Draper, T. Vincent, M.E. Kroll, J. Swanson, *« Childhood cancer in relation to distance from high voltage power lines in England and Wales: a case-control study »*, BMJ, vol. 330: 1290, 4 juin 2005
87 *Fausses vérités et argumentation sélective*, 2006, par Denis Caroti, Jérôme Bellayer, Denis Biette, Henri Broch
http://sites.unice.fr/site/broch/articles/DCJBDBHB_Argumentation.html

- *À propos des méta-analyses « leucémies infantiles et champs magnétiques »*[88] (2009). Un examen zététique minutieux des données des deux méta-analyses[89] publiées dans *British Journal of Cancer* et *Epidemiology* censées avoir établi un lien entre leucémie infantile et exposition aux champs magnétiques démontre que celles-ci n'ont pas la significativité revendiquée par de nombreux médias ou organismes.

Donc je pense que s'il y a des déterminants politiques dans mes choix ou non-choix, ils ne me sont pas conscients. Et en prenant le terme *politique* dans son sens large, je n'hésite pas à traiter de sujets portant sur des résultats de travaux de collègues sceptiques et montrer que je ne suis pas du tout en accord avec eux, façon polie pour dire qu'ils ont peut-être parfois commis des erreurs ou des oublis ; c'est ce que j'ai ailleurs fait pour le soi-disant miracle du « sang » de saint Janvier, avec le fameux article paru dans la revue *Nature*.

Tu veux parler de Luigi Garlaschelli, n'est-ce pas ? Tu contestes son hypothèse thixotrope. C'est le fait qu'il ait fait un *Nature* avec ça qui t'agace ?

Je ne conteste pas SON hypothèse de la thixotropie pour le miracle de la « liquéfaction du sang de saint Janvier » puisque cette hypothèse n'est PAS la sienne : elle a été en fait émise explicitement plus de quarante ans *avant*[90] la lettre envoyée par Garlaschelli et ses co-auteurs à la revue

---

88 *À propos des méta-analyses « leucémies infantiles et champs magnétiques »*, 2009, par Jérôme Bellayer, Denis Biette, Denis Caroti, Henri Broch. http://sites.unice.fr/site/broch/articles/JBDBDCHB_Meta_analyses.pdf
89 A. Ahlbom & *al.* « *A pooled analysis of magnetic fields and childhood leukaemia* », British Journal of Cancer, 16 juin 2000, 83 [5], 692-698, et S. Greenland & *al.* « *A pooled analysis of magnetic fields, wire codes and childhood leukemia* », Epidemiology, novembre 2000, vol. 11, n°6, 624-634.
90 *Cf.* Henri Broch, *« Au Cœur de l'Extra-Ordinaire »*, éd. Book-e-Book 2015, pp. 308 à 312.

Nature en 1991[91] et dans laquelle ils présentent « leur » hypothèse comme une grande nouveauté (j'en donne le détail un peu plus loin).

De plus, cette hypothèse n'est pas valide comme je l'ai indiqué à plusieurs reprises et comme démontré également plus récemment et très simplement par le curé Vincenzo de Gregorio, gardien du « sang » de saint Janvier, qui a déclaré en mai 2008 avoir secoué très fortement le reliquaire pour tester l'hypothèse de la thixotropie... sans aucun résultat[92].

En fait, la question n'est pas vraiment là. On sait (du moins moi, je sais) que tu n'es pas complaisant, même avec tes proches ou amis, même pas avec moi ! Mais je te repose la question : il n'y a pas que le temps imparti qui nous fait un sujet ou non. Il y a nos intérêts personnels, qui eux aussi sont en partie cognitivement, en partie socialement construits. Te soupçonnes-tu toi-même d'avoir évité quelques sujets pour ménager des proches ou des intérêts politiques ? De grands noms l'ont fait, Darwin pour ménager la foi de sa femme, ou le biologiste Stephen Jay Gould en bricolant son concept de « non-recouvrement des magistères » pour ménager sa foi catholique. Intéressant, d'ailleurs, ce cas, je le détaille un peu..

Le principe de « NOMA » (*Non-Overlapping Magisteria*), défendu par Gould[93], est une sorte de pacte de non-empiètement et de respect mutuel entre la volonté humaine à comprendre le caractère factuel de la Nature – le magistère de la Science – et le besoin métaphysique de trouver du sens à sa propre existence et une base morale pour toute action – le magistère de la Religion. Si ce « pacte » est très pratique pour ménager la chèvre et le chou, il faut donner raison aux critiques qui avancent

---

91 Garlaschelli L. & *al*, « Working bloody miracles ». Nature 353, 507 (1991).
92 *Cf.* « *Au Cœur de l'Extra-Ordinaire* », éd. Book-e-Book 2015, p. 312.
93 Dans « *Et Dieu dit : " que Darwin soit"* », Seuil, 2000, p. 163.

(j'en suis d'ailleurs) qu'il n'y a pas vraiment de domaine qui devrait échapper à une analyse rationnelle et scientifique des choses, même la morale[94].

Je suis entièrement d'accord avec toi sur le fait que nos présupposés et nos intérêts personnels pour tel ou tel domaine, telle ou telle thématique ou pour telle ou telle personne peuvent jouer dans les choix de nos sujets de recherche.

Mais pour répondre à ta question de savoir si je me soupçonne moi-même d'avoir évité quelques sujets pour ménager des proches ou des intérêts politiques, je ne peux que te dire que je n'en sais rien… car si je l'ai fait – pour des proches car peu me chaut l'intérêt politique – je l'ai alors fait de manière non consciente, par sensation « intuitive » et non par réflexion, et donc je l'aurais fait sous une forme non véritablement mémorisable.

Et si tu me parles de ma première casquette professionnelle, la biophysique, le laboratoire dans lequel j'étais prônait une liberté totale de recherche… Sachant tout de même que l'obtention de contrats de recherche permettant l'achat de divers instruments et appareils nécessaires canalisait tout de même les idées vers des sujets que l'on supposait potentiellement fructifères à court ou moyen terme.

---

94 En français, il existe une critique politique par Jean Dubessy (dans « *Les Matérialismes (et leurs détracteurs)* », Syllepse, 2004. Le plus virulent contre le NOMA a sûrement été Richard Dawkins, qu'il considère d'une grande lâcheté, voir par exemple « *When Religion Steps on Science's Turf* », Free Inquiry, Volume 18, No. 2, Spring 1998. Spring 1998. Je préfère celle de Sam Harris dans « *The Moral Landscape : How Science Can Determine Human Values* », *Free Press* (2010). J'ai (RM) produit un article sur ce sujet dans la revue *Espèces*, avec Guillaume Lecointre, intitulé « *NOMA's land, le non-recouvrement des magistères* » (n°46, 2022). Il est en libre accès ici : https://www.monvoisin.xyz/nomas-land-le-non-recouvrement-des-magisteres-revue-especes-n46/

Oui, ça c'est un très gros biais, fort dénoncé, que celui de complaire pour des financements. En outre, fructifères, oui, mais pour qui ?

Le titulaire nominatif d'un contrat de recherche était généralement l'université en tant que telle qui répercutait vers un ou des laboratoires, comme ici pour moi celui de biophysique auquel j'appartenais, et le côté potentiellement fructifère d'un type de recherche était bien sûr décidé en amont par les responsables de l'université en concertation avec les directeurs de laboratoire.

Après, la « grosseur » du biais potentiel dont tu parles dépendait bien sûr essentiellement du degré de nécessité ou non d'avoir des instruments et appareils pour les recherches à entreprendre. Pour ma part, et je parle ici de ma casquette biophysique, j'étais dans un petit laboratoire d'une dizaine de chercheurs dirigé par le professeur Dan Vasilescu, laboratoire dans lequel je te confirme qu'une liberté totale de recherche était la règle, grâce à Dan. Et ce d'autant plus pour moi que, pour ma partie spécifique de recherche, la *biophysique théorique*, seules m'étaient nécessaires des heures de temps calcul sur les « gros » ordinateurs de l'époque.

Si tu parles de ma deuxième casquette zététique, travailler sur les médecines alternatives sans toucher aux industries pharmaceutiques colossales... On ne peut pas tout faire, mais déjà signaler, à l'instar des dernières lignes de ma conclusion sur la mémoire de l'eau dans *Au Cœur de l'Extra-Ordinaire,* que primo, les produits homéopathiques mériteraient le nom de « *Pulvis perlimpinpini* »[95] ; secundo,

---

95 Suite à un article de Michel Rouzé paru en décembre 1985, la revue *Science & Vie* avait été poursuivie en diffamation par les laboratoires Boiron qui se plaignaient non seulement du texte de l'article mais également d'un dessin où l'on voyait un tube de comprimés portant l'étiquette... *Pulvis perlimpinpini.* Jugement rendu : la revue *Science & Vie* a été relaxée et les laboratoires Boiron déboutés de leur plainte. *Cf.* Michel Rouzé, « *L'offensive homéopathique* », *Raison Présente* n°77, 1986, pp. 123-124.

que le chiffre d'affaires 2021 du seul laboratoire homéopathique Boiron est de 455.201.000 €, en rappelant ces quelques lignes écrites en 1985 par Michel Rouzé : « *Pauvres médecines douces, qui peuvent s'offrir des pages entières de publicité dans des quotidiens ! Pauvre homéopathie, dont le chiffre d'affaires… augmente de 20 % chaque année ! En grande partie, rappelons-le, à la charge de la Sécurité Sociale. Pendant que la recherche sur le cancer doit organiser des quêtes sur la voie publique…* ».
C'est une critique d'un gros laboratoire pharmaceutique en plus d'une critique de l'homéopathie.

Certes, mais je ne parle pas de cela. J'imagine qu'on a dû te faire, comme à moi, la suspicion de complicité avec les industries « classiques », puisque nous décortiquons presqu'exclusivement les thérapies alternatives, et épargnons les gros *big pharma*. Pour ma part, je dénonce aussi les mensonges des *big pharma* et des entreprises de matériel médical de temps en temps, lorsqu'ils déforment l'information, inventent des pathologies, *etc*. D'abord parce que ces entreprises le méritent !
Et mon passage au FORMINDEP, association qui se bat pour l'indépendance des professionnel·les de santé vis-à-vis des industries pharmaceutiques, et mes petits coups de main à la revue *Prescrire*, revue totalement indépendante des intérêts industriels, ont fini de m'en convaincre ; mais aussi histoire de répartir un peu les coups pour ne plus rentrer dans les cases prédéfinies.

Non, cela ne m'est pas arrivé, en tous les cas pas dit de manière franche, directe et explicite. Mais cela est peut-être tout simplement dû à la variable « époque », au fait que nous sommes de deux générations différentes et que ce genre de « questionnement » n'était absolument pas un sujet central comme actuellement.

Sur « des mensonges plus… d'État », on entre là dans un autre domaine au contenu plus que flou et il n'est pas de mon ressort direct de physicien et zététicien mais je dirais plutôt de mon ressort de citoyen lambda.

Ce que je fais tout de même, sans avoir un besoin vital de le crier sur tous les toits ou sur les maintenant fameux réseaux numériques, par mon engagement dans diverses pétitions, actions ou interventions, allant parfois jusqu'à monter à une tribune – ce que je n'aime pas vraiment ! – dans le cadre d'un « combat » politique et humaniste (ici photo d'un 10 décembre 1988) et pouvoir aussi porter, à travers ma personne, les déclarations de diverses personnalités que j'ai contactées (Henri Caillavet, Yves Galifret, Jean-Claude Pecker…).

Précisons : Henri Caillavet (1914-2013) était un avocat, qui fut très longtemps parlementaire, Yves Galifret (1919-2013) psychophysiologiste de l'Université Pierre-et-Marie-Curie, et Jean-Claude Pecker (1923-2020) un astrophysicien, membre de l'Académie des Sciences.
Je ne savais pas que tu avais pris une position publique contre l'Apartheid. Quand tu dis « combat politique humaniste », tu entends ça comme l'humanisme séculier de Paul Kurtz ?

L'humanisme séculier de Paul Kurtz et ses collègues, bien sûr non religieux (pas de croyance, pas de dogme) est plutôt spécifique aux États-Unis d'Amérique et n'est pas vraiment un terme habituel pour nous.

La visée reste proche. Pourquoi ne pas avoir fait un lien entre le combat zététique et celui-ci ? Ma question n'est pas innocente : de fait la zététique est soupçonnée alternativement d'être conservatrice (défendant la « science » contre les spiritualités perçues comme bonnes et idéalistes, les OGM contre les agronomies fantaisies type Steiner/ anthroposophie/ biodynamie), ou devenue la caution dans l'« agnotologie », science de l'ignorance courue par les industriels du tabac par exemple.

À mon avis une position publique contre l'Apartheid, ou contre la guerre du Vietnam, ou contre je ne sais quoi encore, n'a pas à être intégrée dans le « combat » zététique. Je n'aime pas le terme *combat* que je mets donc entre guillemets. Plus qu'une connaissance, la zététique prône une démarche intellectuelle accessible à tous et pouvant s'appliquer sur le terrain, concrètement, dans notre vie de citoyen, avec toujours comme principe essentiel le *partage* d'une méthode à la portée de tous, non pour gagner un soi-disant combat ou imposer une vision monolithique, mais pour *le plaisir de découvrir et d'apprendre*.

C'est une *méthode,* qui n'est donc par principe ni conservatrice ni progressiste ni tout autre épithète qu'on voudrait y mettre, et qui n'est pas appropriée pour décider de nos choix de vie. Elle nous permet d'analyser et de possiblement comprendre mais elle ne dicte rien. Elle permet d'examiner les données, les faits, elle dit en quelque sorte ce qui « est » mais ne dit pas ce que l'individu ou la société « doit » faire.

Le futur n'est pas un à-venir décidé à l'avance mais ce que nous allons construire tous ensemble et, sans vouloir faire un appel abusif à une devise astrologique, je dirai que la méthode incline mais ne décide pas[96].

On pourrait, je pense, en prenant une prémisse morale commune, *a minima* montrer qu'il y a des choix de société ineptes, injustes, ou incompatibles avec par exemple une égalité de droit des individus. Je pousse le truc au bout : je défends l'idée que la zététique contribue au combat contre l'Aparheid en montrant l'inanité de la notion de race humaine en biologie, et les mécanismes sociaux et psychologiques menant au racisme. Par ailleurs, factuellement, poser un groupe ethnique inférieur en valeur à un autre est un énoncé de type scientifique qu'il est possible de contester méthodiquement.

La guerre au Vietnam comme processus néo-colonial, mû par du maccarthysme quasi-irréfutable au sens de Popper, et par de l'impérialisme lui-aussi adossé à des pseudo-démonstrations scientifiques, elle aussi peut

---

[96] Référence à la phrase prêtée à Claude Ptolémée : « *les astres inclinent, mais ne décident pas* ».

recevoir une sorte de détraction par la zététique. Comme toi, je ne pense pas que les résultats scientifiques nous disent quoi faire – c'est la fameuse *is-ought fallacy*, ou guilllotine de Hume : *de ce qui est, il ne faut pas tirer ce qu'il doit être*[97]. Et j'ajouterais : de ce qui est, on peut tirer au moins ce qui ne devrait pas être, au nom des données scientifiques et de la connaissance objectivée du monde. C'est un peu la même chose que ce que défendait Bertrand Russell, par exemple.

Oui, d'accord bien sûr avec toi, *de ce qui est on peut tirer au moins ce qui ne devrait pas être* et la zététique peut y contribuer largement en faisant connaître par exemple les résultats concrets d'une approche scientifique que certains pourraient avoir, intentionnellement ou non, tendance à oublier, à mettre de côté, à marginaliser.

Mais comme peuvent y contribuer aussi, même si peut-être moins largement, des réactions que certains pourraient cependant supposer simplement épidermiques comme l'empathie, le soutien, le support, l'aide innée qu'une majorité d'humains semblent prête à accorder « instinctivement » à leur prochain en détresse. Quelques centaines de milliers d'années nous ont formatés ainsi et l'on ne peut que s'en réjouir pour la survie de l'individu… et surtout de l'espèce. Pourquoi *surtout* de cette dernière ? Parce que de la survie de l'individu, on peut dire que l'on s'en contrefiche objectivement, puisque l'on *sait* pertinemment comment cela va se terminer pour chacun d'entre nous, tandis que pour la survie de l'espèce terrestre humaine, *rien* n'est sûr ni même prévisible !

Des fois, je me demande si la survie de notre espèce est à défendre.

---

97 Dans David Hume, *Traité de la Nature Humaine*, 1739-1740, III, I, I.

Donc bien sûr la zététique contribue au « combat » contre l'Apartheid, à l'examen critique de processus néo-coloniaux et tant d'autres choses, mais je voulais juste indiquer que ce n'est pas à proprement parler la zététique en tant que telle qui peut par exemple saper les fondements pseudo-scientifiques d'une théorie raciste. La zététique est juste une méthode, un support qui devrait être utilisé prioritairement. Mais c'est à la personne, en tant qu'individu faisant partie d'un ensemble, les Terriens que nous sommes, de s'engager. Pour faire court, la zététique contribue au « combat » contre l'Apartheid mais elle ne dicte rien à l'individu qui reste toujours totalement libre de ses choix.

Désolé de t'avoir fait digresser. Revenons à ce que tu estimes êtres tes principales contributions.

J'ai trouvé réussie l'initiative transmedia *Lazarus-Mirages* dont je suis le co-auteur avec le réalisateur belge Patric Jean, initiative qui a nécessité plusieurs années, oui, années de préparation et qui comprend d'abord les deux documentaires associés *« Les pouvoirs de l'esprit »* et *« Les miracles religieux »* que tout un chacun peut encore trouver sur le réseau mais malheureusement... en version remaniée en France (*France 5*), *sans* le personnage cryptique de Lazarus qui explique les bases de la méthode scientifique. Il faut se procurer la version belge (*RTBF*) de ces deux films pour avoir le contenu d'origine avec le fameux personnage masqué présentant les principes de la zététique et, de fait, mieux comprendre l'objectif de ces films et de l'expérience associée.

Et puis il y a l'expérience en elle-même (le site, le jeu, les très nombreuses vidéos, les ressources bibliographiques, *etc.*) que nous avons sortie début 2012[98]. On y retrouve

---

[98] Je signale le dossier de presse qui donne plus d'informations :
http://sites.unice.fr/site/broch/Lazarus-Mirages/dossierdepresseLazarus.pdf

d'ailleurs le « côté politique » inclus dans ta question, entre autres dans la vidéo sur la démocratie, le soi-disant pouvoir au peuple[99].

Et puisqu'on en parle, le site *Lazarus-Mirages* vient de renaître de ses cendres sous l'aile du *Centre d'Analyse Zététique* dans une version encore plus complète[100] !

Cela grâce au travail titanesque et bénévole de Brendan Bobis, un jeune informaticien qui a effectué le portage entier du site depuis le full-Flash vers un codage HTML5 ou autre, et grâce également au support du zététicien Nicolas Zagulajew.

Effectivement, *Lazarus Mirages*, un truc énorme. J'y ai contribué, et j'en ai tiré une amitié avec Patric depuis lors. D'ailleurs, il a d'autres documentaires au compteur, dont *Les Enfants du Borinage, lettre à Henri Storck* (1999) et *La Domination masculine* (2009) dont je me suis servi en cours[101]. Au fait, parce qu'on m'a posé mille fois la question : était-ce moi dans le costume ? La réponse est non. Était-ce toi ?

On ne m'a jamais posé cette question et je n'ai donc pas eu à y répondre mais non ce n'est pas moi, c'était Lazarus.

De toute façon, ta barbe ne serait pas rentrée dans la cagoule.

Je reviens sur les questions d'engagement : je pense que je m'engage aussi par exemple en créant, avec mon épouse Nadine et des amis, l'association ACME, (comme l'acmé, l'apogée, le paroxysme), centrée sur l'amélioration et la sauvegarde de l'environnement. Elle a pris pour fondement

---

99 http://sites.unice.fr/site/broch/articles/
    LAZARUS_de_Patric_JEAN_et_Henri_BROCH_Democratie.mp4
100 Je vous invite à le visiter : https://lazarus-mirages.fr
101 Pour le reste, voir son site https://patricjean.com/

et devise : « *Agir ensemble pour le bien de tous* ». Certes elle ne bénéficie que de très peu de battage médiatique, mais elle a mené quelques actions homériques.

Si j'ai bonne mémoire, vous avez affronté l'entreprise Lafarge. Et chez Lafarge, il y avait une avocate du nom de Corinne Lepage, ancienne ministre... de l'environnement !

Effectivement, la défense de la société Lafarge était assurée par le cabinet d'avocat Huglo-Lepage.
Mais c'était Me Huglo et pas Me Lepage qui défendait alors Lafarge.

C'est édifiant. Les bras n'en finissent pas de m'en tomber...

Tu noteras que le A de ACME ne signifie pas association, mais *action*, Action *Citoyenne pour un Meilleur Environnement*[102] ; et nous avons par exemple réussi à faire et obtenir quelques petites choses concernant les dioxines émises par les cimenteries.
J'invite toute personne intéressée à aller lire les deux textes que voici :

« *Lettre ouverte à M. Bertrand Collomb, Président de la Société Lafarge* »[103]
Courrier de janvier 1999 en réponse à certaines allégations du Président-Directeur Général de Lafarge concernant des valeurs d'émissions de dioxines par les cimenteries pratiquant ou non l'incinération de déchets et publiées par l'EPA, agence gouvernementale américaine de protection de l'environnement.

---
102 https://www.acme06.org
103 http://sites.unice.fr/site/broch/articles/HB_Collomb_Lafarge.html

« Lettre ouverte de ACME à Monsieur le Préfet des Alpes-Maritimes »[104]
J'ai rédigé en mars 2004 ce courrier démontrant les très nombreuses et incroyables erreurs dans le calcul de hauteur de cheminée-four dans la demande de co-incinération de déchets déposée par la cimenterie Lafarge de Contes, avec à l'usage de toute personne, association ou service préfectoral, une annexe détaillant comment calculer la hauteur de cheminée dans les installations classées pour la protection de l'environnement.

J'ai également réalisé un petit memorandum[105] élaboré en 1999 à l'occasion de la contestation par ACME de l'autorisation donnée par le Préfet des Alpes-Maritimes à une cimenterie d'incinérer des DIS, Déchets industriels spéciaux.
Ce fichier était, et l'est encore, destiné essentiellement aux associations et au public pour information sur les PCDD (polychlorodibenzo-p-dioxines), PCDF (polychlorodibenzo-furanes) et PCB (polychlorobiphényls).

C'est concret !

À chacun de donner l'exemple en faisant quelques grandes ou petites choses, même petites mais concrètes… pas du *bla-bla-bla*, comme dirait Greta Thunberg, afin que l'on puisse ainsi voir sur quoi, et pendant combien de temps et de quelle manière, chacun aura effectivement travaillé. Je laisse aux sociologues l'analyse de mes orientations non conscientes.

---

104 http://sites.unice.fr/site/broch/articles/ACME_Prefet_cheminee.pdf
105 http://sites.unice.fr/site/broch/articles/HB_dioxines.pdf

Je ne voudrais pas faire référence excessive à l'académicien Philippe Néricault mais il me démange ici tout de même de rappeler que *la critique est aisée et l'art est difficile*[106].

Oui, comme disait Cimon, au Ve siècle avant notre ère : la critique est Thésée.
(Si, tu as souri, j'ai vu !)

---

106 Néricault (1680 – 1754), de son nom de scène Destouches, fait cette citation dans sa comédie *Le glorieux* (1732), II, 5.

5. Tes enseignements

Parlons enseignement. Ton vrai premier cours de zététique a-t-il une date précise ? T'en rappelles-tu ? Était-ce un coup de stress bien particulier ? Comment évaluais-tu la pertinence ? Comment notais-tu les étudiants ?

Mes premiers cours de zététique remontent au début des années 1980, et même aux années 70 si je pense à l'introduction d'un zeste de zététique dans mes enseignements de travaux pratiques de Physique ou mes cours d'amphi de Physique en PCEM, premier cycle d'études en médecine ; mais ils étaient alors en quelque sorte intégrés dans mon enseignement de physique. Ils constituaient une partie un peu particulière de cet enseignement, partie que j'avais intitulée *Rappels sur quelques aspects de la méthodologie scientifique à partir des phénomènes « paranormaux »*. C'était en quelque sorte une « initiation » des étudiants aux principes de base de la zététique, la méthodologie scientifique, principes qu'ils auraient dû normalement déjà posséder depuis le lycée mais pour lesquels ce n'était manifestement pas vraiment le cas. Et c'est ce constat qui m'a en quelque sorte poussé à développer petit à petit cette partie et qui a fait qu'elle soit finalement devenue une UE officielle entièrement autonome et intégrée dans les maquettes.

Mon vrai premier cours de zététique en tant que tel, je n'ai pas de date précise, mais c'est en septembre ou tout début octobre 1993. Aucun stress particulier… Mais tout est dans l'adjectif *particulier* car en fait j'ai toujours eu un stress « angoissant » pour tous mes cours, quels qu'ils soient et quelle que soit l'ancienneté que je pouvais avoir dans cette pratique. Idem pour les conférences ou autres interventions. On ne se refait pas et j'ai constaté que l'âge et le grand âge n'arrangent rien.

Je te rejoins là-dessus : souvent il faut que je me violente pour faire cours, tant je m'inquiète de dire une boulette. Je me réfugie dans un personnage qui a l'air à l'aise, et il m'est même arrivé de prendre des bêtabloquants pour éviter d'accentuer une urticaire chronique spontanée qui m'envoyait régulièrement aux urgences. Quand tu m'avais dit que ton stress était grand, ça m'avait fait du bien ! Je m'étais dit : si Jacques Brel était stressé, et Henri aussi, alors je suis en bonne compagnie. Donc je ne manque pas une occasion de parler de cela pour rassurer les futurs enseignants et enseignantes : le stress, comme le renard dans *Le Petit Prince* de Saint-Éxupéry, ça ne s'éteint pas mais ça s'apprivoise.

Pour ce premier cours tout de même un peu marquant bien sûr pour moi, je me souviens qu'il y avait déjà beaucoup de monde : dans une note marquée dans un calepin, j'ai retrouvé que j'avais 173 étudiants inscrits... auxquels s'étaient rajoutés 56 auditeurs libres ! Pas mal. Pour la partie « contrôle », les étudiants travaillaient sur des sujets, « paranormaux » ou non, qu'ils choisissaient librement et sur lesquels ils faisaient un rapport en fin d'année.

De 1993-1994 à 1999-2000, l'enseignement de zététique n'était pas « segmenté » et se faisait en un seul bloc sur l'année entière. À partir de 2000-01, l'enseignement à l'UNS est passé semestriel et la structure est devenue alors : un module « Zététique 1 » (*Méthodologie scientifique*) au premier semestre suivi d'un module « Zététique 2 » (*Phénomènes « paranormaux »*) au second semestre. Les expériences ne se faisaient plus que sur ce seul second semestre, ce qui est très court.

Pour la notation des étudiants, c'était au départ sur leur rapport de fin d'année puis, avec la partition de l'enseignement en deux modules, la notation est devenue différenciée : deux contrôles écrits intermédiaires en TD, ainsi qu'un contrôle écrit terminal en amphi pour le module 1 et notation sur rapport pour le module 2.

As-tu dû revoir ta forme d'enseignement au gré des années ?

En fait, ce n'est pas uniquement moi qui ai revu « volontairement » la forme d'enseignement au gré des années, mais bien plutôt les variations répétées des consignes pour les maquettes d'enseignement qui nous ont obligés à changer d'une année à l'autre l'organisation et donc la forme de l'enseignement.

Exemples : les réformes sur les DEUG, les divers découpages des UE, les unités d'enseignement, les totaux horaires autorisés, les regroupements permis ou non, les cafouillages de certaines options amenant des étudiants à se tourner vers la zététique, les autorisations d'inscription. Les étudiants des Facultés de Droit et de Lettres de Nice qui pouvaient, avant, venir s'inscrire dans un cours de la Faculté des Sciences comme celui de zététique, en ont ensuite été empêchés administrativement !

Et puis le passage d'une UE obligatoire en UE optionnelle puis retour en obligatoire quatre ans plus tard puis retour en optionnel, *etc*. Ou encore la restriction des modules à certaines dominantes seulement, plusieurs fois de la part de l'administration universitaire mais également parfois aussi de mon fait car on arrivait à des effectifs beaucoup trop importants, donc quasi impossibles à gérer.

Pour évaluer autant que faire se peut la pertinence de mon cours, j'ai procédé à des « sondages/questionnaires » en début et en fin de cours. J'ai procédé ainsi pendant pas mal de temps mais uniquement dans les premières années d'enseignement car ensuite les données demeuraient à peu près stables et, de plus, demandaient vraiment beaucoup trop de temps pour être dépouillées correctement.

Pour déterminer en début de cours le niveau de croyance, j'ai utilisé le questionnaire *Paranormal Belief Scale* (PBS) du psychologue étasunien Jérôme Tobacyk de la Louisiana Tech University avec qui j'étais entré en contact vers la fin 1984 afin de voir avec lui comment pouvoir « mesurer » des croyances. Ce psychologue m'avait ainsi donné l'autorisation de traduire et d'adapter son questionnaire en français.
Le questionnaire de fin d'année, composé de quelques feuillets imprimés à remplir, était, lui, mis à disposition lors du dernier cours et les étudiants étaient invités à en prendre un exemplaire et le remplir, puis en principe, me le rendre, mais comme c'était nécessairement lors du dernier cours, le taux de retour n'était pas toujours mirobolant... Comme exemple de données de ces questionnaires, j'ai pu retrouver une partie de celles de 1994 car je les avais mises un peu au propre, à savoir : sur 210 questionnaires pris (sur environ 230 personnes), 164 ont été retournés remplis. Sur les un peu plus de 50 % d'étudiants qui avaient au début du cours un haut degré d'acceptation de « faits » paranormaux, environ 7 sur 10 de ces étudiants déclaraient que le cours de zététique les avait amenés à changer d'opinion. Et sur le total général des étudiants, 9 étudiants sur 10 déclaraient que le cours les avaient amenés à modifier leur attitude vis-à-vis de l'information *quel que soit le sujet*.

Je procède de manière assez proche. Je me méfie des biais de désirabilité, alors je ne regarde pas trop les

compliments, je lorgne surtout les critiques avec des questions comme « *y a-t-il un cours qui vous a particulièrement heurté, et pourquoi ?* ». Bien entendu, je ne suis pas là pour plaire, mais j'en fais mon beurre. Dernier exemple en date, s'est posée la question des *trigger warnings*, ou traumavertissements : dois-je indiquer avant la séquence quand j'aborde un thème pouvant déclencher des syndromes de stress post traumatiques (viol, inceste, *etc.*), ou quand j'utilise des mots très chargés, comme « *nègre* » quand je lis des textes d'anthropologie racialiste du XIXème siècle.

J'ai d'abord opté pour oui, car les précautions oratoires ne sont pas du luxe, peu chronophages par rapport au risque pour ne serait-ce qu'une seule personne.

Seulement, j'ai vu ensuite passer des études contradictoires, montrant qu'il n'est pas impossible que ces avertissements soient en eux-mêmes plus inquiétants encore que l'objet.

Alors ? Eh bien j'hésite, et je me mets d'accord au début du cours sur le fait qu'à défaut, je les utilise, sans savoir si c'est utile. Il y a d'autres critiques dont je ne sais que faire : on me complimente pour l'usage d'anecdotes éclairantes, et parfois on m'en fait le reproche. En stage doctoral, c'est fréquent qu'on me dise que le diaporama structure trop, et lorsque que je tente des sessions « décroissantes », lors desquelles je remplace le vidéoprojecteur par la craie, je reçois les critiques inverses. Si je laisse filer les discussions, ça déplaît à certains qui viennent chercher mon propos et pas celui de leurs congénères, tandis que si je les réfrène, certains le regrettent. Et je te passe les stratégies d'évaluation, que j'ai souvent fait varier, et que je tente de rendre les plus formatives possible au prix d'un coût temporel énorme. Dernière tentative en date : faire en sorte que ce soit d'autres étudiants qui corrigent les dossiers, avec une moitié de note sur leur propre dossier, une autre sur leurs capacités correctives, idée qui m'a été donnée par mon collègue maître de conférences en neurosciences Christian Graff.

Sur le fond, j'ai quelques doutes sur l'efficacité parfois de ce que l'on fait. Il y a bien des gens comme Denis Caroti maintenant, ou moi-même de temps en temps sur des effets particuliers, qui étudient si l'apprentissage persiste dans le temps. C'est souvent validé comme efficace sur le plan déclaratif, mais n'y a-t-il pas un biais de désirabilité ? Est-ce que mis en situation similaire, les apprenants réussissent effectivement à déjouer les pièges étudiés en cours (je crois que oui), et surtout parviennent-ils à déjouer les pièges dans d'autres domaines que ceux dans lesquels nous avons fait les démonstrations (et là ce n'est pas clair, voire il me semble même que non. *Soupir*). La zététique est un art faussement facile.

As-tu fait des erreurs ? Y a-t-il des sujets qui étaient chauds et qui ne le sont plus, et des sujets qui étaient froids et qui sont devenus bouillants ? Y a-t-il des sujets classiques du scepticisme que tu n'as jamais souhaité / voulu / pu aborder dans tes cours ?

Au risque de paraître présomptueux, je ne me rappelle pas d'erreurs que j'aurais pu faire dans mes cours. J'ai dû probablement en faire mais, si tel a été le cas, je n'en ai pas été conscient et je n'ai donc aucun souvenir particulier. Comme mes cours de zététique ont commencé en étant intégrés dans d'autres enseignements, ils étaient nécessairement de volume restreint au départ et donc les sujets abordés se sont *progressivement* élaborés et différenciés et c'est peut-être cette « lente » variation ou progression sur plusieurs années qui a fait que des erreurs potentiellement possibles ont été, de fait, évitées.

Il faut également bien se rendre compte que dans un amphi plein, il est quasiment impossible de donner la parole aux étudiants « en direct » pendant le cours si l'on désire réellement avancer et éviter toute « variation/prolongation» autour d'un sujet. Je répondais donc à toutes les questions possibles en fin de cours, soit directement dans l'amphi soit en allant avec les étudiants au foyer estudiantin de la Faculté des Sciences ou au laboratoire de biophysique, le labo dans lequel j'étais à cette époque.

Et ce sont ces discussions, ces questions-réponses qui m'ont certainement permis d'affiner le contenu de mes cours et ainsi d'éviter, de manière autocorrective, des erreurs possibles qui auraient pu advenir sur le fond ou sur la forme.

Et c'est peut-être aussi ce qui a fait qu'il n'y a jamais vraiment eu de sujets trop chauds ni de sujets qui, de froids, soient devenus plus que bouillants.

À ce propos, contrairement à ce que l'on aurait pu penser *a priori*, ce n'étaient pas les sujets liés aux religions et aux diverses croyances associées qui étaient les plus « échauffants » – ils le seraient peut-être actuellement si l'on devait démarrer des cours de zététique à partir de zéro comme à l'époque. C'était le sujet des médecines dites douces qui, pour de nombreux étudiants, provoquait manifestement le plus de questionnements profonds et surtout de remises en cause de ce qui était tenu pour confirmé et acquis dans leur milieu familial. Mais même lorsque les sujets des médecines « alternatives » étaient abordés, si des discussions pouvaient quelquefois être vives, je n'ai jamais eu d'émeute à gérer.

Je n'ai pas vécu d'émeute moi non plus, jamais. Je connais un cas lors duquel un amphi s'est retourné

contre la conférencière car elle y avait été trop frontalement sur l'homéopathie. J'ai eu également des houles lors d'une conférence que j'organisais avec le CORTECS sur la liberté d'expression, donnée par Jean Bricmont, qui avait fait un bon livre sur le sujet : des militants de gauche radicale, secondés vaguement par des militants juifs, ont menacé à l'avance le conférencier, à tel point que les Renseignements Généraux sont venus suivre la conférence (tant mieux pour eux).

Le point problématique était : dans la défense de la liberté d'expression, est incluse la liberté de contester les attendus du procès de Nuremberg, avec le point particulièrement chaud de l'existence des chambres à gaz. Bricmont défendait le point de vue que c'est inutile d'empêcher ces gens de penser ce qu'ils pensent, et même s'il n'est pas question de leur donner une tribune, en particulier à l'université, ni les laisser déborder sur le plan pénal, autant les laisser développer leurs thèses moisies, et nous aurons la possibilité de montrer en quoi ces négateurs, négationnistes devrais-je dire, ont tort. C'est tout le problème épistémologique que posent les lois dites « mémorielles » en France, qui figent par décret des bouts d'histoire.

Est-ce naïf de ma part ? C'est possible. D'aucuns ont néanmoins considéré la position de Bricmont comme du cryptonégationnisme, une façon d'encourager le travail de ces marchands de doute. Et j'ai donc été suspecté de crypto-cryptonégationnisme. C'était en 2015 et c'est le genre d'attaque un peu sale, un déshonneur par association dont on se lave difficilement. Deux choses m'ont été utiles. La première est le soutien courageux du président de mon université, Patrick Lévy, dont le patronyme, aussi bête que cela paraisse, en a calmé quelques-uns. La seconde, c'est que j'ai eu la bonne idée de contacter à l'avance l'antenne du CRIF, le Conseil

représentatif des institutions juives de France, et je leur ai dit que j'invitais Jean Bricmont. Je leur avais signifié qu'il y avait beaucoup d'accusations flottantes d'antisémitisme à son sujet, et que s'ils avaient eux-mêmes des éléments à l'appui de cette thèse, je me ferai fort de les lire et, le cas échéant, d'annuler la conférence ou de changer de conférencier. La réponse du CRIF fut qu'ils n'avaient pas d'élément concret à apporter au dossier, et que de fait ils ne s'opposaient pas en soi à l'événement.

Au fait, l'institution universitaire elle-même a-t-elle exercé une quelconque pression sur toi ?

Je pense que la réponse que je peux donner à cette question est négative car je n'ai eu à aucun moment une pression de la part de l'institution ou en tous les cas une pression « négative » qui aurait été exercée directement.

De plus, n'oublie pas que le principe d'autorité n'est parfois pas une vaine expression et que le laboratoire que j'ai créé avait comme Membres d'Honneur, Georges Charpak et Pierre-Gilles de Gennes, c'est-à-dire... deux Prix Nobel de Physique.

À partir du moment où tu fais tes preuves et que les responsables de l'institution peuvent concrètement juger sur pièces le résultat de ton enseignement au niveau des étudiants, tant sur leurs demandes que sur la « notation » qu'ils peuvent attribuer à ton enseignement lorsque cela leur était parfois demandé par des responsables, tu obtiens en tous les cas la non-intervention et donc la liberté de structurer ton enseignement comme tu le désires, et parfois même le soutien.

C'est ainsi par exemple qu'en 1999, le Président de l'Université de Nice Sophia Antipolis, le physicien Jean-Pierre Laheurte, n'a pas hésité à présenter mon enseignement de zététique comme un enseignement *spécifique* de cette université et a souligné que « *dans cette mission importante de tout enseignant-chercheur, Henri Broch a démontré une exceptionnelle compétence et une réussite qui rejaillit sur toute l'Université dont il contribue incontestablement à renforcer le rayonnement internatioal* ». Donc tu vois, ici, il s'agit d'une pression… clairement positive.

Après, bien sûr, au cours du temps et des changements imposés par les diverses directives du Ministère de l'Éducation et de la Recherche, les choses ne sont pas toujours vraiment simples à réorganiser et/ou à faire perdurer de manière totalement efficace. Par exemple lorsque l'on passe d'un enseignement annuel à un enseignement semestriel, ce qui oblige à segmenter – de manière totalement artificielle – un enseignement qui au départ se faisait « d'une seule traite » et pour lequel les étudiants avaient alors une année universitaire entière pour bâtir leur projet et le réaliser.

Pourtant j'ai (faux ?) souvenir qu'il est arrivé que l'administration de l'université te fasse des misères. De même, j'ai souvenir que le contexte politique niçois, avec la série de maires peu ou prou délinquants, mais toujours bien de droite, a été une petite contrainte.

Des misères de la part de l'administration de l'université ? Tout enseignant-chercheur en a connu et en connaîtra certainement encore mais cela ne me paraît pas correspondre à ce que l'on peut appeler des pressions, mais plutôt à des demandes administratives réglementaires que l'enseignant-chercheur, tout à sa fougue pour avancer, trouve alors plutôt rébarbatives et contraignantes.

En dehors de l'université, le contexte politique niçois avec Jacques Médecin (1928-1998) comme maire – de droite et fortement de droite, jumelage avec Le Cap et son système d'Apartheid – a été une forte contrainte au niveau de notre association ANAIS dont l'objectif était la création d'un CCSTI, Centre de Culture Scientifique Technique et Industrielle, à Nice. Les fondateurs de l'association dont je fais partie, étaient dans l'ensemble à mon avis bien connotés à gauche et donc quasiment représentants du Diable pour le maire de Nice, ce qui a certainement dû jouer dans le fait que nous n'avons pas réussi dans notre désir d'implanter, avec en plus un superbe planétarium, le CCSTI dans l'édifice de la gare du Sud.

Un des co-fondateurs d'ANAIS est Jean-Marc Lévy-Leblond, auteur prolifique, plume brillante, bouquins très riches, mais un petit fond de « relativisme cognitif » parfois, je trouve. Par ton entremise, je l'ai rencontré durant ma thèse, deux fois. Très sympathique, très cultivé, mais je l'avais trouvé un peu méfiant sur la zététique.

Je ne pense pas que l'on puisse dire « méfiant sur la zététique » puisque Jean-Marc en partage la démarche et que c'est lui qui m'avait demandé d'écrire un ouvrage (le fameux *« Le Paranormal. Ses documents ses hommes, ses méthodes »*) pour la collection qu'il dirige aux éditions du Seuil. J'ai un vague souvenir que Jean-Marc m'avait fait la demande pour le livre de déplacer le chapitre du « suaire » ou peut-être de le minimiser... ou peut-être de le supprimer, je ne sais plus. Ma réponse a été que ce chapitre était important et devait demeurer tel qu'il était, à la place où il était afin de garder la séquence logique dans l'ouvrage. Ce que l'on peut remarquer tout de même, c'est que, bien que ce chapitre sur le « suaire » soit le plus gros de l'ouvrage, ce thème n'est même pas cité dans la quatrième de couverture de l'édition originale en 1985 qui présente, je cite, *« une enquête sur les phénomènes paranormaux – du philodendron télépathe au cosmonaute maya, en passant par l'effet Kirlian et la psychokinèse. »*. Ni dans l'édition en poche de 1989. Le « suaire » n'apparaît en fait en quatrième de couverture qu'à partir de l'édition de... 2001, soit tout de même seize ans après la publication d'origine. Était-ce l'idée des dirigeants de la maison d'édition du Seuil pour ménager un lectorat chrétien croyant en l'authenticité du « suaire » ? Je ne saurais dire.

Parmi les étudiants que tu as encadrés, y en a-t-il qui ont fait une carrière notoire ensuite ?

Je n'en sais rien du tout, et cela ne me crée aucun important traumatisme neuronal. Je le suppose et je l'espère pour mes étudiants mais le but d'un enseignement universitaire n'est pas spécifiquement que les enseignés fassent une belle carrière, mais qu'ils reçoivent une formation leur donnant une large ouverture d'esprit et parallèlement une expertise dans un domaine donné.
J'ai reçu bien sûr de temps en temps, comme tout enseignant, des messages d'anciens étudiants qui me remerciaient de ce que j'avais pu leur apprendre. Les messages les plus marquants pour moi sont ceux venant de personnes dont l'actuel métier n'a strictement aucun rapport avec la physique ou avec un domaine scientifique *stricto sensu* et qui me disent que ce sont mes cours de zététique qui leur ont concrètement servi dans toutes leurs activités qu'elles soient professionnelles ou non.

Que sont devenues tes archives des dossiers étudiants ? De même que tes cours qui m'ont impressionné par leur rigueur, les dossiers rendus sortaient des sentiers battus,

et certains m'ont beaucoup marqué et ont fortement orienté ma façon de faire. Ont-ils velléité à être diffusés un jour ?

Les dossiers étudiants, et surtout les objets parfois petits mais parfois vraiment volumineux qui allaient souvent avec, n'ont pas tous été conservés au gré des déménagements de salles ou de bâtiment, des divers rangements et vidages de placards pour avoir un peu de place et des divers travaux fort lentement – crédits obligent – entrepris sur le campus. Sans exagérer aucunement, le campus Valrose, qui est un parc réellement magnifique avec un petit lac et ses célèbres canards, un grand château et un petit tout en pierres, présente des bâtiments de recherche dont les façades font beaucoup plus penser... à une vision de Beyrouth après la guerre qu'à un idyllique paradis niçois.
Et n'oublions pas que les rapports se faisaient à cette « lointaine époque » sur des supports papier et que ce dernier supporte mal l'écoulement temporel lorsqu'il n'est pas mis dans de bonnes conditions de conservation ou subit de répétitives attaques d'humidité dans des placards qui n'en sont pas réellement et dans lesquels circulent toutes les tubulures imaginables possibles, ce qui constituaient les deux cas malheureusement classiques pour les enseignants-chercheurs du bâtiment de recherche physique. Quelques rapports (on ne les a pas comptés mais je pense de l'ordre de 500 ou 600) doivent sédimenter peut-être encore pour l'instant dans des cartons au CAZ ou ailleurs mais comme la qualité du contenu desdits rapports n'était peut-être pas toujours au rendez-vous, leur retour à la lumière n'a jamais constitué vraiment une priorité et donc les pertes « naturelles » se sont accumulées.

J'ai essayé de te venger un peu. Tout début 2023, j'ai mis à disposition le maximum de « mes » dossiers étudiants

en ligne. Ils ne sont pas directement accessibles, pour différentes raisons. Mais en allant là : https://www.monvoisin.xyz/precaution-testamentaire-tous-les-dossiers-etudiants/ **avec le mot de passe Z, on peut les compulser.**

6. Tes expériences prix-défi

Venons-en aux expérimentations du prix-défi.

Ah, oui, beaucoup de bêtises et d'imprécisions ont été proférées, en particulier par certains sympathisants de l'Institut Métapsychique International. En voici une :

> « Henri Broch est également connu pour le « défi zététique international ». Reprenant l'idée du Million Dollar Challenge de James Randi, Henri Broch, ainsi que l'immunologue Jacques Theodor et l'illusionniste Gérard Majax, promettaient 200 000 euros pour toute « preuve de phénomène paranormal »... »[107]

J'adore découvrir ces voyages temporels extraordinaires de parapsyphiles qui permettent à un événement, le Prix-Défi Zététique, créé en 1987 d'être une idée qui aurait été « *reprise* » d'un événement, le Million Dollar Challenge, créé, lui, en... 1996 ! Ce que Randi avait mis en place auparavant, dès 1964, c'est un prix avec seulement 1000 dollars à la clé. Il s'était lui-même inspiré du prix de Koovor, je t'en reparlerai plus loin.

Notre Prix-défi, tout comme celui de Randi d'ailleurs, comme je l'ai explicité maintes et maintes fois, fait bien sûr suite à de très nombreux prix de même type, en France et ailleurs dans le monde, et ne s'inspire spécifiquement d'aucun en particulier. Voici juste *quelques* exemples de prix-défi et leur date, pour donner des informations fiables aux parapsyphiles :

---

[107] https://www.pseudo-scepticisme.org/sceptiques/henri-broch-et-le-laboratoire-de-zetetique/

(...)

1905 Gustave Le Bon (France), défi public aux médiums avec **500 F** à la clef (**2.000 F** en 1908)…

1922 *Scientific American* (USA) offre **2.500 $** à quiconque prouvera un pouvoir spirite…

1935 Robert Rendu (France), via le journal *La Vie Catholique*, défi aux radiesthésistes, **1.000 F**…

1938 Joseph Dunninger (USA), **31.000 $**…

1955 Isma Visco (François Cuttat) (France), illusionniste, offre **1.000.000 F**…

1963 Abraham Kovoor (Inde) offre **100.000 roupies** (c'est ce défi qui a inspiré celui qui suit)...

1964 James Randi (R.J.H. Zwinge) (Canada) offre **1000 $**… Porté en 1980 à **10.000 $**… En 1989 (et aux USA) porté à **100.000 $**… En 1996, un entrepreneur offre **1.000.000 $** et ce défi prend alors un nouveau nom…

1978 Basava Premanand (Inde) reprend le défi indien au décès de Kovoor, **100.000 roupies**…

1987 Henri Broch, Gérard Majax, Jacques Theodor (France), défi avec **500.000 F**… Porté en 1992, pour la 100ᵉ candidature, à **1.000.000 F**… Et en 1999, les 200 candidatures étant dépassées, et avec la création de la monnaie européenne, porté à **200.000 €** (soit plus de **1.300.000 F**)…
N.B. : c'est, à ma connaissance, toujours *le seul* défi au monde à avoir été présenté dans le cadre d'un service *officiel* d'une université.

1996 Les Sceptiques du Québec (Canada), **10.000 $** canadiens…

2011 Daniel Zepeda (Mexique), **20.000 pesos** mexicains…

2021 Lalit Foundation for Science and Reason (Inde), **200.000 roupies**…(…)

(...)

C'est Jacques Theodor, le signataire du chèque, qui a été responsable du dossier des candidatures au Prix-Défi Zététique international, et en a assuré la gestion « administrative » jusque vers le numéro 188 ; puis le Cercle Zététique, avec Paul-Éric Blanrue jusqu'au numéro 230, et c'est ensuite moi-même qui ai pris le relais du dossier des candidatures de la numéro 231 à la dernière, la numéro 264.

Jacques avait décidé de rédiger à destination du public le plus large une synthèse des différentes expériences et de leurs protocoles mais, au gré de diverses circonstances, cela n'a jamais pu être réalisé. Il a en donné un aperçu avec divers détails dans une partie de son ouvrage « *Un regard normal sur le paranormal* » publié en 2008[108].

Pourquoi n'envisages-tu pas de raconter les meilleurs protocoles ?

À la demande explicite du Président de l'AFIS (dont je suis membre), qui n'a ensuite pas donné suite (j'en ignore la raison), j'ai préparé une conférence inédite, que j'ai finalement réalisée pour le CAZ en décembre 2021[109] entièrement consacrée au Prix-Défi Zététique : j'ai présenté l'historique du Défi et son « rendu » médiatique mais surtout donné tous les détails sur quelques candidatures étant allées jusqu'au bout, avec toutes les informations sur

---

[108] Son ouvrage est publié en 2008, à compte d'auteur « Éditions Matière Grise », ISBN 978-2-9532967-0-9, et réédité en 2010 sous le nouveau titre « *Les fraudeurs du savoir* », ISBN 978-2-9532967-1-6.

[109] http://sites.unice.fr/site/broch/Conferences/2021.12.10-Conf-HB-Prix-Defi.pdf

les protocoles et leur élaboration. Je rappelle que sur l'ensemble des candidats s'étant inscrits et officiellement enregistrés et dont le protocole d'expérience a été conjointement défini après divers échanges, moins d'une cinquantaine sont allés entièrement jusqu'au bout. Cela représente tout de même en moyenne le montage de trois expériences par an et cela pendant quinze années consécutives.

Sur les seules deux dernières années où j'avais repris la gestion « administrative » du dossier des candidatures, cela a représenté concrètement cinq expériences par an, c'est-à-dire un travail conséquent et assez fortement chronophage.

Je vois bien de quoi tu parles ! Je résume : 264 candidatures, 50 qui vont au bout, et… quels résultats ? Je me rappelle de deux cas : le cas de Chris, qui a échoué puis prétendit ensuite avoir « *été testé par le laboratoire de zététique* » comme un argument ; et le cas d'un pratiquant d'art martial qui a sans le vouloir redécouvert l'onde acoustique créée par le changement de volume de son diaphragme, en pensant avoir mis le doigt sur de la télékinésie. D'autres cas t'ont-ils marqué ?

Effectivement Christian Chris et Régine X s'étaient présentés en janvier 1990, pour des tests de télépathie et des tests de voyance (perception extra-sensorielle).

Chris affirmait avoir des pouvoirs de télépathie et de clairvoyance avec Mme X, sa « sensitive », mise en état d'hypnose par lui-même. Nous avons échangé divers courriers entre juin 1987 et mars 1988, puis Chris a renoncé temporairement pour des raisons personnelles. Un nouveau contact est établi en octobre 1989, et après divers échanges, un protocole est mis au point et accepté par les deux parties, sur les deux domaines d'expériences choisis par les sujets eux-mêmes, télépathie et voyance.

Voici en quoi consistaient les tests, de télépathie d'abord. Chris devait transmettre à Mme X l'identité de cartes tirées de manière aléatoire (par un petit logiciel) d'un jeu de 52 cartes d'un tarot aztèque des arts divinatoires.
Avant de démarrer l'expérience, les deux sujets psi étaient :
- examinés *entièrement* par deux médecins pour vérifier qu'ils ne portent pas d'appareil de communication (s'il y a un doute, un examen au scanner est prévu et accepté par les deux sujets psi dans le protocole).
- Puis habillés *par nos soins* et placés dans deux bâtiments différents de la Faculté des Sciences de Nice (bâtiments voisins, moins de 20 mètres entre les deux, définis à l'avance dans le protocole).
- Mme X était alors installée confortablement (table et chaise) dans une grande cage de Faraday que j'avais spécialement fabriquée pour l'expérience.

Quant à l'expérience de voyance : Mme X devait voir par perception extra-sensorielle la valeur de cartes tirées de manière aléatoire d'un jeu classique de 52 cartes. Les cartes étaient placées dans des enveloppes opaques que Mme X pouvait entièrement manipuler à sa totale convenance (sans les ouvrir, évidemment !). Tout était mis à sa disposition.

Pour chacun des deux types d'expérience (télépathie et voyance), il était prévu 2 séries de 10 tests chacune et le seuil minimal du succès choisi d'un commun accord était de 50% dans chacune des deux séries.
Les tests se sont déroulés à la Faculté le 14 janvier 1990.
Leurs résultats se passent de commentaire : pour la télépathie, 0 réussite sur 10 tests, suivis dans une deuxième série d'également 0 réussite sur 10 tests et, concernant la

voyance, 0 réussite sur 10 tests dans la première série et abandon pour la deuxième : en d'autres termes, un échec total aussi bien en télépathie qu'en voyance.

Le qualificatif « *total* » ou « *complet* » que j'utilise en parlant des échecs de certains médiums ou sujets psi dans leurs résultats aux tests effectués dans le cadre du Prix-Défi Zététique n'est **pas** un jugement *subjectif* de l'échec. Je précise cela car des commentateurs semblent avoir fort mal compris la signification de cet adjectif. Cela signifie que les résultats qui ont été obtenus sont ***non seulement*** loin du seuil de réussite fixé dans le protocole avant l'expérience en total accord avec les candidats médiums ou sujets-psi, mais ***également vraiment loin d'un seuil plus faible*** qui aurait pu éventuellement ouvrir la porte à d'autres essais, essais que j'aurais bien sûr été d'accord pour faire.

Par exemple, et en fonction des probabilités de réalisation des événements d'une expérience, si le protocole pour un test avec 20 essais prévoyait d'estimer l'expérience comme réussie par le sujet-psi à partir de 10 réussites sur les 20 essais, j'indiquais également au candidat que, vers 5 ou 6 réussites (un échec donc vis-à-vis du protocole signé par les deux parties), cela pourrait laisser penser qu'il y avait peut-être quelque chose et donc que je lui proposerai alors de faire une nouvelle série.

Pour le deuxième cas dont tu parles, il s'agit de C.T., candidat très sympathique au Prix-Défi, qui nous avait contactés en disant qu'il avait un pouvoir de « *psychokinèse, télékinèse sur des objets de large surface comme des portes* » qu'il pouvait, « *dans une petite pièce* », déplacer légèrement et faire claquer dans l'encoignure.
Nous l'avons testé en mars 2001.
Est-ce que la kinèse a eu lieu ?… Oui !…

Était-ce de la *télé*kinèse ?... Non.
C'était ce que j'ai appelé de la... *myo*kinèse ! C'est-à-dire que le candidat se *concentrait* comme il nous l'avait annoncé dans ses courriers mais également, et surtout, il se... *contractait* ! Et abdominaux et pectoraux faisant le reste, il faisait ainsi varier la pression de l'air dans la petite pièce, ce qui exerçait une force sur la porte et la faisait ainsi bouger.

Une onde acoustique !

Précisons infra-sonore car elle n'entre pas dans le domaine de l'audition humaine. Rien de bien « paranormal » dans le phénomène. Et, après une réflexion rapide, j'ai expliqué à C.T. en trois coups de craie au tableau ce que l'on appelle en physique la loi des gaz parfaits ($PV = nRT$; ici dans notre cas, tout simplement Pression x Volume = constante).
Et cet effet de « myo-psychokinèse » a été reproduit immédiatement sur place, exactement au même endroit que celui utilisé par le candidat, par Jean-Pierre Cavelan, collaborateur du laboratoire, et par moi-même.
J'ai donné plus de détails sur cette expérience et sa reproduction avec la désormais célèbre « poubelle psychokinétique », dans mon article « Psychokinèse ?... Myokinèse ! La loi des gaz parfaits en pleine action »[110].

Penses-tu qu'un tel prix-défi mériterait d'être relancé ? Je n'y suis *a priori* pas favorable, mais tu sauras peut-être me convaincre.

À mon avis, oui, à condition de le présenter un peu comme je l'avais fait, c'est-à-dire essentiellement comme un ***appel à preuves*** de la part de scientifiques ouverts à l'idée de

---
[110] Disponible ici :
http://sites.unice.fr/site/broch/articles/HB_myokinese.html

mener des expériences sur les revendications de médiums, sujets psi et autres personnes du domaine « paranormal ». Ce qui permet de monter des expériences sérieuses – même si elles sont fort simples, leur protocole doit, lui, être rigoureux – et de faire participer par exemple des étudiants qui peuvent apprendre ainsi, en direct et concrètement sur le terrain, comment concevoir une expérience scientifique évitant des biais ou des failles et permettant réellement de conclure dans un sens ou dans un autre.

Je précise que, bien que le Prix-Défi Zététique international soit clos, nous restons ouverts à toute proposition sérieuse d'expérimentation sur un phénomène qui serait « paranormal » comme j'en ai déjà parlé pour les expériences menées en 2014 à la Faculté des Sciences de Nice avec un magnétiseur professionnel qui désirait faire tester ses *pouvoirs* de momification[111].

L'attrait d'un prix associé, et d'un montant élevé si possible, est évidemment fortement porteur mais exclusivement sur le plan médiatique. Les médias sont friands de cela, tandis que les candidats, beaucoup moins, si j'en crois la très grande majorité de ceux qui se sont présentés au Prix-Défi. Ces derniers sont plutôt intéressés par le fait de pouvoir démontrer les pouvoirs dont ils se croient, à mon avis *en toute bonne foi*, possesseurs.

Voici un exemple très récent qui montre bien cela. Après divers échanges de courrier avec Denis Biette, qui est secrétaire du *Centre d'Analyse Zététique,* et également Président du CHAAM, *Cercle d'Histoire et d'Archéologie des Alpes-Maritimes*, un radiesthésiste sourcier œuvrant dans le domaine de l'archéologie a pris contact et est venu

---

111 Protocole et compte-rendu de l'expérience :
http://sites.unice.fr/site/broch/CAZette/CAZette3.pdf et extrait vidéo :
http://sites.unice.fr/site/broch/Videos_Zet/CAZ_Operation_Citron_UNIVERSITE_NICE.mp4

nous rendre visite le 18 mai 2022 au CAZ à la Faculté des Sciences. Il nous raconte qu'avec ses baguettes métalliques classiques, coudées en forme de L, il est capable de détecter de l'eau, des murs enfouis, pas mal d'autres choses et des parties de sites archéologiques, même subaquatiques.

Il nous fait même une petite démonstration de ses pouvoirs pour la recherche de ses propres clefs grâce à ces baguettes ; il place les clefs au sol devant lui puis après s'être éloigné de deux ou trois mètres, il ferme les yeux et s'avance en direction des clefs ; les baguettes se croisent pile au-dessus des clefs.

Concernant les sites archéologiques, il nous détaille avoir un palmarès assez impressionnant sur divers sites justement, palmarès qui serait attesté par plusieurs personnes. Et on passe ainsi vraiment un excellent moment, deux heures durant, avec ce qu'il nous raconte de ses détections d'anciens bateaux, d'amphores sous l'eau et diverses autres choses extraordinaires sur terre.

Vient alors le moment où l'on explique que, nous, de notre côté, nous sommes vraiment intéressés mais qu'avant de nous lancer dans une théorie pour expliquer ou tenter de comprendre l'origine de ses capacités radiesthésiques, notre démarche consiste d'abord à vérifier la simple existence du phénomène revendiqué.

- « Pas de problème ! » nous dit-il et il refait une démonstration avec ses clefs.

- « Dommage que vous sachiez où les clefs sont avant de vous lancer dans la détection » et je lui propose alors de simplement placer – ou ne pas placer - ses clefs sous un couvercle de boîte en carton.

- « Faites-le et vous verrez que je les trouve sans aucun problème ».

Je pose le carton puis ma main dessous mais *sans* déposer les clefs, le sourcier s'avance et les baguettes se croisent impeccablement au-dessus du carton… vide.

Grosse déception. Interrogation manifeste sur les traits de son visage (« *comment mes baguettes ont-elles pu se croiser alors que les clefs ne sont pas là ???!!!* »).

On refait l'expérience. Nouvel échec.

Je lui dis alors que l'on pourrait peut-être plutôt tenir les clefs cachées dans une de nos mains (nous sommes quatre CAZiens présents, Mika Scatena, Denis Biette, Jérôme Bellayer et moi-même) : à charge pour lui de dire qui les a.

OK dit-il et il se retourne pour ne pas voir ce que l'on fait.

Je dis à voix très basse « *Tiens, Denis* » mais je garde les clefs dans ma main gauche. Feu vert est donné et après quelques petits mouvements les baguettes pivotent toutes les deux et sont dirigées vers Denis.

Je montre les clefs dans ma main. Nouvelle grosse déception visible sur le visage du radiesthésiste.

Je lui propose alors de cacher les clefs quelque part dans la salle et il devra détecter où elles se trouvent, à une petite zone près bien sûr. OK, il détectera « sans problème » et il se retourne.

Je prends alors un gobelet en carton que je place (à l'envers bien sûr), en évidence sur une pile de livres placés à ma droite en le faisant un peu racler (un peu, hein, point trop n'en faut dans le bruit à générer) en le déposant. Et je place sans faire de bruit les clefs sous une petite boîte carton qui était sur une étagère d'un petit meuble complètement à ma gauche.

Le radiesthésiste se déplace alors dans la salle en tenant ses baguettes qui pivotent plusieurs fois, sans se croiser, et indiquent selon le radiesthésiste ainsi une direction. Plusieurs directions à partir d'endroits différents indiquent clairement une zone. Le radiesthésiste s'approche et fignole avec ses baguettes la zone qui finit par être circonscrite à environ un petit quart de mètre carré (environ 50 cm x 50 cm) et centrée sur... le gobelet en carton.

Effondrement complet du radiesthésiste, manifestement de bonne foi, qui n'en revient vraiment pas et qui nous le dit. Comment a-t-il pu ne pas simplement trouver ses propres clefs *après toutes les réussites de radiesthésie qu'il a obtenues* ?...

On discute encore, on explique quelques petites choses de méthode et de statistiques à prendre en compte dans toute expérience sérieuse puis l'on se quitte sur la résolution du radiesthésiste de refaire ce type d'expérience chez lui, tranquillement, et de nous tenir au courant des résultats qu'il obtiendra dans de petites expériences « en aveugle ».

Une nouvelle affaire à suivre…

Je trouve toujours qu'assister à ce genre de désillusion a un côté poignant, voire tragique. Pas toi ?

Oui. Et, spectateur ou expérimentateur, il est parfois difficile de vivre ce type de situation où l'univers d'une personne semble s'écrouler totalement et les cas les plus poignants, nous poussant alors à ne pas intervenir, sont certainement les séances de transcommunication instrumentale dont nous avons parlé précédemment. Mais le côté poignant – y compris pour les expérimentateurs – se retrouve aussi dans des situations avec moins d'enjeu car ne relevant pas d'une activité professionnelle et avec également *a priori* moins de prégnance psychologique.

Comme lorsque S. P., un artiste candidat au Prix-Défi, est venu de Grèce avec son épouse pour nous faire, à la Faculté des Sciences de Nice, la démonstration de sa capacité de détection des variations de champ magnétique avec un simple rameau d'olivier ; ou lorsque L. F., un candidat venu d'Italie avec sa femme et son fils, pensait faire sans problème la démonstration de sa capacité de perception extra-sensorielle à l'aide de son pendule.

Dans les deux cas, vivre en direct, sous les yeux de membres de sa famille, un échec complet dans une expérience simple n'a vraiment pas été facile pour le candidat, ni pour les expérimentateurs qui ont assisté à leur « désenchantement ».

7. Liens avec d'autres structures

Parlons réseau sceptique. Avec qui as-tu travaillé le plus ? Tu as été membre du CSICOP, le *Committee for the Scientific Investigation of Claims of Paranormal* étasunien ?

« *Tu as été membre du CSICOP* » ?… Non, je le suis encore et toujours.

Impossible, cher ami : il n'existe plus depuis 2006, renommé CSI depuis. Pourquoi d'ailleurs?

Ok, il existe toujours bien sûr puisqu'il a été simplement renommé. Il a été décidé par les responsables du CSICOP de garder seulement les trois premières lettres (en modifiant les mots couverts par S et I) afin de supprimer la référence explicite au paranormal, permettant ainsi d'élargir les sujets traités.

Membre du comité Para belge ?

Je suis ou ai été effectivement membre de différents comités (dont certains ont disparu) comme CFEPP, Para Belge, CSICOP-CSI, CFI, SKEPP, CAIRP, ARP-SAPC, CIPSI-PERU… ainsi que membre du comité de parrainage scientifique de l'AFIS et de la revue *Science & pseudo-sciences*. Mais mon travail d'électron libre ne se fait pas vraiment en réseau mais plutôt par actions ponctuelles avec l'un ou l'autre. Et j'ai évidemment aussi des contacts avec d'autres groupements dont je ne suis pas membre, comme le CICAP italien, les Sceptiques du Québec...

Peux-tu nous détailler ça ?

Oui, d'abord le CFEPP, *Comité Français pour l'Étude des Phénomènes Paranormaux*. Il a été créé je pense sur une idée d'Evry Schatzman (1920-2010), l'un des pères de l'astrophysique théorique, ou d'Yves Galifret, que nous avons déjà croisé, avec Michel Rouzé comme réalisateur concret de l'idée, aidé en cela par Philippe Cousin, rédacteur en chef (adjoint ?) de *Science & Vie* à l'époque, ainsi que très certainement l'aimable complicité de Jean-Claude Pecker, déjà rencontré plus haut.

Lors de mon adhésion au CFEPP en 1979, j'avais suggéré que le Comité fasse une petite modification sur le nom et que nous prenions exemple sur nos collègues belges du comité PARA en mettant des *guillemets* sur le terme « paranormaux », ou en rajoutant un terme, comme « Phénomènes *réputés* Paranormaux » ou « Phénomènes *dits* Paranormaux », ce qui fut admis par le Comité lors d'une réunion au tout début de 1980.

C'est via le CFEPP dont il était le secrétaire avec Philippe Cousin que j'ai établi mes premiers contacts avec Michel Rouzé au début de l'année 1980. Divers échanges d'informations et documents ou discussions au téléphone d'abord, puis je l'ai rencontré en chair et en os à Paris au début 1981. Ce furent donc, par voie de conséquence, mes premiers contacts avec l'AFIS.

J'ai été nommé *Fellow* du CSICOP, devenu CSI, il y a plus de trente ans maintenant, en 1989. Au sein de ce comité, j'ai échangé ponctuellement avec diverses personnes comme Ray Hyman, James Alcock ou Isaac Asimov, édité chez *Horizon Chimérique* puis chez *Book-e-Book*[112] et dont j'ai

---

112 *Les Moissons de l'intelligence*, collection Zététique, Horizon chimérique, 1990 ; *Homo obsoletus ?*, collection Zététique, Book-e-Book, 2002, réédité sous le titre *Le Futur. La pensée vagabonde*, Book-e-Book 2020.

eu l'honneur de préfacer les deux tomes. Et bien sûr essentiellement avec Paul Kurtz, et James Randi que je connaissais déjà. J'ai reçu le *Distinguished Skeptic Award* du CSICOP en 1990 pour la création du service télématique de zététique de l'Université de Nice. En liaison avec mon appartenance au CSICOP, j'ai été nommé *Mentor* du CFI[113] (*Center for Inquiry-Transnational*) en 2005.

Ray Hyman (1928), je l'ai rencontré, professeur émérite de l'Université d'Eugene, dans l'Oregon, et magicien à ses heures perdues ; il a été un grand détracteur du « psychic » Uri Geller et des travaux de parapsychologie de Gary E. Schwartz. Très vieil homme aujourd'hui, fort sympathique.
Autre personnage très affable, le canadien James E. Alcock (1942), professeur de psychologie à l'Université d'York, et auteur de deux ouvrages célèbres dans le milieu, critiques de la parapsychologie[114].
Je me rappelle, avec mes comparses Nicolas Vivant, Florent Martin et quelques autres, lui avoir fait tester, ainsi qu'au psychologue canadien Barry Beyerstein, malheureusement décédé peu après (en 2007), la discrimination « bière brune/bière blonde » avec un pendule, en marge d'un congrès sceptique. Tous les

---

113 Le CFI est défini ainsi : « *The Center for Inquiry is a transnational nonprofit organization that encourages evidence-based inquiry into science, pseudoscience, medicine and health, religion, ethics, secularism, and society. Through education, research, publishing, and social services, it seeks to present affirmative alternatives based on scientific naturalism. The Center is also interested in providing rational ethical alternatives to the reigning paranormal and religious systems of belief, and in developing communities where like-minded individuals can meet and share experiences* » et ce que l'on pourrait appeler sa devise est : « *Working to promote and defend reason, science, and freedom of inquiry in all areas of human endeavor* ».
114 James Alcock, « *Science and Supernature : A Critical Appraisal of Parapsychology* », Prometheus Books, 1990, et « *Parapsychology, Science or Magic? : A Psychological Perspective* », Pergamon Press, 2005.

prétextes sont bons pour vider des chopes. La photo est désormais sur ses pages Wikipédia.

Ray Hyman et James Alcock que je salue avec plaisir.
...Et quelques souvenirs lointains remontent des brumes temporelles comme avec cette photo où je discute avec Paul Kurtz et justement Ray Hyman lors d'une séance interne d'un colloque en Italie, il y a une trentaine d'années.

Pas de contact avec Martin Gardner, le génial autodidacte « mathémagicien », auteur du séminal livre *Fads and Fallacies in the Name of Science*[115], en 1952, que certains comme Michael Shermer considèrent comme le livre qui a ouvert l'ère moderne du scepticisme ?

Non, pas d'échanges spécifiques avec Gardner.

---

115 La version initiale s'appelait « *In the Name of Science: An Entertaining Survey of the High Priests and Cultists of Science, Past and Present* », G.P. Putnam's Sons, (1952). Elle sera renommée « *Fads and Fallacies in the Name of Science* » *chez* Dover Publications, en 1957. Gardner publiera nombre de choses, dont le magnifique « *Science: Good, Bad and Bogus* », Prometheus Books (1981).

Quelques liens avec l'Espagne ?

Oui, l'ARP-SAPC, *Alternativa Racional a las Pseudociencias – Sociedad para el Avance del Pensiamento Critico*. Je ne suis pas sûr que même les adhérents de cette association espagnole le sachent mais, c'est drôle, je suis en quelque sorte à l'origine du démarrage de l'ARP ! Voici comment cela s'est passé.

Un Espagnol qui venait de lire mon livre « *Le Paranormal* » en français et qui habitait à Bilbao m'a écrit pour me féliciter et nous échangeons ainsi quelques réflexions. De mémoire, je te donne deux noms : Luis Alfonso Gámez Dominguez et Félix Ares de Blas.

À peine quelque temps plus tard, un autre lecteur espagnol (est-ce José Luis Gutiérrez ?) m'écrit pour me féliciter lui aussi suite à sa lecture du même ouvrage qu'il vient de terminer. Et cette personne réside, elle aussi, à Bilbao, et ne connaît pas du tout la première personne qui m'a contacté ; je fais ni une ni deux, je croise leurs courriers et je les mets en contact. D'un germe d'association qui devait pré-exister, cet échange a abouti en 1986 à l'ARP, dont le nom à la fin des années 90 a été complété par SAPC, et dont je suis Membre d'honneur. Cette association publie depuis 1998 la revue « *el Escéptico. La revista para el fomento de la razon y la ciencia* » qui a pris en fait le relais du bulletin « *La Alternativa Racional* » que l'ARP publiait depuis 1985.

Je connais cette revue, très jolie. J'ai répondu à une entrevue avec eux en 2011, lors d'un passage à Barcelone[116]. Ils se rappellent bien de toi.

L'évocation de cette association espagnole me fait réfléchir un peu au temps qui passe fort vite. Vois-tu, parmi les six

---
116 *El Escéptico* n°34, janvier - avril 2011.

membres d'honneur de l'ARP : Mario Bunge, Gustavo Bueno Martinez, Paul Kurtz, Claudio Benski, James Randi, et ton serviteur,… un seul est encore en vie !

Peut-être immortel.

Je croise les doigts.
Il y a aussi le CAIRP, *Centro Argentino para la Investigacion y Refutacion de la Pseudociencia*, en Argentine. Il a été créé en 1990. J'en suis Membre d'honneur avec Martin Gardner et Carl Sagan. Oui, je sais, sur les trois membres d'honneur, un seul survivant… Le temps presse. Le CAIRP publiait la revue *« El Ojo Escéptico »*.

Cette revue fut éditée de 1991 à 1996, j'en ai quelques exemplaires.

Mon livre « *Le Paranormal* » a été traduit et publié en espagnol en 1987 sous le titre *« Los fenomenos paranormales. Una reflexion critica »* et semble avoir connu un petit succès, d'où peut-être l'intérêt que m'ont manifesté divers groupes sceptiques de pays hispanophones. Des articles en espagnol dans diverses revues se sont inspirés directement de chapitres de cet ouvrage, et cela a aidé à la diffusion d'une approche critique de divers phénomènes allégués.

Comment as-tu connu James Randi et Basava Premanand ?

J'ai dû contacter James Randi vers la fin 1981 ou début 1982 suite à ses « *debunking actions* » et, me semble-t-il, son ouvrage *« Flim-Flam »* publié en 1980, et republié ensuite chez *Prometheus Books* par Paul Kurtz[117] ; il m'a répondu très rapidement, le fluide est passé et nous avons ainsi établi un contact, demeuré quasi permanent même si parfois un peu discontinu.

Le genre d'expérience dont on sort randi.

Au début de 1983, je lui avais demandé le maximum de documentation sur son Projet Alpha, dont j'avais eu connaissance par une revue sceptique, pour un article que je comptais écrire sur ce sujet pour la revue *Science & Vie*. Et James Randi n'a pas hésité à m'envoyer des infos précises et des documents qui pourtant n'avaient pas encore été utilisés par lui ou par des journalistes aux USA. En effet seule une première partie sur le déroulement du Projet Alpha avait été publiée et une seconde salve viendrait ensuite. Or les documents que Randi me transmettait faisaient partie de cette seconde salve.

J'ai donc pu écrire un article vraiment bien documenté pour la revue *Science & Vie*, article qui sera – sans vraiment mon approbation – donné par *Science & Vie* à Michel Rouzé pour être un peu raccourci et « réécrit » (…adouci ?). Et l'article, écrit en 1983, sera ainsi publié en janvier 1984 sous nos deux signatures.

Avant même d'être élu membre du CSICOP, j'avais programmé la venue de James Randi à La Trinité, la commune dont mon frère Louis était maire. C'était vers 1987 ou 88. Cela n'a malheureusement pas pu se faire, James Randi demandant un cachet beaucoup trop élevé !

Quant à Basava Premanand, je suis allé en Inde, au Tamil Nadu et au Kerala en 1978. J'y suis allé comme représentant officiel du laboratoire de Biophysique de

---

[117] *Flim-Flam! Psychics, ESP, Unicorns, and Other Delusions*, éditions Crowell (1980), 2ème édition révisée, chez Prometheus Books, avec introduction d'Isaac Asimov (1982).

l'Université de Nice. C'était centré sur mes recherches de biophysicien et vraiment intéressant, un symposium sur « *Biomolecular Structure, Conformation, Function and Evolution* » de plusieurs jours à Madras, avec colloque puis visite de labos, de campus, *etc*. Et ensuite j'ai profité d'être sur place et j'ai tourné un peu dans ces deux États.

Comme je ne le connaissais pas à cette époque, j'ai « loupé » Basava, malgré trois semaines dans « ses » deux États. Mes premiers contacts doivent remonter à la fin des années 80 et j'ai été dès le départ un « abonné à vie » à son *Indian Skeptic* qui a dû commencer à paraître vers 1988.

Nous avons ainsi été en contact épistolaire, puis nous nous sommes rencontrés en chair et en os en 1992 en Italie, pour un colloque organisé par le CICAP. Superbe rencontre, super personne et un vrai « personnage » (extérieur allure de gourou, intérieur zététicien pur). Et j'en garde en plus deux précieux souvenirs qui m'ont permis, devant mes étudiants de zététique, de faire le fakir en me perçant la langue d'une longue aiguille…

Jacques Theodor l'a rencontré à Mandya en Inde en 1994 et a pu faire, lors de cette rencontre, une très longue interview. Comme je te l'ai dit plus tôt, un défi type « zététique » fut lancé en 1963 par Abraham Kovoor qui offrait 100.000 roupies, et c'est ce défi de Koovor qui inspira James Randi pour lancer son défi de 1.000 $ en 1964. Basava Premanand gérait le défi de Koovor depuis 1976, et, au décès de ce dernier deux ans plus tard, en reprit la main.

En 1998, j'ai eu pas mal d'échanges avec Basava car la chaîne *Arte* avait prévu de faire un documentaire sur le scepticisme reposant sur trois parties, une en Inde (sur Basava), une en France (sur moi-même) et une aux USA (sur le CSICOP). Pour je ne sais quelles obscures raisons, ce projet d'*Arte* pourtant bien construit n'a malheureusement jamais abouti.

À propos d'Arte, et de chose non aboutie, je signale également qu'un film, « *Der Mann auf dem Grabtuch* », « *L'Homme sur le Suaire* » (2006), entièrement consacré au « saint suaire » de Turin et réalisé par une équipe allemande, *Caligari Film* de Munich, était prévu pour les chaînes *ZDF* et *Arte*. Ce film retraçant l'épopée assez incroyable de ce linge sacré finissait... dans les locaux du laboratoire de zététique de la Faculté des Sciences de Nice par la réalisation simple et concrète par moi-même d'un « suaire » en direct devant les caméras afin d'expliciter la méthode la plus probable au XIVe siècle de réalisation de cette image soi-disant acheiropoïète (non faite de main humaine).

Ce film a bien été diffusé en Allemagne sur la chaîne *ZDF* en 2006 mais, à ma connaissance, ne l'a jamais été en France sur *Arte*.

En France, as-tu eu des moments de déconvenue rude avec certains collègues ?

Je n'ai pas eu à proprement parler des moments de « déconvenue rude avec certains collègues » mais, de temps en temps, des poussées d'adrénaline se sont effectivement manifestées, sans effet vraiment notoire à longue portée sur ma démarche car, comme on le sait, petit à petit, par des transitions à faible gradient, tout être humain peut s'adapter à des situations données et un zététicien ne fait pas exception à la règle.

En outre, pour avoir des déconvenues vraiment rudes il faut peut-être nécessairement avoir au départ un fol espoir, ce qui n'est pas trop une caractéristique de la démarche zététique, relativement rationnelle et mesurée.

Quelque chose qui m'irrite un peu, c'est par exemple d'être obligé de 500 fois mettre sur le métier l'ouvrage alors que normalement 100 fois aurait dû suffire...

De même, le peu de sérieux que montrent quelquefois des collègues sceptiques n'est pas particulièrement motivant pour vous inciter à entreprendre des travaux en commun. À titre d'exemple : le contenu des conférences de l'« *International CSICOP European Conference* », manifestation qui s'est tenue en Belgique à l'Université Libre de Bruxelles (ULB) en août 1990 et à laquelle j'étais invité, devait être publié en intégralité et tout était prévu pour cela... Sauf que le CSICOP organisateur n'a jamais pu obtenir « *un nombre significatif de textes* » de la part des conférenciers invités et que, donc, ces actes n'ont jamais été publiés !

Dommage pour la conférence de ton serviteur, dont le texte complet avec images avait été remis en temps et heure aux collègues américains organisateurs, qui s'intitulait « *Le Minitel, vecteur de diffusion de la zététique ? L'expérience du service 36.15 ZET de l'Université de Nice Sophia Antipolis après 4 années d'existence* ». C'est ainsi que des informations, qui auraient pu être utiles pour des collègues universitaires ou non œuvrant dans des thématiques voisines ou parfois pour le public en général, se perdent.

Heureusement tu l'as sauvegardé sur le site du laboratoire[118].

Oui mais heureusement n'est peut-être pas le terme totalement approprié, car seule la partie texte a été sauvegardé, le laboratoire et ensuite son site web n'ayant, eux, été créés qu'une dizaine d'années *après* cette intervention à l'ULB.

---

[118] http://sites.unice.fr/site/broch/articles/
HB_CSICOP_European_Conference_Minitel.html

Je n'ai pu retrouver aucune des diapositives d'origine que j'avais créées en 1989 ou 90 – c'était encore l'époque de l'argentique – pour cet événement et qui contenaient des informations spécifiques malheureusement perdues.

Un autre exemple ? Le « *10th European Skeptics Maastricht Congress* », qui s'est tenu aux Pays-Bas du 17 au 19 septembre 1999. J'étais invité à présenter une conférence à ce congrès et je l'ai centrée sur les cours de zététique à l'Université de Nice en axant principalement sur des résultats chiffrés obtenus après quatre années de fonctionnement. Les actes de ce colloque devaient être publiés *in extenso*. Après avoir fignolé comme à l'accoutumée texte et images, et passé également pas mal de temps complémentaire pour que la personne censée centraliser le tout arrive enfin à lire « proprement » des fichiers textes et des fichiers images, j'apprends finalement, en devant insister plus que lourdement pour que l'on me réponde, que tout ce temps passé n'aura servi à rien pour le public extérieur au congrès car… 13 intervenants sur les 18 n'ont pas envoyé leur texte ! Et qu'en conséquence, rien ne sera diffusé.

Rageant.

Outre la perte d'informations, cela m'a paru plus que démonstratif sur le peu de sérieux de certaines personnes, et de telles choses reproduites malheureusement à plusieurs reprises m'ont donc incité à rester plutôt un électron libre. C'est l'une des rares positions qui vous permet d'avoir quelque efficacité, certes peut-être à petite échelle dans ce cas-là mais au moins réelle et concrète.

Je reviens au Prix-Défi. La nouvelle génération s'habitue doucement à regarder les liens d'intérêt pouvant mener

à des conflits d'intérêt. De même que recevoir de l'argent d'une fondation par exemple, as-tu été méfiant de recevoir une dotation pour le Prix-Défi par Jacques Theodor ?

Ce n'est pas de l'argent que tu reçois, mais de l'argent qui est mis comme prix sur un défi que tu lances aux médiums et sujets psi, et rien ne t'est imposé par le signataire du chèque. À cette époque, l'expression « conflit d'intérêt » dormait encore certainement dans les limbes du futur.
La démarche de Jacques vis-à-vis des pseudo-sciences a toujours été impeccable et rigoureuse, et c'est cela qui compte pour moi. À titre d'information, Jacques est le descendant d'une grande famille bourgeoise belge – son père, mort quand Jacques avait 3 ans, était dans la banque et si je ne me trompe pas, son grand-père bâtonnier et député de Bruxelles a également été, au sein d'un gouvernement de très courte durée (à peine plus d'un mois), ministre de la Justice et ministre des Arts et des Sciences. Il connaît personnellement le roi, et j'ai mis longtemps à le savoir, car il ne s'en est jamais vanté.

Je te pose la question car une question agaçante revient souvent chez beaucoup de nouveaux venus en zététique qui te font le reproche de ne pas avoir été très regardant avec au moins une personne avec qui tu « collaborais », Paul-Éric Blanrue.

Ce n'est apparemment pas une question mais une affirmation, une allégation. Les nouveaux venus en zététique dont tu parles, pourraient peut-être se renseigner avant de faire des « reproches », que ce soit à ton serviteur ou à d'autres personnes, sans savoir vraiment de quoi il retourne. Et ne pas se contenter de lire « du » réseau, du

wiki ou autres trucs, sans avoir rien vérifié ni tenté de démontrer quoi que ce soit...
Un des effets désastreux du développement outrancier des réseaux provient de l'anonymat qui y est autorisé, sinon parfois peut-être « aidé » ou « recommandé ». Il faut songer à « qui a à y gagner ? »… Imagine un réseau où chacun – *identifié et identifiable* – serait totalement responsable de ses dires et écrits… Un réseau ainsi certainement moins rempli et moins suivi, donc avec moins de publicités possibles pour les annonceurs c'est-à-dire concrètement moins de recettes pour l'hébergeur.

Je ne te suis qu'à moitié. Si l'anonymat est un problème pour un certain nombre de choses, il est une vertu pour d'autres. Mais la question n'est pas là.

Bon, j'en reviens à tes « nouveaux venus ».
Je rappelle ici, comme je l'ai déjà plusieurs fois détaillé, que *la tolérance ne doit pas être tolérée* Oui, on peut relire lentement, c'est bien ce que je dis avec cette phrase volontairement provocatrice, je parle bien de ne *pas* admettre la *tolérance* comme une valeur positive, pour la simple et bonne raison, malheureusement trop souvent oubliée ou peut-être consciemment occultée et que je rappelle donc ici à nouveau, que **l'intolérance est consubstantielle de la tolérance**.

Paul-Éric Blanrue a fait d'excellentes recherches sur les sujets qu'il a traités en zététique et c'est ainsi que les deux ouvrages qu'il a consacrés au « saint suaire » de Turin sont à mon avis des références *incontournables* sur le sujet et cela quelle que soit l'orientation politique ou religieuse, qu'elle soit d'ailleurs d'origine ou prise plus tard par l'auteur.

La chasse aux sorcières – chasse aux « collabos » fait peut-être moins traité de démonologie – à laquelle certains nouveaux venus, en zététique comme dans de nombreux autres domaines, semblent vouloir se livrer, ne leur donne aucune profondeur de vue contrairement à ce qu'ils supposent peut-être. Ce type d'approche, *d'attaque* serait plus juste, frôle l'*ad hominem*.

Je reste sur ma faim. Le scénario de chasse aux sorcières me semble un peu prêt-à-porter.
Et il n'y a pas que des nouveaux venus qui peuvent faire la remarque – tiens, par exemple, moi. Je tourne la question autrement : avons-nous (as-tu, ai-je) une responsabilité à collaborer avec des gens qui défendent par ailleurs des idées très conservatrices, comme Paul-Éric Blanrue qui ne s'en cache pas ? On ne peut pas faire comme si de rien n'était.

Le fait qu'une personne puisse défendre des idées que l'on pourrait peut-être qualifier de conservatrices ne doit pas être un infranchissable obstacle à une discussion sereine, et pourquoi pas même à un travail commun. À mon avis, lorsque l'on échange une correspondance ou que l'on collabore sur une documentation, un sujet, un travail, avec quelqu'un sur un sujet d'étude déterminé, on ne porte aucune responsabilité sur ce que cette personne peut exprimer par ailleurs en son nom propre et *a fortiori* bien sûr sur un tout autre sujet.
Je ne peux m'empêcher de penser que certaines personnes présupposent curieusement le contraire et ainsi n'hésitent pas à faire appel à un des bons vieux stratagèmes d'Arthur Schopenhauer, ici manifestement celui de l'*association dégradante*.
Pour généraliser le propos et être peut-être plus clair, je n'ai jamais compris pourquoi si Marine Le Pen met le nez à la

fenêtre et fait le constat qu' « *il pleut* », certains, pourtant au même endroit, se sentent alors bizarrement obligés de dire « *il fait un temps splendide, avec un beau soleil* ».

Ce n'est pas mon cas et un constat concret et correct est un constat concret et correct, quelle que soit bien sûr ma position personnelle sur les allégations et positions politiques et non météorologiques de Madame Le Pen.

Faute de quoi, certains nouveaux venus, ne faisant pas le distinguo, sont tout simplement à mon avis dans le *délit d'opinion ou de sale gueule*.

C'est une chose d'être d'accord avec Marine Le Pen s'il pleut, que de copublier quelque chose avec elle. Je prends un exemple : même si j'avais voulu signer une pétition contre la Loi Gayssot, qui pose plus de problèmes à mon avis qu'elle n'en résout, je ne l'aurais pas fait, ne souhaitant pas cosigner avec une bande de gens dont le ressort antisémite n'est plus à montrer.

Personne ne parle de copublier quelque chose avec elle. Je cherche simplement à rappeler que le *comportement* « facho » ne se restreint pas à un seul champ politique et n'est certes pas exclusif à l'extrême droite et que l'adage homérique courant « *Qui se ressemble, s'assemble* » sur lequel certains cherchent à se baser peut souvent être dans les faits la source de rejets abusifs.

Cela étant dit, si on ne cherche qu'à être en contact, à travailler en commun ou même peut-être à co-publier, avec des gens parfaits, purs et limpides comme l'eau de source, alors comme tu pourrais le dire... il n'y a plus personne !

Cependant, je persiste un peu : quand mon ami Nicolas Vivant t'a montré la filiation d'extrême droite de Paul-Éric Blanrue, tu as dit l'apprendre, et ensuite tu as renoncé à ton statut de président d'honneur du CZ. Cela

montre bien que ça a de l'importance pour toi. Or certains (comme Pierre Lagrange si j'ai bonne mémoire) disent que tu le savais déjà, et que bosser avec lui ne t'a pas posé de problème. Moi au contraire, je pense que tu ne le savais pas.

J'ai donné ma démission de président d'honneur du Cercle Zététique au début novembre 2005. Et si cela peut avoir de l'importance pour moi par rapport à mes options politiques personnelles, cela n'interfère *pas* dans ma décision car ce qui a compté ici, c'est que cela a de l'importance pour le Laboratoire de Zététique (et peut-être pour d'autres associations zététiques). Je ne sais pas ce qu'ont fait à l'époque les autres membres d'honneur du CZ[119] et je n'ai pas cherché à le savoir. Ceci relève de l'affaire de chaque personne individuellement.
Ce qui est vraiment regrettable, c'est que de nombreuses personnes faisaient et font peut-être encore une totale confusion entre le Laboratoire de Zététique de l'Université Nice Sophia Antipolis et l'association Cercle Zététique, basée sur Reims puis sur Paris puis dissoute.

Ce qui m'a amené de nombreuses fois à expliquer que le terme « zététique » est un vocable évidemment non déposé et que de nombreuses structures ou associations peuvent utiliser le terme. C'est ainsi, qu'outre le laboratoire de Zététique de la Faculté des Sciences de Nice, existent – ou ont existé – le Cercle Zététique, le Cercle Zététique Rhône-Alpes, l'Epsilon Zététique, le Cercle Zététique Languedoc-Roussillon, l'Observatoire Zététique, l'Association Monégasque d'Analyse Zététique, le Cercle Zététique de Toulouse, le Centre d'Analyse Zététique, l'Association

---

[119] Les autres Membres d'Honneur étaient Albert Jacquard, Marcel-Francis Kahn, Gérard Majax, Jean-Claude Pecker, James Randi et Jacques Theodor.

Marseille Zététique, *etc*. Sans oublier bien sûr le Zététique Théâtre[120].

Pierre Lagrange a au moins raison sur la dernière partie de sa phrase s'il n'a pas raison sur la première, car, pour être clair, bosser avec Paul-Éric Blanrue ne m'a posé aucun problème, le travail étant bien fait et la démarche de recherche vraiment adéquate. Lorsqu'il y a peut-être une petite quarantaine d'années, un tout jeune homme de 18 ou 19 ans m'a contacté suite à une conférence « *Esprit critique es-tu là ?* » que j'avais donnée au CCSTI de Thionville et qu'il m'a dit vouloir creuser le sujet du « saint suaire » de Turin, je lui ai répondu avec plaisir et transmis des copies de documents que j'avais et c'est ainsi que j'ai commencé à échanger avec Paul-Éric Blanrue dont je redis ici le travail bien fait. Et je lui garde mon amitié quelles que soient les vicissitudes de la vie.

Oui, mais travaillerais-tu encore avec lui ? Il est des gens avec qui je ne travaillerai pas ou à qui je n'offrirai pas de tribune.

Au risque de te choquer, ma réponse serait peut-être oui (sous la réserve bien sûr du sujet à traiter).

Donc oui tant que le sujet à traiter n'est pas en lien avec les idées conservatrices défendues par la personne ? Je trouve que c'est un exercice de surf difficile à faire.

Demande donc à ces « certains » que tu évoques qu'est-ce qu'ils votent précisément. Qu'ils te répondent clairement et explicitement, en donnant des noms, pas avec des périphrases ou des échappatoires du style « ce n'est pas le sujet »... Qu'est-ce qu'ils votent précisément ? Quel(s)

---
120 Certains peuvent croire à une boutade de ma part en lisant « *le Zététique Théâtre* » mais non, il s'agit bien de l'intitulé d'un théâtre en Belgique. L'essaimage de la zététique n'a pas de limite, ni géographique ni sectorielle.

appel(s) ont-ils publiquement signé(s) pour appeler à voter et pour qui ? *Etc.*

Et on verrait ainsi peut-être quelques baudruches se dégonfler lamentablement. Alors qu'il me semble que moi, j'annonce clairement la couleur. Rouge, je vote rouge, coco ou avoisinant, suivant bien sûr les candidats en lice et leurs programmes. Et cela ne m'a jamais empêché et ne m'empêchera pas de discuter, même si parfois cela peut ou pourra se faire « durement », et même travailler avec d'autres personnes, quelles que soient leurs opinions politiques ou leurs croyances religieuses.

Je suis d'accord qu'il y a certaines formes de « purisme » radical. Ce purisme me fait penser à ce qu'écrivait le complexe[121] poète Charles Péguy sur le kantisme : « *Le kantisme a les mains pures ; par malheur, il n'a pas de mains* ».

Mais… je reste sur ma faim.

Peut-on collaborer avec des gens dont tout le programme est contraire à des idéaux progressistes augmentant les degrés de liberté des gens ? Et en collaborant, leur donner une visibilité ? Si Alain Soral demandait à bosser avec toi, je ne pense pas que tu dirais oui. Tu es très attendu sur ce sujet, et pas que par des médisants stupides. Par des gens comme moi, qui veulent savoir dans quelle mesure on élargit la fenêtre d'Overton, la fameuse « fenêtre de discours », allégorie qui situe l'ensemble des idées et opinions considérées comme plus ou moins acceptables dans l'opinion publique d'une société[122]. C'est une vraie question, qui sera fort scrutée, et qui au moment où nous écrivons, déchire la communauté de gens en ligne qui se

---

121 Je dis complexe, car il est passé de socialiste libertaire à catholique conservateur.
122 On doit ce concept, encore débattu, au juriste libertarien Joseph P. Overton (1960-2003).

revendiquent de la zététique. Permets-moi d'insister pour ne pas grimer ceux qui la posent, et pour qu'on y réponde de manière approfondie.

Cela dépend du sujet sur lequel la « collaboration » est censée se faire. Et le terme collaboration est trop connoté pour être utilisé sereinement. Et je répète ce que j'ai écrit dans le texte, le fait d'être de gauche et de le dire ouvertement et explicitement *ne m'empêchera pas de discuter, même si parfois cela peut ou pourra se faire « durement », et même travailler avec d'autres personnes, quelles que soient leurs opinions politiques ou leurs croyances religieuses.*
Il me semble que je peux difficilement être plus clair.

Dans quelle mesure élargit-on la fenêtre de discours ? Mais on n'a pas à l'élargir car elle ne devrait même pas être limitée (en d'autres termes cette fenêtre ne devrait même pas exister). Je répète ici comme je l'ai souvent dit qu'accepter *l'expression* d'une opinion différente, ce n'est pas accepter cette opinion comme étant vraie et prouvée, ce n'est pas reconnaître la validité ou la pertinence de cette opinion. C'est simplement accorder à cette opinion – à *toute* opinion – le droit d'être exprimée.

Oui mais ce n'est pas parce que cette fenêtre ne devrait pas exister qu'elle n'existe pas. Il y a des choses qui se sont banalisées, en l'espace de vingt ans, comme la préférence nationale, pour ne prendre qu'un exemple. Je suis d'accord sur le fait que toutes les opinions (bien sûr excepté les appels aux meurtres et autres limitations juridiques légitimes de la liberté d'expression) devraient pouvoir être exprimées – car brider ces expressions n'empêche pas les gens de les penser quand même. Mais entre laisser les opinions s'exprimer, et créer une

tribune ou une brèche soi-même pour que cela se fasse, il y a une nuance. Travailler par exemple sur un livre ou un article avec une personne, c'est aussi lui donner un tremplin plus ou moins gros pour toute sa personne, idées foireuses comprises. J'ai sans arrêt ce dilemme, ne serait-ce que d'accepter ou non de publier dans telle ou telle revue, d'éditer chez tel éditeur, de répondre aux journalistes de tel ou tel journal ou de telle émission. Je trouve que d'attendre que l'interlocuteur soit exactement superposable à nous pour répondre est parfaitement stérile. *A contrario*, répondre à tout le monde ou collaborer avec tout le monde, me paraît la face de la même pièce. J'avoue, cette équation, c'est un peu comme celle de Frank Drake (décédé en septembre 2022) : la poser est simple, la résoudre est quasiment impossible[123]. On en recause dans quelques instants.

---

[123] Selon Drake, le nombre N probable de civilisations dans notre galaxie est égal au produit de sept paramètres : $N = R* \times fp \times ne \times fl \times fi \times fc \times L$, avec $R*$: nombre d'étoiles qui se forment annuellement dans notre galaxie ; fp la part des étoiles dotées de planètes ; ne est l'espérance du nombre de planètes potentiellement propices à la vie par étoile ; fl est la part de ces planètes où la vie apparaît effectivement ; fi est la part de ces planètes où apparaît la vie intelligente ; fc est la part de ces planètes capables et désireuses de communiquer ; L est la durée de vie moyenne d'une civilisation, en années. Il a élaboré cette équation pour une conférence en 1961. Il le narrait ici sur Astrobio.net en 2003 : *The Drake Equation Revisited: Part I*.

8. Questions diverses

Et comment as-tu vu la sphère zététique évoluer ? De Majax à Blanrue, de Biette à Monvoisin, du podcast d'Abrassart aux vidéastes en ligne, en passant par *Zététique métacritique* ?

Je n'ai pas grand-chose à dire sur le sujet. La sphère zététique a évolué mais pas « uniformément » comme une jolie sphère, mais bien plutôt comme un patatoïde protéiforme.

De plus, on ne peut pas dire que toutes les personnes qui en viennent actuellement, pour certaines au gré du vent, à se réclamer de la zététique ou du développement de l'esprit critique, le fassent avec une honnêteté intellectuelle confondante et donc je ne cherche pas à me tenir trop au courant des diverses formes ou des divers « courants » qui peuvent ou pourraient traverser le milieu.

As-tu fait des ponts avec les libres penseurs, les *brights*, les « nouveaux athées » type Dawkins, Dennett, Hitchens ou Harris, l'AFIS, l'Union Rationaliste, les matérialistes de chez *Matériologiques*, etc. ? Et si oui, sur quels chantiers précisément ?

Pour les ponts, comme je te le disais, je suis plutôt du genre électron libre et je choisis donc de créer un pont, ou d'être un pont, mais temporaire, entre plusieurs personnes qui me contactent.

Et l'expérience m'a (malheureusement ?) confirmé dans cette démarche et enseigné qu'il était vraiment assez difficile de faire travailler efficacement de concert plusieurs organismes, personnes ou entités.

As-tu fait l'objet d'attaques rudes ? Procès, calomnie, diffamation ?

Pour ce qui est des attaques rudes, l'accalmie est venue avec le temps mais au départ et pendant pas mal d'années, les choses étaient quelquefois un peu tendues. Des insultes classiquement mais jusqu'à une menace de mort au téléphone explicitement formulée – d'où le passage à l'époque de mon numéro de téléphone en liste rouge.

En lien avec quel dossier ?

Aucune idée, et je ne pense même pas que cette menace ait un lien avec un dossier spécifique. Le seul souvenir que j'ai est qu'à l'époque j'essayais de monter une expérience avec un dévot de Krishna qui m'avait contacté pour tester sa détection d'une nourriture consacrée par un de leurs « prêtres », *versus* la même nourriture mais non consacrée. L'expérience n'a pas pu se faire, les responsables Khrisna ayant refusé d'assister le dévot qui m'avait contacté.

Pour ce qui est de la calomnie ou de la diffamation, on ne pourra malheureusement jamais empêcher soit la malhonnêteté intellectuelle et la mauvaise foi soit la bêtise crasse et la débilité argumentative. Là où cela devient un peu plus irritant, c'est lorsque quelqu'un, qui – *a priori* – serait plutôt quelqu'un d'intéressé par une démarche zététique, ne cherche absolument pas à se renseigner directement et objectivement mais assène des contre-vérités, des mensonges, pour peut-être tenter de les transformer en paroles d'évangiles pour ses lecteurs ou auditeurs potentiels. L'égo de certains frise parfois la boursouflure…

En ce qui concerne les procès, intentés par une « médium/voyante » ardéchoise dont je tais le nom car elle est très procédurière, le « magnétiseur » Jean-Claude Pinoteau et le parapsychologue Yves Lignon, ils ont été une perte de temps incroyable et également une perte d'argent bien qu'au final la justice nous ait donné raison et que, dans les trois cas, ce sont les *demandeurs* qui ont été déboutés et explicitement *condamnés*, ce que les quelques médias ou sites d'information intéressés ont curieusement très souvent oublié de préciser.

Peux-tu rappeler les objets du litige ?

Commençons par la « médium/voyante » (que je désignerai ici par S) dont la candidature est enregistrée le 19 octobre 2000. S nous dit qu'elle participe au défi mais nous écrit : *« Je me trouve face à un problème indépendant de ma volonté. En effet je suis agoraphobe. Je ne peux sortir de chez moi pour participer au défi »*. Je lui réponds qu'il n'y a aucun problème et qu'il suffit qu'elle nous fasse une proposition d'action à distance, une expérience menée depuis chez elle. Nous ne recevons aucune proposition, aucune revendication de quelque phénomène que ce soit et, après plus d'un an d'attente, nous avons mis en ligne (dans la partie « Candidatures » du Prix-Défi[124]) que S, agoraphobe et ne pouvant sortir de chez elle, ne nous ayant fait aucune proposition d'action à distance, le dossier était donc clos.

Le temps passe et S nous assigne au tribunal en octobre... 2004. Au motif de la révélation au public *« d'éléments*

---

[124] Les candidatures, sous forme d'extraits, étaient indiquées dans cette partie qui donnait explicitement les noms, prénoms et communes d'habitation des candidats. C'est suite à ce procès intenté par S que le directeur de la Faculté des Sciences de Nice m'a demandé d'anonymiser toutes les candidatures affichées en mettant uniquement leurs initiales et de n'indiquer également que le pays d'origine, sans autre précision de région ou de commune.

appartenant à l'intimité de sa vie privée », elle demande… un total de plus de 40.000 € de dommages et intérêts !

Alors que c'est elle qui nous a « révélé » qu'elle était agoraphobe et qu'elle n'a *jamais* demandé l'anonymat comme cela était parfaitement faisable et explicitement stipulé dans la Déclaration du Prix-Défi dans son article 10. La démarche semble ainsi apparaître plutôt comme une démarche visant, de manière sournoise, à soutirer de l'argent.

En décembre 2005, le tribunal constate que « *les mentions du site ne sont en rien erronées ou malveillantes mais correspondent à la réalité et qu'aucun préjudice n'est établi ainsi que le démontre le temps écoulé entre la publication litigieuse et l'introduction de la présente action* », se déclare incompétent, renvoie la médium à mieux se pourvoir et la condamne aux dépens de l'instance.

Mais que de temps perdu !

M. Jean-Claude Pinoteau se présentant comme « magnétiseur » a candidaté au Prix-Défi Zététique et sa candidature a été enregistrée tout à fait normalement le 12 septembre 2001. Il prétendait « *produire une action mécanique sur la matière uniquement par imposition des mains et sans qu'aucune loi de la physique ne l'explique* ».

Alors qu'avant toute expérience que ce soit, sur quelque domaine que ce soit, un accord écrit entre les deux parties était bien sûr obligatoire, comme indiqué explicitement dans la Déclaration du Prix, Monsieur Pinoteau a décidé de s'affranchir de cette étape matérielle et a pensé pouvoir trouver une faille juridique pour nous attaquer. Et c'est ainsi que, alors qu'il n'y avait *jamais eu le moindre accord écrit sur une procédure* ni *a fortiori* jamais eu le moindre test effectué dans le cadre d'un protocole à définir précisément, Jean-Claude Pinoteau a... revendiqué le montant du Prix-Défi ! Et, à cet effet, il a assigné en justice en juillet 2003

les trois organisateurs du Défi, à savoir moi-même accompagné de Gérard Majax et Jacques Theodor.
Afin de bien comprendre l'esprit de la démarche d'un individu dont l'égo le faisait souvent intervenir sur le réseau sous un pseudo aussi révélateur que « Nietsnie » (...lisez à l'envers), voici ce que Monsieur Pinoteau déclarait explicitement sur Internet :

« Il fallait un emmerdeur comme moi, à l'esprit acéré et universel, pour comprendre que le 'défi zététique' était surtout un challenge juridique et non scientifique. »

Ou encore, selon ses propres termes fort polis :

« je les baise juridiquement ».

Pour ce « magnétiseur » se pensant certainement très doué et ultra-compétent juridiquement et pensant ainsi encaisser habilement les 200.000 € grâce à son *« esprit acéré et universel »*, voici la synthèse du déroulement de ses actions en justice :

- Le procès au Tribunal de Grande Instance de Paris a été perdu en mars 2006 par Jean-Claude Pinoteau qui a été débouté de ses demandes et condamné à payer des dommages et intérêts de 5.000 € à chacun des défendeurs ainsi que 1500 € au titre des frais irrépétibles et condamné également aux entiers dépens.

- Jean-Claude Pinoteau a fait appel de cette décision de justice. Et le procès en appel a également été perdu par le « magnétiseur ». Le jugement de la Cour d'Appel de Paris a été rendu par la 25ème chambre, et dans son Arrêt du 2 avril 2008, cette Cour d'Appel a pleinement confirmé le jugement du Tribunal de Grande Instance de Paris de 2006, allant jusqu'à augmenter le montant des dommages et intérêts que devait payer M. Jean-Claude Pinoteau en le portant à 10.000 € (+ 3.500 € au titre de l'article 700) pour chacun des trois défendeurs. Et le « magnétiseur » a été également condamné à payer les dépens de première instance et d'appel.

- La Cour de Cassation vers laquelle s'est ensuite tourné monsieur Pinoteau a statué le 28 octobre 2009 : elle a déclaré non admis le pourvoi et a condamné M. Pinoteau à payer à MM. Broch et Theodor la somme totale de 2.500 euros et l'a condamné également aux dépens.

En résumé[125] : les demandes de ce « magnétiseur » vis-à-vis des organisateurs du Prix-Défi Zététique international, ont donc été entièrement rejetées par la justice française. Et pour son action *explicitement démontrée de mauvaise foi* ainsi que pour *l'atteinte portée à la réputation des organisateurs* du Prix-Défi, la Justice Française a donc condamné M. Jean-Claude Pinoteau à payer une somme totale de 43.000 euros.

Pour info : il faut remarquer que la saga Pinoteau à elle seule a duré de 2001 à 2013, c'est-à-dire *treize longues années* pendant lesquelles il a fallu qu'entre deux choses je fasse des paperasses pour le procès, puis l'appel, puis la Cassation (décision finale en 2009) puis durant les longues procédures pour (essayer de) faire ensuite exécuter les arrêts de la Cour. Autant de temps qui aurait pu être beaucoup mieux utilisé…

L'enfer.

Le parapsychologue Yves Lignon, quant à lui, nous[126] a attaqués pour se plaindre de ce qui avait été indiqué dans

---

125 http://sites.unice.fr/site/broch/articles/Condamnation_magnetiseur_Jean-Claude_Pinoteau.html
126 Le « nous » représente Georges Charpak et moi-même, co-auteurs de « *Devenez sorciers, devenez savants* » l'ouvrage dans lequel figure le chapitre attaqué, et la maison d'édition *Odile Jacob* dans un cas et la maison d'édition France Loisirs dans l'autre.

l'ouvrage « *Devenez sorciers, devenez savants* » à propos de ses dires et écrits dans un chapitre consacré au sarcophage d'Arles-sur-Tech.

Nous avions démontré dans ce chapitre, consacré au sarcophage qui est censé se remplir d'eau mystérieusement sinon miraculeusement, deux points essentiels que je résume ici.

Nous avons expliqué que, contrairement à ce qu'affirmait Yves Lignon, le sarcophage n'était pas à l'abri de la pluie et que le calcul statistique, pourtant simple à faire, effectué par Yves Lignon était tout simplement faux, et démontrait même une méconnaissance des statistiques élémentaires.

Le détail du « mystère » du sarcophage d'Arles-sur-Tech et les interventions du parapsychologue, sont donnés dans quatre articles que j'ai écrits et mis à disposition en ligne[127].

Dans le procès[128] intenté par Y. Lignon et qu'il a perdu (il a été condamné dans les deux instances[129]) il y a eu tout de même lors de l'audience des moments savoureux comme lorsque le professeur Jean-Pierre Kahane, mathématicien, a explicité que Monsieur Lignon n'était *ni* un mathématicien *ni* un statisticien, et que les interrogations qu'il avait faites – encore une la veille de l'audition de son témoignage –

---

[127] Voici les liens pour ces quatre articles de Henri Broch : n°1 « *Le mystère du sarcophage d'Arles-sur-Tech ou... L'eau culte* »
http://sites.unice.fr/site/broch/articles/sarcophage.html

n°2 « *Des allégations de parapsyphiles concernant le mystère de la sainte Tombe* »
http://sites.unice.fr/site/broch/articles/sarco_allegations.html

n°3 « *De Theodosia à Trans-en-Provence* »
http://sites.unice.fr/site/broch/articles/puits_aerien.html

n°4 « *Sainte Tombe : origine de l'eau céleste confirmée* »
http://sites.unice.fr/site/broch/articles/sarco_condensation.pdf

[128] En fait <u>les</u> procès, car Y. Lignon nous a attaqués deux fois. En effet, s'apercevant qu'il avait « mal » attaqué dans une première formulation visant « *Devenez sorciers, devenez savants* » aux éditions *Odile Jacob*, il a tenté une deuxième formulation visant le même ouvrage dans la reprise par les éditions *France Loisirs*.

[129] *Cf.* la note précédente pour les deux instances.

dans des bases de données contenant plus de 400.000 auteurs mathématiciens et statisticiens, n'avaient rien donné : Lignon est *totalement inconnu* au bataillon et a zéro publication scientifique.

Et J-P. Kahane, mathématicien membre éminent de l'Académie des Sciences, a également indiqué que les calculs statistiques de Y. Lignon étaient « *piteux* » et que lui, Kahane, aurait mis au terme statisticien... « des *doubles* guillemets »[130].

Il y eut un autre moment savoureux, lorsque, en réponse à Yves Lignon qui se plaignait que nous avions *ruiné sa réputation scientifique*, j'ai expliqué avec mon collègue Georges Charpak devant la cour que l'on ne pouvait pas ruiner... quelque chose qui n'existe pas !

Je reconnais bien là ton style.

En résumé, Yves Lignon demandait dans le premier procès 1 € symbolique à titre de dommages et intérêts et la publication du jugement à venir, puis se ravisant il demandait, dans le deuxième procès, 50.000 € de dommages et intérêts + publications + 5.000 € au titre de l'article 700 du nouveau Code de procédure civile.

Pour faire bref, les demandes d'Yves Lignon vis-à-vis de Georges Charpak, moi-même et des éditeurs de l'ouvrage « *Devenez sorciers, devenez savants* », ont été **entièrement rejetées** par la justice française et le Tribunal de Grande Instance de Paris a... **condamné Yves Lignon** à payer 3.000 € aux défendeurs et l'a également **condamné aux entiers dépens** des deux instances[131]

---

[130] En référence au fait que dans le texte de « *Devenez sorciers, devenez savants* », nous avions mis des guillemets au qualificatif « statisticien » pour Yves Lignon.

Mais, au-delà du souvenir du sympathique moment de détente concernant la soi-disant ruine d'une réputation scientifique, je crois utile de donner une information très peu connue et qui a été peut-être négligée, et donc d'attirer l'attention de tous les collègues zététiciens sur un passage, certes un peu long, mais qu'il faut lire lentement, du jugement rendu lors de ce procès.

Ce passage est, à mon avis, fondamental car il pourrait **faire jurisprudence** et nous aider – nous « défendre » ? – dans notre action pour la diffusion, via livres, articles ou vidéos, d'une information zététique sur des phénomènes dits paranormaux ou tout autre mystère de quelque acabit que ce soit.

Jugement rendu le 16 février 2005 par le Tribunal de Grande Instance de Paris (17ème Chambre) dans l'affaire Yves Lignon *vs.* Henri Broch, Georges Charpak et les éditions *France Loisirs* pour « *Devenez sorciers, devenez savants* ». Minute 2.

---

131 Si vous désirez avoir plus d'informations sur ces deux procès que nous a intentés Yves Lignon, voici les textes suivants ainsi que l'intégralité des minutes de ces procès disponibles aux liens indiqués ci-dessous :
http://www.pseudo-sciences.org/spip.php?article376 (Lignon contre Charpak et Broch, compte rendu de l'audience et extraits du jugement)
http://deonto-ethics.org/resources/imposteurs/zetetiko/lignon-charpak-broch.html (Audience du TGI de Paris, mercredi 12 janvier 2005, affaire Lignon/Charpak-Broch)
http://deonto-ethics.org/resources/imposteurs/zetetiko/lignon-suite.html (Lignon/Charpak-Broch... suite)
http://sites.unice.fr/site/broch/articles/Condamnation_parapsychologue_Yves_LIgnon.html (résumé)
Et les minutes complètes sont disponibles à :
http://sites.unice.fr/site/broch/articles/images_articles/Jugement%20Lignon-O.%20Jacob%20Sans%20adresses%20perso.pdf (minute pour le procès / éditions Odile Jacob)
http://sites.unice.fr/site/broch/articles/images_articles/Jugement%20Lignon-France%20Loisirs%20Sans%20adresses%20perso.pdf (minute pour le procès / éditions France Loisirs).

Dans ce jugement par lequel Yves Lignon, le demandeur, a été condamné (dans la minute 1, c'est-à-dire Yves Lignon *vs.* HB, GC et éditions *Odile Jacob*, Yves Lignon a également été condamné) on trouve en page 8 le passage suivant :

> « *Dans de telles conditions, et s'agissant du point central d'un débat qui a pris des allures de polémique publique à laquelle le demandeur s'est incontestablement prêté,* **les auteurs d'un ouvrage de vulgarisation scientifique, qui souhaitent dénoncer,** *dans un style enlevé et volontairement critique, propre aux livres d'opinion,* **l'imposture** *qui consiste, selon eux, à faire relever d'une simple controverse scientifique qui opposerait les tenants d'hypothèses distinctes mais auxquelles s'attacherait une égale crédibilité, des faits que seule une présentation inexacte ou erronée rattacherait à de supposés mystères ou à des phénomènes paranormaux,* **ne sauraient être astreints, dès lors que le débat est manifestement légitime et l'enquête sérieuse, à aucune obligation de prudence dans l'expression de leur pensée** *autre que celle que dicte l'absence de dénaturation des propos de leurs contradicteur et d'animosité personnelle à son égard.* » [les gras sont de moi, HB].

En termes raccourcis : lors d'une enquête sérieuse, évitant toute dénaturation de propos ou animosité personnelle, les auteurs d'un ouvrage de vulgarisation scientifique désirant dénoncer une imposture ne sont astreints à aucune obligation de prudence – de retenue en quelque sorte – dans l'expression de leur pensée.
C'est selon moi un point juridique vraiment important à retenir.

Merci de nous avoir offert une telle jurisprudence. Il est assez probable qu'on s'en serve un jour, pour éventer des messies qui se prennent pour des lanternes.

Il me reste plein de questions en vrac.
Je commence par celle-ci : même si je continue à lire SPS, *Science et pseudosciences*, **la revue de l'AFIS et à y contribuer de temps à autre (c'est rare), je ne me retrouve pas dans cette littérature très technophile, parfois « technolâtre ».**
Et toi ?

Je n'ai pas à me « retrouver » dans un texte que je lis. Je recherche de l'information et lorsque je lis un article de SPS – « technophile » ou pas – je sais que, derrière, avant la publication, les choses ont été appréciées, relues, pesées et référencées et j'accorde donc plus facilement crédit à un article de SPS qu'à un article dans une autre revue dite « scientifique ».

Si je devais attendre d'être d'accord avec tout ce que contient une revue avant de publier dedans, je n'écrirais même pas dans la célébrissime *Nature*, qui a publié Targ et Puthoff sur Uri Geller, ou Benveniste et douze autres signataires sur la « mémoire de l'eau »…

Tu fais référence au très douteux article de Russell Targ & Harold Puthoff, *Information transmission under conditions of sensory shielding*, **sur la vision à distance, publié en 1974[132] et à celui, devenu un TP classique de zététique, Davenas & al,** *Human basophil degranulation*

---
132 Russell Targ, Harold Puthoff. *Information transmission under conditions of sensory shielding*, Nature, vol. 251, pp. 602-607.
http://www.nature.com/nature/journal/v251/n5476/abs/251602a0.html

triggered by very dilute antiserum against IgE, publié en 1988[133].

Tu es la première personne que j'ai rencontrée à me parler clairement de l'espéranto. Es-tu espérantiste ? Fais-tu un lien avec la démarche zététique ?

Je ne suis pas espérantiste car je ne pratique pas l'espéranto contrairement à mon ami Jean-Pierre Cavelan – Yanpetro Kavlan (... ça y est, vous commencez à intégrer l'une des bases de l'espéranto). Je n'ai que quelques notions et il faudrait vraiment que je m'y mette un jour ou l'autre... Tiens, voici un regret explicitement formulé ! Je trouve l'idée de cette langue universelle vraiment magnifique et généreuse et elle mérite à mon avis d'être soutenue. Mais ce qu'il faudrait, c'est que des gouvernements la prennent en charge et permettent ainsi aux écoles de leur pays d'initier les jeunes enfants à cette langue qui, comme son nom l'indique, est porteuse d'un véritable espoir pour le rapprochement des peuples de la planète.

De ce que j'ai lu, l'espéranto a été semble-t-il soigneusement saboté, dans la crainte du projet annoncé par le fondateur Louis-Lazare Zamenhof en 1887 que cette langue devienne un outil permettant une Internationale des travailleurs.

As-tu des regrets ? Des choses que tu as faites que tu regrettes, ou des choses que tu n'as pas faites, à tort

Même *a posteriori*, je ne vois pas beaucoup de choses sur lesquelles je pourrais avoir des regrets (à part l'espéranto ?).

---
[133] E. Davenas, F. Beauvais, J. Amara, M. Oberbaum, B. Robinzon, A. Miadonnai, A. Tedeschi, B. Pomeranz, P. Fortner, P. Belon, J. Sainte-Laudy, B. Poitevin, J. Benveniste, *Human basophil degranulation triggered by very dilute antiserum against IgE*, Nature 333, 816-818 (30 Juin 1988)..

Il faudrait que j'y réfléchisse un peu plus longuement. Je regrette surtout l'inélasticité temporelle et le fait également que la vitesse d'écoulement de ce temps soit beaucoup trop rapide à mon goût. On vieillit beaucoup trop vite ! Quand on est plutôt de tempérament stressé, cherchant lorsque l'on travaille sur une thématique donnée moult détails, avec exactitude et précision dans tous les recoins, on y passe malheureusement beaucoup de temps – peut-être beaucoup trop ?... voici un potentiel regret – et on ne peut donc se concentrer sur une autre thématique qui aurait été certainement également très intéressante à aborder. D'où l'idée, en créant la collection Zététique puis la maison d'édition *Book-e-Book*, de donner à d'autres personnes la possibilité de faire connaître leurs travaux et recherches.

Comment choisis-tu tes interventions médiatiques ?

On ne peut pas dire que je *choisisse* mes interventions médiatiques. Ou alors il s'agit d'un choix par défaut, c'est-à-dire en sélectionnant parmi les seules qui me sont présentées ou offertes. Mais la différence avec quelques interventions anciennes que j'ai faites, c'est qu'actuellement il n'existe quasiment plus d'émissions *en direct*. Je parle d'émissions *réellement* en direct et non pas d'émissions *présentées* comme étant du direct mais étant en fait « enregistrées dans les conditions du direct » et diffusées plus tard avec de potentielles coupures. J'ai ainsi participé à des émissions dont l'enregistrement dans les conditions du direct durait presque quatre heures mais dont seulement une heure et demie ou deux heures étaient diffusées et, avec cette « césure », on perdait ainsi une explication, une démonstration, une expérience probante, qui pourtant avait été réalisée en direct et *démontrait* par exemple la vacuité des allégations d'un parapsychologue...

Et certains de conclure ainsi – comme dans un *Débat immobile* – que ce genre de confrontations n'avait pas d'issue et était donc quasiment inutile. On est obligé de se pincer plusieurs fois devant la publication et la diffusion d'un tel « constat », basé entièrement sur une prémisse aussi fausse que de supposer que *tout* a bien été montré de ce qui a été effectivement dit ou fait sur le plateau de télévision. Et de mettre ainsi la faute principale là où elle n'est pas, épargnant curieusement au passage le média – ses dirigeants bien sûr – pourtant responsable...

***Débat immobile*, tu fais référence au livre de la professeure des universités en sciences du langage Marianne Doury, « *Le débat immobile : l'argumentation dans le débat médiatique sur les parasciences* », paru en 1997 aux éditions Kimé.**

Oui. Et ce que maintenant je refuse essentiellement dans les interventions, c'est de me retrouver en débat ou en tête-à-tête avec un parapsychologue *ou* un astrologue *ou* un médium *ou* un sujet-psi *ou*...
Ce que j'accepte volontiers par contre, c'est de me retrouver en débat avec un parapsychologue + un astrologue + un médium + un sujet-psi +... ou, bien sûr, face *simultanément* à *une dizaine* d'astrologues ou une dizaine de parapsychologues ou une cohorte de...

Mettre à égalité – un pour un – un parapsychologue béat qui peut asséner des absurdités à la vitesse d'une mitrailleuse et quelqu'un – scientifique ou non – qui a « bossé » sur le sujet pendant des mois ou des années et qui va chercher à expliquer calmement, me semble la chose à éviter.
Car ce qui ressort en fait dans ce dernier cas au niveau du public, c'est que les deux discours se valent « finalement » et un automatique « effet Bof ? » intervenant alors, le

parapsychologue est ainsi crédibilisé par son soi-disant débat avec « l'opposant ».

C'est marrant, au moment de clore ces lignes (mars 2023), un journaliste d'une célèbre radio n'a pas bien pris que je lui dise cela – je devais, comme si souvent, me retrouver face à une astrologue[134]. C'est la fameuse « loi » du programmeur Alberto Brandolini, ou principe d'asymétrie des baratins : « la quantité d'énergie nécessaire pour réfuter des idioties est supérieure d'un ordre de grandeur à celle nécessaire pour les produire ». D'ailleurs, c'est le même genre d'erreur qu'on retrouve souvent : mettre en face les rapporteurs du GIEC et un négateur du réchauffement climatique d'origine anthropique, ou un géologue qui incarne 3000 ans de savoir et un défenseur de la Terre plate, ou en expansion...

Il est à mon avis plus porteur et efficace d'intervenir, lorsque cela est *possible*, ce qui est fort rare je l'avoue, au niveau du média et au moment de la *conception* du programme ou du documentaire.

Un exemple : pour le documentaire, à voir et à revoir, « *Capricorne ascendant Sceptique* » (*DreamWay* productions) diffusé au départ sur *Planète Future* en novembre 2002 et diffusé ensuite sur quelques autres chaînes, il a été plus utile pour le physicien et zététicien que je suis d'intervenir au moment de la conception d'une expérience de démonstration des soi-disant pouvoirs de voyance de Maud Kristen avec son parapsychologue favori, le (non) « professeur » Lignon.

---

134 J'ai raconté ça ici : « *Grand bien vous fasse* » ? *Boooaf*, https://www.monvoisin.xyz/grand-bien-vous-fasse-boooaf/

Au passage : malgré tous mes efforts, j'ai moi-même parfois été présenté à tort dans les médias comme « professeur », titre universitaire que je n'ai pas, simplement parce que je « professe ».

Il n'y a pas vraiment de problème dans ce cas de figure. Cela nous est arrivé à toutes et tous d'être quelquefois, malgré nos efforts, présenté sous une étiquette qui n'est pas la nôtre. Mais il y a une très grosse différence, un véritable fossé, entre des journalistes ou des médias qui te présentent sous un titre ou une fonction que tu n'as pas et par exemple un livre que tu publies et sur la 4ème de couverture duquel tu te présenterais avec des fonctions et/ou des titres qui ne sont pas les tiens. Eh bien ce fossé, Yves Lignon l'a franchi par exemple avec son livre « *Quand la science rencontre l'étrange* », chez Belfond 1994, où on lit textuellement en couverture *« Mathématicien, professeur à l'Université de Toulouse, Yves Lignon a fondé... »*. Pour quelqu'un qui n'est ni l'un ni l'autre, c'est assez fort non ?

Ca me rappelle quand les frères Bogdanoff (qui signent leurs livres avec l'orthographe Bogdanov depuis 1990) se présentaient docteurs en science sur la quatrième de couverture de leur livre « *Dieu et la science* », chez Grasset & Fasquelle, avec l'académicien Jean Guitton en 1991.

J'en reviens au documentaire *« Capricorne ascendant sceptique »*.

Oui, avec Maud Kristen, donc, voyante et « sujet psi », qui a bénéficié dans les années 90 d'une forte médiatisation depuis son passage à l'émission *Les Dossiers de l'écran* d'Armand Jammot, puis du fait de « démonstrations » publiques de précognition et

d'expériences en parapsychologie, parfois en lien avec l'IMI dont nous avons parlé.
Elle court alors les émissions télévisées, comme *Mystères, Normal /Paranormal* ou *Enquêtes extraordinaires*, et fait l'objet d'un documentaire très discutable de 2003 réalisé par Marie-Monique Robin « *Le sixième sens, science et paranormal* ».

Avec mon protocole très simple mais difficilement trucable (s'il est correctement suivi bien sûr[135]), l'expérience devient alors vraiment concluante et on a ainsi pu voir Maud Kristen, chez elle, tranquillement installée et sans aucune onde nocive de vilains scientifiques autour, devant simplement trouver le contenu d'enveloppes fermées dont la liste des photos possibles cachées à l'intérieur lui était fournie dès le début, se trouver totalement déconfite par son résultat puisqu'elle a obtenu... 0/10 !
Et le documentaire nous la montre alors ouvrant grand les yeux comme une personne sincère et de bonne foi croyant réellement avoir des pouvoirs de voyance, mais venant peut-être de découvrir qu'elle était très loin d'avoir de tels pouvoirs, tout au moins en cette drôle de journée.

Ce qui n'empêche pourtant pas le parapsychologue Lignon de faire alors étalage de toute sa science et, après l'annonce du résultat de 0/10 et de l'étonnement apparemment sincère de la voyante, de faire le constat qu'il y avait devant Maud Kristen 10 enveloppes dont chacune contenait une photo

---

[135] Diverses « petites » choses sont à respecter comme : ne pas donner bien sûr le résultat à chaque tirage mais attendre la fin complète de l'expérience (ici les dix actes de voyance) ; la personne détenant les enveloppes ne doit pas connaître le contenu (le codage doit se faire avant le début de l'expérience et hors de la présence de ce « contrôleur ») ; à chaque tirage (aléatoire) d'une enveloppe contenant une photographie, cette enveloppe déjà fermée et cachetée doit être placée à l'intérieur d'une autre enveloppe – neuve – afin d'éviter toute reconnaissance d'un marquage possible sur l'enveloppe externe...

dont elle avait parlé « *à un moment ou à un autre* » (...mais jamais au *bon* moment, je vous rappelle).
Et de s'écrier – sans même se rendre compte du ridicule total de son affirmation, puisque la liste complète des photos était fournie et donnée à la voyante avant même le début de l'expérience – que : « *Eh bien, cela fait 10 succès* » !!!!!!
(oui, oui, c'est bien ce qu'il a dit et qui a été enregistré).

Je suis donc heureux de constater que mon protocole fort simple a fait un coup double non prévu :
1) démonstration de la non-existence ce jour-là d'un quelconque don de voyance de la part de la célèbre Maud Kristen, et…
2) démonstration de l'incompétence totale ou de la mauvaise foi du parapsychologue de service qui, sans hésiter, peut proférer de telles absurdités.

Donc je pense sincèrement qu'il s'agit de ma part dans ce documentaire d'une intervention certes anonyme mais diantrement plus efficace que si j'avais, face caméra, fait un commentaire sur quelques expériences de parapsychologie...

Donc travailler si possible en amont avec les réalisateurs.

Je reviens un peu sur ta question sur les regrets et sur l'inélasticité temporelle dont j'ai parlé car je pense qu'il y a peut-être un point important à souligner dans ce domaine : lorsque l'on suppose *a priori* que correspondre avec des tenants des pseudo-sciences pourrait les inciter, ou inciter les deux bords si l'on est plus « ouvert », à une réflexion critique qui justifierait ainsi le temps passé à argumenter précisément, il n'est pas sûr que notre supposition soit correcte.

Concernant la célèbre fraude de Walter J. Levy, par exemple, voici l'extrait d'un texte « signé » le 2 juillet 2008 par un soi-disant groupe d'étudiants (tous *anonymes* !) de l'IMI, Institut Métapsychique International :

> *(…) Broch fait allusion à la fraude de Walter Lévy, qui fut directeur de l'Institut de Parapsychologie, et dit, entre parenthèses, que ce n'est pas Rhine qui l'a découverte. C'est exact, sauf que cette version tronquée de l'histoire laisse entendre que c'est une personne extérieure à la parapsychologie qui a mis à jour la fraude. Or, ce sont des parapsychologues, collègues de Lévy, qui ont donné l'alerte. Rhine a alors eu une attitude exemplaire en licenciant Lévy, puis en rendant immédiatement publique cette fraude, et en demandant à tous ses collaborateurs de ne plus tenir compte des études antérieures de ce chercheur.*[136]

« ... version **tronquée**... **laisse entendre**... une personne **extérieure**... Rhine ... attitude **exemplaire**... **licenciant**... rendant **immédiatement** publique... études antérieures de ce chercheur » : on croit rêver devant de telles inepties auxquelles, largement en avance de plus de vingt ans (mon don de voyance sans doute), j'ai déjà précisément et depuis fort longtemps répondu ; inepties qui traduisent pour le moins un gros défaut de recherche sérieuse d'informations d'origine et de références adéquates de la part de ce soi-disant « collectif » lié à l'IMI.

J'invite donc ces anonymes à lire, lentement et crayon à la main pour prendre des notes et bien lire les miennes, les pages de mon ouvrage « *Le Paranormal* » qui ont donné des

---

[136] https://www.pseudo-scepticisme.org/2008/07/02/scepticisme-la-force-de-lillusion-chez-lafis-et-henri-broch/

informations précises sur le cas de la fraude de Walter J. Levy, le directeur de l'Institut de parapsychologie de Durham en Caroline du Nord.

Walter J. Levy, choisi par Rhine lui-même comme son successeur à la tête du célèbre institut, était réputé dans les cercles « psi » pour ses recherches sur les pouvoirs paranormaux des animaux (à titre d'exemple, l'une d'entre elle suggérait que les embryons de poulet à l'intérieur des œufs fécondés avaient des pouvoirs de psychokinèse). Et une des premières expériences de parapsychologie de Levy à l'institut fut une tentative de refaire celles portant sur la précognition des petits rongeurs comme rapportées à l'origine par... deux Français[137].
Et ce furent ainsi cinq années de succès de Levy sur ce type d'expériences... jusqu'au 10 mai 1974 où l'un de ses assistants, Jerry Levin, remarqua quelques bizarreries dans le comportement de son directeur. Il en discuta avec son collègue James W. Davis et, après une semaine environ, ils en discutèrent tous les deux avec un troisième membre de l'équipe, Jim Kennedy. Ces trois chercheurs, auxquels on peut ici rendre hommage, soupçonneux envers la bizarre série de succès obtenus par leur directeur, décidèrent de l'observer discrètement. Alors que Levy testait l'habileté psychokinétique des rats à altérer un générateur aléatoire, ils le virent gonfler les scores obtenus par les animaux et ils

---

[137] Cette référence était la n°17 dans le chapitre de « *Le Paranormal* » consacré à cette affaire et était notée ainsi : P. Duval et E. Montredon, « *ESP experiments with mice* », *Journal of parapsychology*, vol. 32, 1968, p. 153. Les expériences citées n'ont pas, semble-t-il, été reproduites depuis. Pierre Duval est plus connu sous son vrai nom : Rémy Chauvin, le biologiste. Complément de 2022 : les recherches bibliographiques menées via les moyens existant actuellement sur le réseau donnent comme résultat pour des expériences qui auraient peut-être reproduit celles originellement de Duval et Montredon : E. Montredon et A. Robinson, « *Further precognition work with mice* », *Journal of parapsychology*, vol. 33, 1969, 162-163 ; D.B. Clemens et D.T. Phillips, « *Further studies of precognition in mice* », *Research in parapsychology*, 1979, 156.

installèrent donc, à l'insu du directeur, une batterie d'instruments en double afin d'enregistrer les scores réels. Résultat : la bande non trafiquée ne montra aucune évidence de PK et Walter J. Levy fut pris en flagrant délit de fraude le 11 juin 1974.

Preuves en main de la falsification, les trois chercheurs en parlèrent le 12 juin au couple Rhine. Joseph Banks Rhine convoqua alors Levy qui « *au bout de quelques minutes reconnut les charges qui pesaient sur lui et presque sans autre discussion offrit sa démission* » qui fut « *vu les circonstances, bien sûr, acceptée* »[138].

Le deuxième rapport[139] de Rhine publié une quinzaine de mois après le premier (curieusement le premier rapport ne rendait pas public le nom du fraudeur) montre que la fraude de Levy était bien plus étendue puisque des résultats avaient même été *entièrement inventés* !

Et Rhine souligne dans ce rapport que la découverte de la fraude du directeur Levy a soulevé une question essentielle, à savoir : « *Comment a-t-il pu sentir la nécessité de faire une telle chose après tous les succès qu'il avait eus ?* ».

Si vous avez lu un peu vite, relisez cette dernière phrase pour en apprécier toute la saveur qui vous permettra d'estimer à sa juste valeur[140] l'auréole de scientificité que les tenants du « paranormal » voudraient entretenir autour de la démarche intellectuelle de Rhine.

Donc lorsque certains (comme le biologiste Rémy Chauvin) allèguent que Levy, le directeur de ce célèbre institut de parapsychologie, s'est laissé aller à donner *un coup de pouce* qu'il ne faut pas donner, puis que Rhine s'en est

---

138 Cette référence, le premier rapport de Rhine sur cette affaire, était la n°18 dans le chapitre et notée ainsi : J.B. Rhine, « *A new case of experimenter unreliability* », ibid. [*Journal of parapsychology*], vol 38, 1974, p. 215.

139 Référence n°19 : J.B. Rhine, « *Second report on a case of experimenter fraud* », ibid. [*Journal of parapsychology*], vol 39, 1975, p. 306.

140 Référence n°20 : Lire à ce propos « *La véridique histoire du « père » de la parapsychologie* » de Michel Rouzé, dans *Science & Vie*, n°755, août 1980, p.16. Un article essentiel !

aperçu et qu'il a fait piéger Levy, qu'il a convoqué ce dernier et qu'il l'a immédiatement congédié[141], je pense que le plus simple est de les renvoyer à la lecture des rapports de Rhine lui-même, rapports prouvant que ce dernier ne s'était aperçu de *rien*, n'a *pas* fait piéger Levy, et qu'il ne l'a pas *congédié*, Levy ayant en réalité donné immédiatement sa démission après avoir reconnu la fraude.

Et, dans la foulée, après cette lecture, les « anonymes » étudiants de l'IMI pourraient peut-être corriger enfin leur texte sur la soi-disant « version tronquée de l'histoire » que j'aurais faite et me faire également parvenir une longue lettre de demandes d'excuses pour leurs erreurs probablement commises à l'insu de leur plein gré.

J'en ai un peu ras-le-bol d'être obligé sans cesse de rectifier les erreurs des tenants des parasciences et je ne réponds donc plus à de telles inepties. Je demande simplement que parle pour moi ce que j'ai écrit, et non ce que certains journaux, revues, sites, ou autres disent que j'ai écrit ou me font même dire en prétendant me citer.

Pour expliquer en partie ce ras-le-bol, je me permets d'indiquer que j'ai déjà passé beaucoup de temps – vraiment beaucoup ! – à correspondre avec diverses personnes, dont quelques parapsychologues, et que je pense maintenant que c'était peut-être en réalité une perte de temps car ces « croyants » sont quasiment « incurables ». Leur égo et l'*effet escalade d'engagement* l'emportent sur toute autre considération et cela fait qu'ils doivent être certainement incapables de se remettre en cause ou de tout simplement douter un peu.

---

141 Référence n°21 : R. Chauvin, « *L'expérimentation en parapsychologie* », dans Hans Bender & *al.*, « *La Parapsychologie devant la science* », Paris, Berg-Belibaste, 1976, p. 72.

Pour rappel : tomber dans l'effet escalade, c'est « *adhérer au comportement et non aux raisons* », donc tomber dans ce que les psychologues, depuis Barry M. Staw, de Berkeley (1976)[142], appellent une escalade d'engagement, plus rarement un *piège abscons*.

J'ai fait souventes fois de très longs courriers pour expliquer à quelque(s) parapsychologue(s) ou parapsyphile(s) de multiples choses. Tiens, rien que sur le cas emblématique de Walter J. Levy dont on vient de parler, je te livre ici des extraits d'un courrier en lettre ouverte adressée il y a presque 30 ans à Rémy Chauvin avec qui j'ai été en correspondance pendant tout de même... une dizaine d'années !

Situons.
Rémy Chauvin (1913-2009). Je l'ai rencontré en 2006 dans un festival assez consternant organisé par Jean-Yves Casgha (entre autres producteur des frères Bogdanoff, et auteur de la calamiteuse enquête sur le fantôme de Lucie au château de Vauce[143]). Si les travaux de Rémy Chauvin comme biologiste et entomologiste sont de très bonne qualité, il s'est laissé déborder par son enthousiasme pour l'étrange, de moult façons : comme membre de l'équipe journalistique de *Planète* avec les « réalistes fantastiques » Jacques Bergier, ou encore Louis Pauwels, comme fondateur du Collège invisible avec Olivier Costa de Beauregard et Jacques Vallée, ou encore comme membre d'honneur de l'Institut métapsychique international. Il a étudié de

---

142 Barry M. Staw, « *Knee deep in the big muddy: a study of escalating commitment to a chosen course in action* », Organizational Behavior and Human Performance, Volume 16, Issue 1, June 1976, pp. 27-44.
143 J-Y. Casgha, *Lucie, le fantôme du château de Veauce*, Antenne 2 Midi, 13 août 1985, archives INA
https://www.youtube.com/watch?v=wXUwprBHYYk

manière très… dilettante le paranormal, la vie après la mort, la voyance, les OVNI. Il sera président d'honneur de l'IMI. Me présentant comme ton doctorant, il a accepté de me préfacer un de ses livres en écrivant ceci : *« à Richard Monvoisin, doctorant en zététique… si tant est que la zététique existe »*. **Pour lui qui acceptait l'existence sans preuve de beaucoup de choses, c'était cocasse. Je garde précieusement cette dédicace.**

Voici la lettre.

Nice, le 19 juillet 1993
L.o.

Professeur Rémy CHAUVIN
....

Cher Collègue,

Je réponds avec retard à votre courrier mais vous savez comme moi que le temps est malheureusement une denrée fort limitée et que 24 heures pour une journée sont choses bien courtes.

Nos échanges risquent de devenir un peu à sens unique puisque je suis, une fois de plus, obligé de déplorer votre **totale mésinformation sur les problèmes élémentaires dont nous traitons par ces courriers** et je ne comprends vraiment pas comment vous pouvez "fonctionner" dans le domaine des phénomènes paranormaux en abordant les problèmes d'une manière aussi désinvolte et avec la **précision quasi nulle** qui semble caractériser vos déclarations.
Ainsi, à titre d'exemples :

----- Vous insistez sur le fait que je me *"méprends complètement sur l'attitude de Rhine"* dans le cas de la fraude Levy et vous déclarez *"j'ai compris sur quoi vous vous étiez appuyé sûrement, sur un article de Fate...."*, vous affirmez *"c'est là où vous déraillez"*,... vous prétendez que j'ai déclaré que Rhine n'avait pas *"viré"* Levy, vous vous emportez en disant *"ce qu'il a fait, nom d'un chien, je le sais tout de même, et immédiatement* [en gras dans votre texte], *je vous en donne ma parole si vous y tenez."*

Eh là, qui "déraille" en réalité ? Où avez-vous découvert tout cela ? Dans le journal de Mickey ? Dans les grandioses œuvres complètes en 12 feuillets d'un parapsychologue de service ? Sur quoi donc vous basez-vous pour asséner de telles énormités en mon nom ?
De deux choses l'une : ou vous prenez votre aimable correspondant pour un débile mental ou vous n'avez pas même lu ce que j'ai écrit sur le sujet dont nous sommes en train de discourir !

Vous écrivez *"Naturellement je suis convaincu que vous prendrez grand soin de rectifier vos allégations maintenant que vous savez qu'elles étaient fausses ? N'est-ce pas ?"*
Sachez que cela devient réellement et particulièrement agaçant après **le piteux exemple de ce que vous me faisiez déjà abusivement dire sur Glozel.**
Pour votre information défaillante, ci-joint passage de mon ouvrage "Le Paranormal" (Seuil, collection Science Ouverte, 1985, en poche 1989), pages 96 à 101 – lecture que vous auriez *dû* faire avant d'affirmer n'importe quoi me concernant – dans lequel j'ai traité clairement le problème et où, contrairement à ce que vous "avez compris", les références explicitement citées et données sont celles de...
Rhine lui-même dans le J. Parapsy. !!

Après vos excuses sur le cas Glozel, je suis naturellement convaincu que vous prendrez grand soin de rectifier vos allégations fausses me concernant pour le cas Levy/Rhine et que vous aurez à cœur de me faire parvenir des excuses pour la manière pour le moins cavalière et discourtoise dont vous vous êtes conduit en cette affaire.

Mais **cette conduite ne grandit pas votre crédibilité**.

----- Vous m'écrivez de même : *"Encore un mot : le très sérieux périodique Behaviour and Brain Research a consacré un épais numéro aux amis et aux ennemis de la parapsychologie sur le plan scientifique. Je vous l'envoie si vous voulez. Mais probablement ne voudrez vous pas."*

Alors là, si vous cherchiez un effet comique, vous l'avez vraiment obtenu !

Pour ma part, je ne connais pas de "très sérieux périodique" de ce nom ; je connais par contre le très sérieux "BehavioRAL and Brain SCIENCES" que vous devez connaître aussi, je suppose... Comme je suppose qu'en bon scientifique vous aurez lu le numéro "épais", vol. 10, n°4 (celui dont vous me parlez, sans doute ?) et qu'il ne vous aura pas échappé qu'il contenait un article (un "commentary" invité) signé de... mon nom !!!

Il ne vous aura de même pas échappé que le numéro de cette revue, dont vous supposez que je ne désirerais pas l'envoi, **figure déjà en bonne place, via les excellents articles qu'il contient, dans... la bibliographie de mon ouvrage "Au Cœur de l'Extra-Ordinaire"** !

Deux lectures – le numéro de B.B.S. et mon livre – que vous avez dû faire trop rapidement, sans doute.

----- Concernant l'article de J. Sc. Expl. 1992 que vous m'avez envoyé sur les CSICOP Fellows (dont je suis fier de faire partie) et désirant me prendre à parti sur le thème de la liquéfaction du « sang » de saint Janvier à Naples et affirmant qu'une réponse de Garlaschelli *et al.* montrerait que plusieurs erreurs étaient contenues dans mon article du S.I., je suis sûr encore une fois que vous aurez su apprécier à sa juste valeur l'humour involontaire de cette "réponse" de Garlaschelli *et al.* publiée donc dans le numéro suivant du S.I.

Ces derniers affirment en effet en substance : Henri Broch se trompe lorsqu'il dit que notre hypothèse de la thixotropie pour expliquer le miracle n'est pas nouvelle ; nous sommes réellement les premiers et nul avant nous...
Affirmation on ne peut plus comique lorsque dans cette *même* revue et dans le numéro *précédant* la "réponse" de Garlaschelli *et al.* (c'est-à-dire donc dans le même numéro que celui contenant mon article !), vous n'aurez pas manqué de découvrir, comme tous les lecteurs un peu attentifs l'auront fait, un courrier d'un scientifique donnant une confirmation on ne peut plus claire de mes "allégations" par la *citation* d'un ouvrage donnant *explicitement la thixotropie* et la recette "italienne" de gels d'oxydes de fer comme explication possible au miracle de Naples.
Cet ouvrage a été – quelle horreur ! – publié en... **1949**, soit **quarante-deux ans avant les sceptiques italiens qui se prétendent les inventeurs de la chose !!!**

Contrairement à beaucoup d'autres, ce n'est pas parce qu'une publication va dans mon "sens" (ici mon scepticisme sur le miracle de Naples) que je l'accepte *ipso facto* comme valable et revue "Nature" ou pas, j'affirme clairement que la correspondance que ces "chercheurs" italiens ont adressée à la revue britannique est loin, très loin même, de faire honneur à la démarche scientifique et l'honnêteté intellectuelle qui va de pair.

Pour ma part, j'applique la Zététique tous azimuts, y compris à ce que vous supposez être mon propre "camp" (pour utiliser votre vocabulaire guerrier) et non point simplement à visée des para-sciences.

Ceci dit, encore une fois, votre envoi trahit un cruel manque de recherche d'information correcte.

Vous m'écrivez *in fine "vous mettez en cause ma rigueur scientifique. Eh oh ! de quel côté précisément est donc ce manque de rigueur ?"*
Vous conviendrez certainement avec moi que les déclarations que vous m'avez fait parvenir – et dont les exemples précédents permettent de juger sur pièces indiscutables le peu de validité pour ne pas dire la fausseté – ne changent manifestement pas le côté mis en cause et qu'elles n'ont fait, au contraire, que **confirmer malheureusement le peu de fiabilité de vos informations et votre manque de rigueur scientifique**.

(...)

En déplorant de nouveau que nos échanges soient essentiellement à sens unique – c'est-à-dire me mettent dans l'obligation de passer tout le temps que je puisse consacrer à nos contacts épistolaires à rectifier vos erreurs et vos manques d'information – je pense sincèrement qu'avant de pouvoir les approfondir et ainsi envisager – pourquoi pas ? – une démarche commune sur tel ou tel thème, il serait nécessaire que vous ayez une connaissance un peu moins superficielle du dossier "paranormal" dans son ensemble.

En ne doutant pas que vous partagiez la volonté d'approcher toujours plus la possible "vérité scientifique" sur tous ces sujets hors-normes, recevez, Cher Collègue, mes salutations les plus cordiales.

    Henri BROCH

Ça barde ! Je comprends que tu en aies plus que marre.

Juste pour enfoncer un peu le clou et pour que cela ne soit pas jugé comme une simple affirmation de ma part, voici un nouvel exemple des divers et nombreux courriers que j'ai pu faire souvent fort longs (et donc fortement chronophages) portant sur la « mémoire de l'eau » et la fameuse publication dans la revue *Nature*.

À un certain Alain Delmon[144] qui m'avait écrit après lecture de mon ouvrage *« Au Cœur de l'Extra-Ordinaire »* sur l'affaire de la mémoire de l'eau, j'avais fait un courrier en lettre ouverte qui répondait longuement en détaillant précisément tous les points sur lesquels il me posait des questions. Ou plutôt… sur lesquels il faisait des suppositions/allégations concernant mes écrits et mes positions.

---

[144] http://adelmon.free.fr/. Certains pourraient me dire qu'il est péjoratif d'écrire par exemple « *un* monsieur Alain Delmon… » ou « *un dénommé* Alain Delmon… » mais je me permets de signaler que, pour moi, ce n'est pas du tout le cas et qu'il n'y a ici aucun jugement subjectif ni rien de péjoratif car dire « un monsieur Alain Delmon… » et « monsieur Alain Delmon… » ce n'est pas la même chose. Dans le deuxième cas, cela sous-entend presque que vous connaissez déjà cette personne. Quand une personne vous contacte que vous ne connaissez pas du tout, vous ne savez même pas s'il ne s'agit pas d'un pseudo camoufleur. Donc dire « un monsieur…, un dénommé…» correspond à éviter une périphrase un peu plus longue du style « une personne se présentant comme dénommé… ».

L.o.
Nice, le 17 juin 2003

À Monsieur Alain DELMON,
(.....)

Bien que la tonalité de votre courrier électronique ne m'incite guère à vous répondre et que je n'apprécie guère vos tournures qui se voudraient, pour certaines, humoristiques (lorsque l'on veut faire de l'humour – ce que je trouve toujours sympathique – autant être sûr, avant de le coucher sur le papier, d'avoir les biscuits pour le faire…) je vous fais parvenir ces quelques lignes (non fignolées) qui fermeront le ban.

Si seulement la moitié de mes affirmations sont vraies dites-vous… mais j'ai bon espoir (pour faire moins mégalo que les mots "complète certitude" qui vous choqueraient sans doute) que la totalité le sont.
Tout d'abord sachez que l'on ne peut dans un ouvrage comme "*Au Cœur…*" (qui a déjà perdu de nombreuses pages par rapport au texte du manuscrit original car, tiré en format normal, c'est-à-dire par exemple en corps 12, ce livre représenterait un nombre de pages plus que prohibitif pour un petit éditeur) traiter chaque sujet dans tous ses aspects précis. Mais il vous aura sans doute échappé pour je ne sais quelle raison que ce livre traite aussi quelques autres sujets et que **la mémoire de l'eau n'est que l'un parmi la quinzaine ou vingtaine d'autres**.

- Le terme "dégranulation" dans le titre de l'article de Davenas *et al.* porte beaucoup plus – médiatiquement parlant – qu'un terme comme "coloration" ou "non-coloration" et c'est ce flon-flon que j'ai mis en évidence en relevant cet effet paillasson que la revue *Nature* (en fait les *referees* spécialistes du sujet) aurait dû (je ne dis pas "pu") relever immédiatement et en demander la correction (même Benveniste s'est, comme je le précise dans le texte, rabattu ensuite sur le terme nettement moins ridicule, vu le contexte histaminique et surtout la non-spécificité de son test, d' "achromasie").

Il me semblait avoir été clair : les données sur lesquelles reposent l'affaire de la mémoire de l'eau sont des données modifiées, trafiquées. S'il n'y a pas d'effet de la substance hautement diluée, il y a un effet de l'expérimentateur (ici en l'occurrence le Dr. Élisabeth Davenas) dont la présence semble curieusement nécessaire pour que les expériences fonctionnent (et, plus que l'effet de sa seule présence, c'est évidemment, pour être plus clair encore et que vous ne me lisiez point encore trop vite, les "protéines contaminantes" que l'on trouve dans les tubes après l'expérience…)

"À quoi bon ergoter sur les représentations mathématiques…" dites-vous. Mais je n'ergote pas ; vous m'avez certainement lu trop vite. Ce ne sont pas des détails ni des erreurs mais de réels prodiges ! Ce que j'explique c'est que, par exemple, des incertitudes de la table I ne peuvent EN AUCUN CAS être obtenues avec les valeurs annoncées comme résultats de manipulations.

En d'autres termes ce sont des <u>résultats bidons</u> (trafiqués ou inventés de toutes pièces)

- Concernant les Effets de manière générale, j'explique depuis leur "création" qu'on les utilise évidemment dans la vie de tous les jours et souvent de manière parfaitement justifiée pour éviter "des centaines de pages de français emberlificoté"… Il est plaisant que vous l'ayez découvert vous-même, moins plaisant que vous l'ayez nié chez les autres (un autre en tout cas) et me traitiez ainsi au passage "d'extrême"….

- Ce que j'explique pour les pourcentages est on ne peut plus justifié. Comment cela est obtenu est détaillé par exemple depuis de nombreuses années pour mes étudiants à qui je peux évidemment expliciter une plus large partie de l'ensemble des informations et je ne tiens en aucun cas cela sous le manteau (*cf.* dessin ci-dessous).

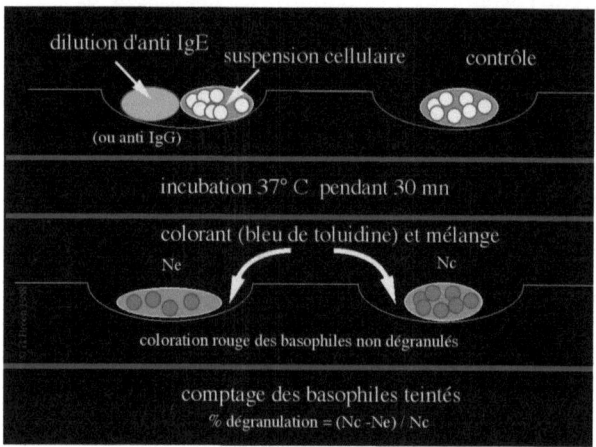

Je vous cite "… doivent tous logiquement avoir le même nombre de basophiles à epsilon près…". Logiquement oui, si un chercheur travaille correctement mais <u>pas du tout</u> dans le cas de l'équipe de Benveniste et c'est ce que j'écris (et explique) mais que vous ne semblez apparemment pas bien lire correctement (je me demande curieusement pourquoi… Un lapsus ? un acte manqué ? une validation subjective (à votre demande, je ne vous renvoie pas à d'autres de mes textes) ? une dépendance aux granules dans l'entourage proche ?, … ; les hypothèses foisonnent).
Vous supposez…"marge d'erreur de l'ordre de 1% "… Prenez les chiffres de Benveniste et ses collègues au lieu de supposer et vous verrez que ce que j'écris est juste à la

virgule près. La variation du nombre de basophiles dans le <u>témoin</u> atteint des sommets délirants. On atteint l'inimaginable et je confirme ce qui est écrit en p. 177 (de -100% à +50% pour IgG et de -100% à +10%% pour IgE) et en page 192 où vous avez le summum.

Dans l'expérience "ultra-fignolée" de Benveniste *et al.* (*cf.* mon encadré *in fine* du chapitre sur la mémoire de l'eau, chapitre que vous avez pourtant lu) ce que vous affirmez être "epsilon" représente... **93%** (variation du nombre de basophiles dans le témoin dans une même expérience !) et si l'on considère d'une expérience à l'autre le nombre de basophiles témoin (oui, oui, le simple témoin) peut varier jusqu'à **375 %**.

Et vous osez venir me parler de "epsilon" et de "marge d'erreur finalement très faible"...

- Où avez-vous lu que je cherche à prouver que la longueur d'onde est "tantôt de 4 ordres de dilution, tantôt de 8" ? Je n'ai <u>jamais</u> dit ou écrit cela.

De même, j'ai pris un exemple (et pas le plus "méchant" par rapport aux données de Benveniste et ses collaborateurs !) et vous imaginez que d'un créneau je passe à des valeurs précises. Comme gag de lecture, c'est superbe.

Avant de parler de "grave contresens" et autres fariboles, vous auriez dû prendre le temps de relire sérieusement mon texte. Il est assez comique de vous voir me faire parvenir (15 ans après le schéma ci-dessous) un dessin... avec lequel je suis en total accord puisque c'est ce que j'explique depuis fort longtemps !

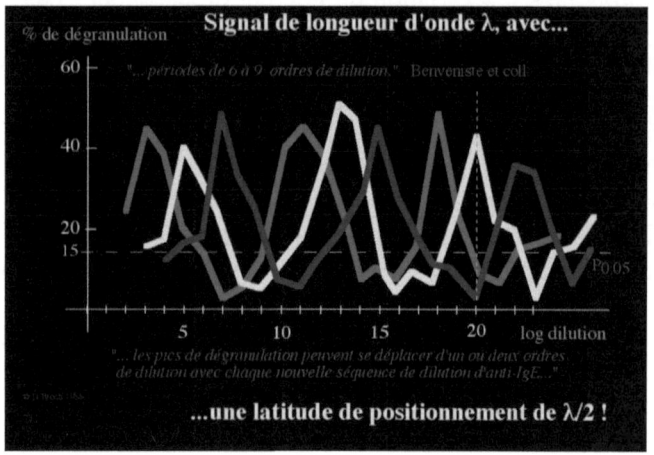

Et votre allégation me faisant dire que le "décalage des pics de dégranulation correspond à une rythmicité" (je vous cite !) est du plus bel effet comique. Je n'ai <u>jamais</u> ne serait que laissé effleurer d'un tout petit epsilon (un vrai cette fois-ci) une telle supposition. Où êtes-vous allé chercher cela ? Trop d'empressement sans doute...

Et ne me faites pas dire ce que je n'ai pas dit :
"position pas immédiatement reconnue, acceptée... pairs" : où avez-vous lu cela ?
Une attitude "J'ai raison mais personne ne veut me croire" : vous affabulez complètement et cela frise la mauvaise foi. Plus grave encore, vous inversez puisque cette phrase est celle... du Dr. Benveniste mais n'a jamais été la mienne, ni sur la forme ni sur le fond.
Ce dont je m'étonnais (ironiquement) c'est que les MÉDIAS n'aient point répercuté toute l'information. En ce qui concerne mes pairs, aucun problème et cela depuis longtemps : il vous suffit de les interroger.

Pour ce que vous dites que "l'on pourrait qualifier de «syndrome Galilée»", si l'impair n'est pas voulu j'apprécie fort que la lecture de mon texte (en tout cas au moins de la p. 185) vous ait à ce point déjà influencé…

La "prestigieuse" revue Nature… Cette revue (qui n'est <u>pas</u>, contrairement à ce que de nombreuses personnes – dont peut-être vous ? – croient, la revue d'une association de scientifiques comme le sont beaucoup de revues scientifiques reconnues) est une revue commerciale qui vit de ses ventes et j'ai déjà expliqué que, comme telle, elle cherche manifestement des scoops pour faire monter lesdites ventes et obtenir une notoriété élargie (j'ai expliqué, dans le chapitre de "Au Cœur…" qui me vaut votre courrier, qu'elle avait déjà fait exactement la même chose – avec la <u>même</u> technique de présentation ! – pour les fumeux travaux "scientifiques" de physiciens prouvant les dons de Uri Geller, le tordeur de petites cuillères…)
"Co-présenté par 13 scientifiques diplômés"… : avez-vous simplement jeté un œil sur ces fameux "diplômés" et un autre ensuite pour voir combien parmi ces 13 signataires dépendaient <u>directement</u> du financement homéopathique ?

Savez-vous que les deux (je dis bien "deux" et non "un" comme le dit en se trompant le rapport de la revue Nature) plus sérieux (…en tout cas les plus <u>diplômés</u> et les plus <u>reconnus</u> par leurs pairs pour leur <u>compétence</u> !) scientifiques de l'équipe "vérificatrice" se sont retirés des co-signataires (après la découverte de l'introduction frauduleuse de protéines dans les tubes de l'expérience que faisait le Dr. Davenas) !
Je me cite (extrait d'un texte de mars 1997) :
> "Il me paraît également vraiment pertinent de mettre l'accent sur le fait quasi complètement ignoré ou occulté que, lors des "recherches" devant donner lieu à

> la publication dans Nature du 30 juin 1988 et à la suite des essais menés par le Dr. Davenas en Israël à l'hôpital Kaplan de Rehovot, deux chercheurs israéliens se sont retirés des co-signataires possibles.
> Ces 2 chercheurs sont le Professeur <u>Z. Bentwich</u> (Institut Ruth Ben Ari d'Immunologie Clinique, Hôpital Kaplan, Rehovot, Israël) et le Professeur <u>M. Shinitzky</u> (Institut Weizmann des Sciences, Rehovot, Israël).
> Petite remarque au passage : sans être – loin s'en faut – un "fanatique" des titres et fonctions, je me permets de faire remarquer que ces deux chercheurs sont les 2 *seuls professeurs* sur les 5 personnes impliquées dans les recherches ; les 3 personnes restantes, devenues donc ensuite signataires de l'article du 30 juin 1988, sont le Dr. Oberbaum, le Dr. Robinson et Mme Amara."

Au risque de vous traumatiser profondément, je confirme : oui, c'est bien en une après-midi et une nuit entière de lecture (mais pas "instantanément" comme vous le supposez, je vous rassure) que j'ai détecté (je vous cite) la "palanquée d'erreurs grossières" dans cet article de la prestigieuse revue Nature. Et, je confirme également, sans être spécialiste du sujet…

(je ne voudrais pas trop augmenter votre traumatisme potentiel mais je vous confie un secret : j'avais déjà réussi cet "exploit" avant et je l'ai également renouvelé depuis dans trois ou quatre domaines forts différents et également hors de ma spécialité propre. Un deuxième secret pour l'explication : bosser, bosser et encore bosser)

Et pourtant, je n'ai toujours pas les chevilles qui enflent… Mais je vous remercie tout de même d'avance pour la statue (mais, svp, pas immédiatement, seulement à titre posthume).

Notez bien que, moi, concernant la publication "mémoire de l'eau", je ne soutiens pas que ce sont des "erreurs grossières" ; je dis que la manière de <u>tricher</u> est assez nulle et grossière, ce qui n'est pas la même chose.

De la même manière que je n'ai pas dit "Benveniste est naïf et incompétent" comme l'a titré un journaliste (cela je n'aurais jamais pu l'affirmer, n'ayant point les preuves le démontrant clairement) mais que j'ai dit très précisément "Benveniste est naïf et incompétent ou menteur et charlatan" (et cela, je puis par contre l'affirmer car il n'y a pas d'autres possibilités dans l'histoire qui nous occupe et nous en sommes donc réduits obligatoirement à cette alternative ; cela étant dit, je n'ai jamais affirmé que ma préférence allait au premier membre de cette alternative ni que le "ou" était exclusif).

À titre d'amusement et pour vous montrer la nullité (pardon la « débilité » – au sens étymologique – méthodologique) des "chercheurs" en question, voici (résultat entériné et publié dans le rapport d'enquête de la revue Nature, rapport dont je ne doute pas que vous ayez fait la lecture complète puisque c'est celui dont je parle dans "Au Cœur de l'Extra-Ordinaire") ci-dessous le graphe des écarts par rapport à la moyenne des différents résultats d'expériences de Davenas *et al.* si l'on considère les seules expériences en <u>double aveugle</u> (en d'autres termes moins diplomatiques, les seules expériences <u>valables</u>) : un accord quasi parfait entre les expériences et la théorie d'une répartition en gaussienne (le hasard, quoi ! Et des expériences que tout scientifique qualifie alors, à juste titre, de "saines").

Et, dans le deuxième graphe, la… plus-que-curieuse répartition lorsque l'on prend en compte <u>toutes</u> les expériences de Davenas *et al.* (même celles qui n'ont <u>pas</u> été faites en double aveugle).

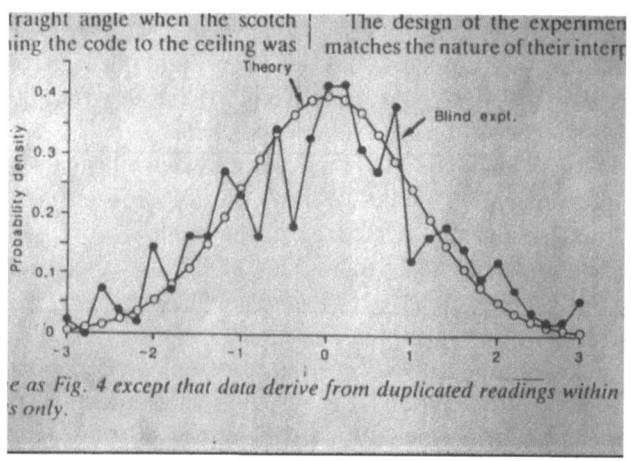

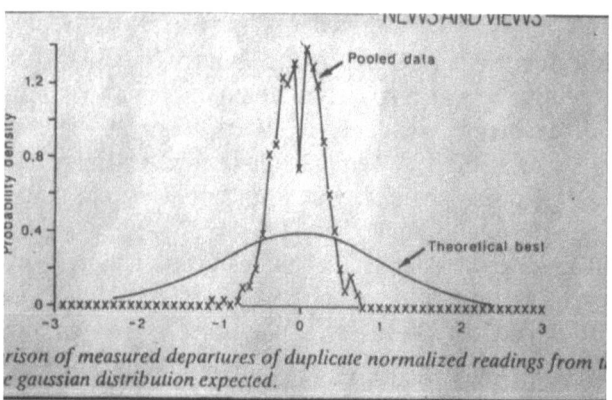

Je suis sûr que vous serez d'accord avec moi pour dire que ce graphique se passe de tout commentaire !

Juste une amusette que je n'oublie jamais, depuis 1988, de livrer lorsque je projette cette dernière courbe paranormale : le « trou » profond à la valeur pile zéro est, à mon avis, également très significatif et confirme, si besoin était, le tripatouillage des données.

[NdRichard : je l'appelle pour ma part le « trou du scrupule ».]

Il est bien connu (en tout cas des enseignants dont je suis) que lorsque des personnes truquent leurs expériences, elles inventent des valeurs proches, trop proches de la valeur "vraie" qu'elles savent devoir obtenir... mais hésitent toujours à inscrire cette valeur <u>précise</u>, oubliant que le hasard, lui, donne aussi cette valeur pile !
La bêtise, l'incompétence et la fraude de Davenas *et al.* (si ces termes sont trop forts pour vous, remplacez-les par de plus "politiquement corrects") s'étale ici de manière joliment illustrée...

Je pense avoir consacré à vos allégations suffisamment de temps et je clôture donc là mon courrier et nos échanges épistolaires.
En ne doutant pas que, pour avoir toutes les facettes de l'information et une démarche strictement rigoureuse, vous ne contactiez directement et tout aussi simplement le Dr. Benveniste (ou le Dr. Davenas ou M.... ou Mme... ou... ; ils sont tout de même 13 signataires) et que, traitant celui-ci de manière aussi peu amène que vous l'avez fait pour moi-même, il ne vous consacre bien sûr malgré son planning très chargé autant de temps et vous fasse rapidement parvenir un texte circonstancié dans lequel il démontrera sans l'ombre d'un doute que la biologie métamoléculaire est une réalité incontournable de la science transcendantale du XXIème siècle.

Après tout, c'est <u>leur</u> spécialité.

       Pr. Dr. :-)) Henri Broch

Ce monsieur Delmon annonçait le 14 juin 2003 sur son site (et affiche toujours actuellement, au 16 mars 2023), que je lui avais répondu, mais curieusement *sans* donner ma réponse, ou au moins des extraits, à lire aux internautes qui visitent son site. Il y écrivait explicitement : « *Je publierai ici prochainement mes commentaires* ».

Presque un gag digne de Philippe Geluck sachant que l'on attend toujours ses fameux commentaires depuis maintenant... vingt ans (!) car, en cliquant sur le « ici » pour avoir ses commentaires, on obtient une page vide avec comme seule indication, toujours explicitement donnée à l'heure actuelle, (les gras qui vont suivre sont de moi) : « *Merci de revenir dans quelques **jours*** ».

Une peu sympathique et peu intellectuellement honnête reprise du célèbre écriteau perpétuel du barbier « *Demain, on rase gratis* ».

En d'autres termes, une nouvelle grosse perte de temps pour moi d'avoir répondu de manière détaillée et argumentée à cette personne.

Et donc, peut-être, un regret...

Effectivement, c'est lourdingue, je te l'accorde. En tout cas, on peut dire que tu as une plume bien… trempée.

J'en viens à une question pragmatique. On dit parfois que derrière beaucoup de grands hommes (et je te range dans cette catégorie), il y a des femmes au foyer, anonymes, qui font la lessive. Quel fut le rôle de Nadine à tes côtés ? Est-ce que tes enfants ont joui/pâti de ton engagement zététique ?

Le rôle de Nadine a été absolument essentiel tout au long de ces années, et continue à l'être.

Tu ne peux te consacrer à fond à des sujets de recherche et travailler dessus pendant des heures et des heures ou des jours (et des nuits !) et des semaines que si quelque part dans ton cerveau tu sais – constat à l'appui – que ta conjointe ou ton conjoint assure un ensemble de tâches que toi justement, totalement ou partiellement, tu n'assures pas alors qu'il serait pourtant plus que légitime que tu les assures. Je m'explique : dans un couple, un mari n'a pas à « aider » son épouse... L'aider à faire la vaisselle, à la cuisine, au linge, à passer l'aspirateur, *etc.*, tout simplement parce que dans cette formulation le verbe *aider* induit ou contient l'idée que c'est le rôle (génétiquement diraient certains) dévolu uniquement à l'épouse de faire toutes ces choses. Pourtant le mari aussi mange, salit la vaisselle, le linge, a des enfants dont il faut s'occuper.

Tout cela pour dire que ce qui compte c'est le *noyau* que forme le couple et non le proton, le neutron ou l'électron libre vu, ou examiné, ou exposé séparément.

Donc, après avoir bien précisé cela pour qu'il n'y ait aucune ambiguïté dans mon propos, si je peux te donner un résumé du fonctionnement de notre couple avec une pointe d'humour pas trop forte : elle fait tout... et moi je fais le reste. Modèle archaïque, n'est-ce pas ?

Concernant nos enfants (Sylvain, Florent, Marion), c'est à eux qu'il faudrait que tu poses la question, mais je ne pense pas que mon engagement zététique ait eu une quelconque conséquence positive ou négative, sinon alors qu'ils étaient tout petits, de les avoir intéressés à la magie, au sens de l'illusionnisme bien sûr, avec des petits tours amusants non expliqués tout de suite. J'ai toujours un souvenir attendri lorsque je songe à notre premier enfant dans son petit lit s'activer à passer désespérément ses mains au-dessus de deux pots en plastique, style pots de yaourts, tournés vers le bas pour faire transiter une pièce de monnaie de l'un à l'autre comme son papa.

Plus sérieusement, mon engagement zététique a certainement fait que j'ai également passé moins de temps avec eux que ce que j'aurais pu leur consacrer. Mais je pense que cela peut être souvent le cas pour tout parent fortement impliqué dans un travail/passion et donc je ne « culpabilise » pas sur ce point, et je n'ai pas de regret. Et je suis vraiment très fier de nos trois enfants et des adultes responsables qu'ils sont devenus.

Vois-tu une évolution des sujets « étranges » sur les cinquante années écoulées ?

Non, franchement, je ne vois pas vraiment d'évolution. Il y a certes des *changements* de sujets mais qui sont à mon avis plutôt des effets de mode ou la conséquence de ce que je pourrais appeler un « temps de relaxation » que l'on pourrait estimer, à la louche, à une quinzaine ou une vingtaine d'années.

Les médias savent fort bien mettre en réserve des sujets « étranges » ou « mystérieux » utilisés, éculés, qu'ils sauront ressortir beaucoup plus tard pour en faire à nouveau la une – d'où bien sûr leur intérêt à ne *toujours pas* donner d'explication même s'ils connaissent parfois la solution dudit mystère – de leurs journaux, qu'ils soient papier ou numérique bien sûr.

Je vois bien. J'ai appelé ça « *ne pas toucher à la poule aux œufs d'or* », depuis un article pour ACRIMED où je racontais comment un journaliste du groupe de production télévisuelle *Endémol* avait sciemment refusé l'analyse scientifique que je lui livrais d'un phénomène « paranormal » : le célèbre cas d'une personne, Doris Blither, pensant avoir été paralysée et violée par des entités durant le sommeil, et dont les ressentis rapportés

ressemblent beaucoup à une certaine forme de paralysie du sommeil, dite *Old Hag Syndrom*[145].

Donc, une *évolution* des thèmes ? Non, en tous les cas certainement pas sur la *manière* dont l'approche de ces sujets peut être faite.
On pourrait résumer la situation en disant qu'en science, on ne croit pas, on raisonne, alors que pour le paranormal, la religion ou la superstition, on n'a pas besoin de raisonner puisque l'on croit. Et en conséquence l'approche des sujets « étranges » demeure souvent la même sur le fond – les « dogmes » perdurent – même si sur la forme il y a quelques changements. Je ne dis pas quelques *évolutions* car cela pourrait induire par effet impact (jouer sur le *poids*, la connotation d'un mot plutôt que sur sa réelle dénotation) l'idée d'un changement *a priori* positif.

À propos du vocable « religion », je voudrais faire remarquer qu'il comporte déjà lui aussi un petit effet impact, basé sur une connotation positive pour le contenu qu'il évoque alors que je ne suis pas sûr du tout que les religions aient pour objectif de faire un pont entre les êtres humains et servent réellement à... *relier* les Humains entre eux. Religion viendrait du latin *religare*, c'est-à-dire relier mais, il y a quelque temps maintenant, je m'étais dit qu'il serait souhaitable que je ne parle que de « ligion » parce ce n'est pas de « relier » les Humains qu'il s'agit avec les religions mais objectivement, constats à l'appui, plutôt de les « lier » ! Voici donc du latin ligare, la *ligion* catholique, la *ligion* juive, la *ligion* musulmane, la *ligion* protestante, la

---

[145] Cette affaire inspira une nouvelle à un romancier, Frank de Felitta, en 1978, puis un film au réalisateur, Sidney J. Furie, « *L'emprise* », quatre ans plus tard. Mon article s'appelait « *Paranormal, dérives sectaires : cautions médiatiques sous couvert de libre information* », *ACRIMED*, 2006 https://www.acrimed.org/Paranormal-derives-sectaires-cautions-mediatiques-sous-couvert-de-libre

ligion du Messie Cosmoplanétaire… Mais comme je n'étais pas sûr d'avoir été bien compris, j'ai décidé de déclarer forfait sur ce point.

Que prévois-tu comme enjeux majeurs sur le plan zététique pour la fin du XXIe siècle ?

Je ne prévois rien, sinon autant que je m'installe comme diseur de bonne aventure.
Boutade à part, on peut par contre essayer de voir ce que certaines études mettent en évidence et donc peuvent laisser supposer dans un futur qui s'annonce. Et celui-ci n'a pas l'air très réjouissant. À mon avis, on se dirige vers quelque chose que, pour utiliser de vieux termes peut-être un peu démodés par les temps qui courent, on pourrait définir par : les théologies réunies contre le rationalisme et l'athéisme.

Quelques données sont disponibles mais essentiellement sur les États-Unis d'Amérique, et il faudrait que l'on creuse ce sujet également dans d'autres pays dont le nôtre bien sûr. Le *Pew Research Centre*[146] dans son « *Survey on Religion* » de 2010, pour lequel 6000 personnes ont été interrogées, met en évidence une claire montée des « Nones » – c'est-à-dire, aux USA, les personnes qui ne déclarent aucune affiliation religieuse, et, simultanément, un déclin de l'auto-identification d'un individu en tant que chrétien par exemple, et cela surtout au niveau des jeunes adultes – ce qui, *a priori*, serait plutôt une bonne nouvelle vu du côté du zététicien que je suis.
Mais il faut voir également d'autres résultats. Ainsi, à la question « *Quel est le groupe sur lequel votre clergé parle le plus négativement ?* », la réponse a de quoi surprendre un peu ou beaucoup puisque ceux qui arrivent « en tête » sont… les *athées* avec 19% ! Alors que toutes les autres

---
146 https://www.pewresearch.org/

religions arrivent loin derrière avec un pourcentage *au minimum 3 fois plus petit que celui des Athées* : 6% les Musulmans, 5% les Catholiques, 3% les Évangélistes, 1% les Juifs.
En résumé, ce sont les Athées qui constituent la principale, voire essentielle cible !

Ce n'est pas pour rien qu'on appelait la militante athéiste étasunienne Madalyn Murray O'Hair la femme la plus détestée d'Amérique. Tellement honnie qu'une pétition a circulé en 1999 pour dénoncer la volonté d'O'Hair de faire annuler la série à consonance religieuse *Touched by an angel*... Alors qu'O'Hair était déjà morte (assassinée d'ailleurs) depuis quatre ans[147].

Ce qui paraît ressortir[148] ainsi à peu près clairement est une nouvelle tendance en ce XXIe siècle : le déclin des oppositions théologiques majeures, des antagonismes et haines inter-religions. Il semble que de plus en plus souvent les religions fassent profil bas entre elles et se mettent à travailler « en équipe » pour faire progresser leur agenda sociétal et lutter contre leur « ennemi » commun, les Athées et Non-croyants.

Il ne faut pas oublier que, poussée dans ses positions extrêmes, une religion (même si elle n'en a pas le privilège[149]) peut fournir une justification, un alibi, aux comportements autoritaristes, le fondamentalisme religieux étant corrélé avec des attitudes et des comportements racistes et/ou sexistes. Et comme il semble que l'absence de

---

147 L'histoire, terrible, est narrée dans le film de Tommy O'Haver, *La Femme la plus détestée d'Amérique* (*The Most Hated Woman in America*), 2017.
148 *Cf.* Barry A. Kosmin, « *Making sense of surveys on religion: contradictions and predictions* », *Free Inquiry*, février-mars 2020, p. 8.
149 Il n'y a pas que dans les religions qu'une personne puisse « s'abandonner » à un leader et prendre toutes les paroles de ce dernier comme paroles d'évangiles, justification ou alibi.

croyance (…de *leur* croyance) soit aux yeux des fondamentalistes jugée un peu comme ce que l'on pourrait appeler un « vide intérieur », *donc* la marque d'un « être inférieur », on imagine la suite possible. Un peu comme en 1209 avec la phrase que l'on prête à Arnaud Amaury ou Amalric, légat pontifical et abbé de Cîteaux, dans sa croisade contre les hérétiques cathares, les « Albigeois », et... Catholiques « normaux » : *« Tuez-les tous, Dieu reconnaîtra les siens »*[150].

Tu me fais penser à la thèse que défend l'historien libanais Georges Corm dans son livre *Pour une lecture profane des conflits : sur le « retour du religieux » dans les conflits contemporains du Moyen-Orient*[151]. Il tend à démontrer qu'il n'existe pas réellement de guerre purement religieuse à proprement parler. Les problèmes sont toujours autres, foncier, répartition des richesses, *etc*. et la religion vient servir d'instrumentalisation.

Huit siècles après cette croisade, il me semble que l'on assiste bien à l'heure actuelle à une (re)montée de la radicalité dans certaines religions, avec des formes extrêmes de violence – comprenant l'auto-violence avec le sacrifice individuel – qui n'augurent vraiment rien de bon. Et il paraît difficile pour les croyants d'ergoter sur le sujet car à mon avis la radicalité est consubstantielle de la religion et, cela, quelle que soit la religion.

Autre enjeu qui semble, en parallèle avec ce qui précède, émerger également en ce début de XXIe siècle et, lui aussi, ne rien inaugurer de bien plaisant : le crédit accordé à la science, et donc derrière cela, la confiance accordée à la démarche scientifique, est en train de fondre assez

---

150 Phrase rapportée, à peu de choses près, dans *Dialogus miraculorum* (*Le Dialogue des miracles*), de Césaire de Heisterbach (1223).
151 Paris, La Découverte, « Cahiers libres », 2012.

rapidement. Ce que l'on peut presque comprendre au vu de ce que certains *scientifiques*[152] ont pu médiatiquement montrer comme comportements et diffuser comme allégations pendant la pandémie COVID-19.

Un sondage récent, mené en France de fin octobre à fin novembre 2020 auprès de plus de 3000 personnes âgées d'au moins 18 ans et cela dans le cadre d'une enquête intégrant ce qui est désormais « *la plus longue série ininterrompue de données au monde sur l'opinion publique envers la science* », montre que les personnes considérant les effets bénéfiques de la science comme étant supérieurs à ses effets négatifs sont devenues... nettement *minoritaires*. Alors qu'en 1972, plus de 50 % des personnes interrogées pensaient que la science apporte plus de bien que de mal, elles ne sont plus... que 1 sur 4 (25%) en 2020 à avoir cette opinion[153].

Au passage, dans ce même sondage 2020, on apprend entre autres choses que les Français sont 48% à croire que la *psychanalyse* est une science, que 36 % pensent la même chose concernant la *graphologie* et que pour la *transmission de pensée*, ils sont, hommes et femmes confondus, peu mais tout de même 13 % à la prendre au sérieux et 13 % à déclarer l'avoir déjà pratiquée !

Voilà peut-être, pour répondre à ta question sur les enjeux majeurs sur le plan zététique que l'on pourrait entrevoir pour la fin du XXIe siècle, les un ou deux points qui pourront à mon avis être réellement prépondérants.

---

152 Pour le grand public, la « somme des connaissances » ou « l'institution et ses communautés » ou « les individus qui composent ces dernières » ou « la méthode d'acquisition » des connaissances, tout cela est quasi indiscernable et, vite confondu, se place alors sous le vocable « science ».

153 *Cf.* le sondage national et le rapport de recherche : Martin W. Bauer, Michel Dubois, Pauline Hervois, *« Les Français et la science 2021. Représentations sociales de la science 1972-2020 »*, Nancy, Université de Lorraine 2021.

Depuis quelques années, le nombre de gens se revendiquant de la zététique a explosé. De fait, il y a des débats qui agitent cette communauté. Parmi beaucoup de dissensions assez peu intéressantes, il y en a quelques-unes qui méritent le détour.
- Le fait que la démarche zététique puisse être récupérée par des industriels pour faire germer un doute artificiel et cultiver l'agnotologie (on en a causé plus haut, la « science de l'ignorance », discipline qui étudie les différents modes de production culturelle de l'ignorance), rendant possible le maintien de telle ou telle norme, ou au contraire la relativiser.
- Le fait que peu de cas est généralement fait des apports des sciences dites « humaines et sociales », et que si une biblio est attendue sur le « saint suaire », bien peu la font sur tel ou tel biais de raisonnement.
- Le fait qu'on accepte encore des études avec des présupposés type ethnie, race, sexe (alors que par exemple la définition du sexe est multipartite – phénotypique, gonadique, chromosomique, et pas toujours congruente pour un individu)
- L'inspiration des *New Atheists,* avec des tendances de plus en plus réactionnaires avec le temps sur les questions féministes, sur l'islam (allant jusqu'à justifier pour certains des interventions militaires clairement impérialistes).
- Le fait que la vulgarisation qui est faite de la discipline est parfois très bonne, parfois non – ce qui soulève le vieux problème de la vulgarisation dont je parle depuis des lustres : est-ce que la zététique se vulgarise réellement ? Est-ce une ascèse qui ne souffre pas d'approximation, avec la conséquence d'une démarche de niche ?

- **Le fait que l'essentiel de la zététique française s'écoute sur *YouTube* (sur un format propriétaire[154]) : c'est d'ailleurs l'un des signes de mon échec dans ma tentative avec le collectif CORTECS de rendre quasi-obligatoire des cours de zététique ou d'autodéfense intellectuelle à l'université, et *a fortiori* dans les collèges-lycées.**
- **Et autres.**

Je ne vois pas trop ce que tu voudrais que je traite ici, ni ce que moi personnellement j'aurais à dire sur des sujets un peu éloignés de mes questionnements.

Pas mal de choses n'ont rien de vraiment spécifique à la zététique et les débats qui agitent apparemment celle-ci agitent tout aussi bien d'autres « domaines ». C'est un effet des temps et des réelles questions sociétales globales qui se posent à l'heure actuelle.

Et *last but not least*, ce n'est pas parce que l'on nous demande de nous positionner sur une question qu'il faut que l'on obéisse le doigt sur la couture du pantalon et que nous le fassions. La zététique n'a pas réponse à tout, elle a même en fait réponse... à rien ; elle est simplement une méthode, *la* méthode à mon avis, qui permet d'approcher au mieux une question qui se pose.

J'entends. Mais aucun de ces points ne te fait réagir ? L'arrivée de *YouTube*, etc. ?

À la vision de ce qui s'y passe, je ne suis pas vraiment fan des réseaux et autres trucs comme *YouTube*, tout en reconnaissant qu'ils peuvent constituer des moyens importants de diffusion de la zététique. Et surtout, avec le temps... on se lasse tout de même un peu car les problèmes

---

[154] Heureusement, la plateforme de vidéos en ligne *Skeptikón*, libre, nous venge un peu.

que l'on voit peut-être « surgir » maintenant avec les réseaux, *YouTube* et consorts, étaient en fait sinon présents en tous les cas assez prévisibles, il y a déjà une trentaine d'années et relèvent à mon avis d'une problématique générale, à savoir *la fabrique de l'information*.

Je donne ci-dessous un petit extrait d'une présentation que j'ai faite en janvier 1992 au *Centre International des Communications Avancées* (CICA) à Sophia Antipolis dans le cadre d'une réunion « Multimédia » :

Un média, ça va ; le multi médias...[155]

Un exemple, parmi d'autres, pour entrer dans le domaine de la télématique, nouveau média par excellence : le service InterroSciences créé en 1988 à l'initiative du Ministère de la Recherche et de la Technologie et de la Fédération des Boutiques de Sciences et hébergé sur le 36.15 code RF (Radio France). Ce service – qui est devenu moins de deux ans plus tard totalement obsolète, abandonné et non-consulté ou pis... non-consultable ! – se voulait « la première encyclopédie télématique française » (?!). Une encyclopédie qui transmettait malheureusement, comme je l'ai déjà montré, une information quelquefois fortement délétère.

Si le problème se pose déjà sur un média de ce type et avec le couvert d'un tel patronage « M.R.T. + Boutiques de Sciences », que dire alors de ce qui pourrait passer via « un » nouveau système de diffusion-communication-information : le multimédia

---

[155] La suite de la phrase serait bien sûr « *...Bonjour les dégâts !* ». J'avais mis ce titre à l'introduction de mon intervention en clin d'œil à la publicité d'une campagne de prévention de l'alcoolisme montrant la dangerosité, entre autres, de l'alcool au volant : « *Un verre ça va, trois verres bonjour les dégâts !* ».

(qu'il me paraît préférable pour l'instant de nommer *multi-médias* tant la séparabilité des divers éléments est encore forte).

C'est pourquoi il est nécessaire de rappeler que s'il est évidemment souhaitable de discuter des « tuyaux » dans lesquels on va faire circuler l'information et de sophistiquer ceux-ci à la fois dans leur technicité et dans leur présentation, il ne faut jamais oublier qu'il est encore plus important de s'assurer de la qualité du « fluide » qui circule à l'intérieur desdits tuyaux. Faisons bien attention à ne pas confondre le contenant avec le contenu ; car si l'on pense réellement que « le médium est le message », imaginons alors la cacophonie du message lorsque ce médium (média) subit une méïose très peu contrôlée...

La fabrique de l'information est une problématique qui a accueilli quelques recherches spécifiques, je pense par exemple au désormais classique ouvrage de Edward S. Herman et Noam Chomsky *« Manufacturing Consent: The Political Economy of the Mass Media »*, chez Pantheon Books 1988, que l'on désirerait voir approfondies et généralisées à l'ensemble des domaines informationnels actuels par des spécialistes de ces sujets.

Grand classique que le Herman & Chomsky, traduit en français par Agone, « ***La Fabrication du consentement : De la propagande médiatique en démocratie*** **». Un autre problème vient du fait qu'il n'a jamais régné une telle concentration de médias en si peu de mains en France. Les spécialistes disent que 90 % du flux médiatique français appartient à 9 personnes. Cela a valu de très fortes critiques, qu'on peut aisément regarder dans ces deux documentaires incontournables que sont** *Les* *nouveaux chiens de garde*, de Gilles Balbastre et Yannick Kergoat (2012) et *Média Crash, qui a tué le débat public ?*, de Valentine Oberti & Luc Hermann (2022).

Quels sont pour toi les facettes ou effets primordiaux à maîtriser ?

Difficile de répondre à cette question car cela dépend tout de même un peu du « discours » que l'on subit, du sujet que l'on traite ou de la recherche que l'on veut entreprendre. Je dirais qu'il faut toujours avoir à l'esprit un petit ensemble de facettes et effets, même si on ne les retient que sous une forme un peu floue. L'important est de se rappeler leur existence parallèlement à se remémorer que l'on peut facilement se tromper ou être trompé. Ensuite, se reporter alors à la fiche de « recette » zététique en passant en revue facettes et effets afin de voir si nous ne serions pas effectivement dans un ou plusieurs cas d'application.
Je me permets ici de renvoyer à mes deux petits ouvrages *« L'Art du Doute ou Comment s'affranchir du prêt-à-penser »* et *« Comment déjouer les pièges de l'information ou Les règles d'or de la zététique »* qui présentent la zététique et détaillent, exemples concrets à l'appui, les Facettes, c'est-à-dire ce dont il faut se souvenir, ce qu'il faut faire, et les Effets c'est-à-dire ce qu'il faut – essayer de – détecter.

Même s'il n'y a donc pas vraiment de facette primordiale, chacune pouvant l'être tour à tour en fonction du contexte, il convient peut-être de garder en tête celle-ci ou à tout le moins de ne pas la ranger dans un coin trop perdu de nos neurones mémoriels : « *Compétitif n'est pas forcément contradictoire* ».
C'est quelque chose que l'on oublie souvent alors que nous le « vivons » pourtant particulièrement dans les moments de

période électorale où dans des débats politiques télévisés ou radiodiffusés ou dans des réunions locales, nous voyons par exemple X et Y débattre (mais on peut rajouter Z ou tout autre, le nombre ne limite pas le plaisir). Ainsi X défend apparemment sa « ligne » mais va en fait chercher à montrer que Y a tort dans ce que ce dernier affirme et défend. Et s'il prouve que Y a effectivement tort, il se tourne alors vers les caméras ou le public et son grand sourire de vainqueur venant de terrasser son adversaire laisse entendre qu'il a *donc* raison ; ou s'il est moins politiquement affûté, X s'écrie carrément que cela lui donne donc raison.

Le seul cas où cela serait effectif est pourtant bien sûr celui de deux positions strictement *contradictoires* et non le cas – classique, habituel, largement majoritaire – de positions qui sont en fait simplement *concurrentielles, compétitives*, et qui peuvent donc bien sûr, et même simultanément, être toutes les deux... fausses !

Et cette confusion compétitif/contradictoire n'est en rien réservé au domaine politique et peut se retrouver dans tous les domaines.

Une autre facette, un peu comme la précédente assez peu utilisée mais tout aussi utile, consiste à se rappeler que « *L'inexistence de la preuve n'est pas la preuve de l'inexistence* ». Je répète souvent comme exemple de cette facette que si l'on n'a strictement aucune preuve de l'existence d'une licorne, cela ne signifie nullement qu'aucune licorne n'existe cachée quelque part sur la Terre.

Mais par contre cela montre qu'il est totalement inutile – en tous les cas pour l'instant – de créer une nouvelle discipline, la licornologie.

Et je rappelle systématiquement dans la foulée une autre facette « *La non-impossibilité n'est pas un argument d'existence* » pour éviter qu'un tenant des parasciences et autres merveilles ne s'engouffre dans ce qu'il pense être une brèche et s'exclame « Vous ne pouvez pas me prouver que cela n'existe pas… *Donc* cela existe ! »

De façon générale, on dit souvent que l'on ne prouve pas une négative, et cet adage, utilisé comme raccourci choc (mais pas vraiment juste) de « *l'inexistence ne se prouve pas* », est vécu comme un avantage par exemple par/pour un croyant qui rétorque à ses opposants : « *Prouvez-moi que mon dieu n'existe pas* » ou « *Nul ne peut prouver que Dieu n'existe pas* ». Ce qui rassure peut-être ce croyant… alors qu'il s'agit en fait d'une revendication d'une absurdité totale au point de vue raisonnement car c'est bien sûr à celui qui affirme quelque chose – ici le croyant qui affirme l'existence de son dieu – de prouver son allégation et non l'inverse.

Ce qui est affirmé sans preuve peut être refusé sans preuve : ce qu'on appelle couramment le « rasoir de Hitchens », du nom du journaliste Christopher Hitchens, déjà cité à propos de Mère Teresa. Bien sûr, le corollaire est que la charge de la preuve revient à celui ou celle qui prétend, ce que Julius Paulus Prudentissimus, le juriste romain du IIIe siècle, et sûrement d'autres avant lui, avaient bien cerné[156].

On peut bien sûr – quasiment – prouver l'inexistence de choses concrètes banales. Par exemple : « *Prouvez-moi qu'il n'existe pas de vase noir et jaune en résine synthétique fait par Picasso* ». On se renseigne alors sur les diverses listes de réalisations du Maître et si une telle absence est vérifiée, on aura alors – presque – prouvé l'inexistence de cette « œuvre ».

---

156 Dans une formule célèbre : *Ei incumbit probatio qui dicit, non qui negat* (c'est à celui qui dit de prouver, pas celui qui nie).

Mais en fait, de manière générale, l'inexistence de quelque chose ne peut pas s'établir.
Elle s'évalue, se pèse, se calcule, s'estime, se jauge, s'apprécie,... Peu importe lequel de ces vocables on utilise. L'inexistence ne se prouve pas. Elle ne se décrète pas non plus, elle se suppute.

Pour dire quelques mots en réponse à ta demande concernant également les Effets, je pense aussi que les Effets ont chacun leur propre importance mais il en est peut-être un qui ressort particulièrement et que l'on pourrait presque qualifier d'effet *fondamental*. C'est celui que j'appelle « *effet Paillasson* » et qu'il est vraiment important de détecter et si possible d'entrée de jeu car si on le laisse malheureusement passer, l'expérience montre qu'il est assez difficile de le détecter ensuite.
Cet effet consiste dans le fait de désigner un objet ou une action, une chose, par un mot qui se rapporte en fait à *autre* chose, et de faire ainsi un *choix trompeur* des mots utilisés[157].
Le nom que je lui ai donné vient simplement du fait que souvent, à côté d'un paillasson et quelquefois dessus, il est écrit « *Essuyez vos pieds SVP* ». Or, que je sache, jamais personne ne s'est enlevé les chaussures et les chaussettes pour mener à bien cet essuyage.
Et c'est le fait même que nous l'utilisions systématiquement et sans aucun problème induit dans notre vie de tous les jours (...*Tu vas me faire le plaisir de finir ton assiette ! ... Si tu es d'accord on va aller boire un verre... Est-ce que tu as*

---

[157] J'indique que l'effet Paillasson est légèrement différent de ce que l'on pourrait ici appeler une *métonymie* car cette dernière présuppose qu'entre les deux termes utilisés existe nécessairement une relation. Mais mon choix de ce vocable repose essentiellement sur le constat que le terme « effet paillasson » a le très gros avantage d'être beaucoup plus facilement retenu – et le sens compris – par les étudiants, contrairement au terme métonymie, sans parler de synecdoque ou antonomase comme pourraient dire certains.

bien attrapé le bus, etc.) qui rend cet Effet terriblement efficace.

Même si l'on n'est pas dans un cas pur d'effet Paillasson, mais dans une espèce de mixture d'effet Paillasson et d'effet Impact, il me paraît utile de rapporter l'anecdote suivante. On est au Festival des Sciences de Nice en 2019 au stand du Centre d'Analyse Zététique quand une journaliste s'approche du stand et m'interroge :
- *Professeur Broch, le changement climatique, vrai ou faux ?*
- *Ne dites pas « changement climatique ».*
- *Ah, bon ???*
- *« Changement climatique » suppose qu'il n'y a ni sens, ni responsable, ni localisation. Dites « réchauffement anthropique planétaire » (RAP) car le phénomène actuel a un sens (la température monte), une origine (l'Humain) et une localisation (notre planète Terre). Alors oui le zététicien que je suis y « croit », ça chauffe et les activités humaines y sont pour quelque chose.*
Après quoi, bien sûr, je lui dis que la climatologie n'est pas mon domaine de compétence et qu'il vaut donc mieux qu'elle s'adresse à d'autres collègues dans le « village des sciences » où nous sommes, si elle désire avoir des informations pointues sur ce sujet, ce qui nous amène à discuter ensemble non plus du RAP mais de diverses autres choses.

Souvent on dit que lorsqu'on ne sait pas, il vaut mieux suspendre son jugement et ne pas donner son avis. Or même les spécialistes en savent peu tant la complexité est infinie. On le voit avec le sujet COVID-19 par exemple. Faut-il donc cesser de s'exprimer, ou s'exprimer seulement en soulignant son incertitude ?

Si l'on ne sait pas, on ne peut suspendre son jugement puisqu'il ne peut y avoir de *jugement* s'il n' y a aucune base, aussi faible soit-elle. Il semble donc légitime de ne pas s'exprimer, de ne pas donner son « avis » si l'on n'a aucune base de formation ou d'information.

Si l'on sait peu, il est alors à mon avis préférable de suspendre son jugement... jusqu'à plus ample informé. Et je rappelle que pour moi le point d'interrogation n'est pas nécessairement une marque d'ignorance, c'est plutôt une marque de sagesse.

Si l'on sait un peu ou beaucoup, mieux vaut exprimer son avis, non pas parce que cela nous donne potentiellement un statut de « spécialiste » du sujet mais parce que cet avis pourra être utile à d'autres personnes à la recherche d'informations. N'oublions pas que c'est en fait la carence d'information, ou la mauvaise information, qui rend possible la croyance et que, vis-à-vis de l'implantation d'une croyance, personne n'est immunisé, et je rappelle mon principe à la base de toute création de documentation et de diffusion d'informations : un esprit critique s'exerce à vide s'il n'est pas *suffisamment* informé et informé de façon suffisamment *objective*.

Donc, pour répondre plus précisément à la question, si l'on sait – ou l'on suppose – que l'on a une information à donner, il faut alors s'exprimer. Mais bien sûr s'exprimer ne signifie pas s'exprimer à tout bout de champ et sans aucune retenue.
Effectivement le sujet COVID a bien montré que même les spécialistes – les vrais, faut-il préciser tant les médias nous ont étalé complaisamment les dires de soi-disant spécialistes qui n'en étaient pas – en savent peu tant la complexité du problème est grande. Sans compter que lorsque l'on parle

nombres et statistiques comme dans le cas COVID, vaccins et autres dont nous parlons ici, le public ignore souvent, et certains « spécialistes » semblent parfois oublier ou en douter, que quelque chose peut être vrai partout, dans tous les sous-groupes examinés, mais être pourtant « globalement », c'est-à-dire dans le groupe au complet... faux[158] !

Le fameux paradoxe dit « de Simpson » : un phénomène observé dans plusieurs groupes peut s'inverser lorsque les groupes sont combinés.
Une anecdote : en creusant un peu, avec mon collègue Nicolas Pinsault, nous avions constaté que cet effet statistique est notoirement attribué au statisticien Edward Hugh Simpson qui l'exposa en 1951 dans son article The Interpretation of Interaction in Contingency Tables. **Pourtant, près de cinquante ans plus tôt, en 1903, George Udny Yule en faisait état**[159]. **Aussi Nicolas et moi avons conclu qu'il était légitime de parler désormais de « paradoxe de Yule-Simpson ». Làs ! Farfouillant encore un peu, on s'est rendu compte que quatre ans plus tôt, en 1899, le paradoxe était déjà découvert par Karl Pearson et son équipe**[160]. **Comme le dit la « loi d'éponymie » du statisticien Stephen Stigler, «** Une découverte scientifique ne porte jamais le nom de son auteur **». C'est d'ailleurs le cas de cette loi, que Stigler lui-même, d'un trait d'humour, attribue à Robert K. Merton.**

---

[158] Je vous renvoie au petit chapitre « *Méfiance, méfiance* » de mon ouvrage « *Le Paranormal* », pp. 124-125 de l'édition de 1985, dans lequel j'ai donné un exemple concret et chiffré du paradoxe de Yule-Simpson.
[159] Yule G.U. (1903), « *Notes on the Theory of Association of Attributes in Statistics* ». Biometrika, 2 (2), pp. 121-134.
[160] Pearson K., Lee A., Bramley-Moore L. (1899). « *Genetic (reproductive) selection : Inheritance of fertility in man* », Philosophical Transactions of the Royal Society A, 173, pp. 534-539.

« *S'exprimer seulement en soulignant son incertitude* » me paraît une formulation peut-être un peu trop forte car cette tournure de phrase implique que le mot incertitude soit pris ici dans le sens général de « je suis incertain de... », j'hésite, je ne sais pas trop, *etc.*, ce qui limite donc fortement la portée de l'expression.

De parler nombres – chiffres dirait-on habituellement – en cette période covidienne me fait penser par contre qu'il faudrait effectivement préciser que dans les cas « chiffrés » il est nécessaire que l'*incertitude*, dans le sens *limite de précision*, marge d'erreur, soit clairement donnée afin que les receveurs puissent ainsi juger non de la validité de l'expression en tant que telle mais de la probabilité de l'exactitude de ce qui est exprimé.

C'est dans cette perspective qu'un certain nombre de zététiciens modernes se tournent vers les probabilités conditionnelles, les fameuses probabilités « bayésiennes », du nom du révérend Thomas Bayes et de son fameux théorème. Je note d'ailleurs que les historiens tendent à montrer que c'est surtout à son continuateur, Richard Price que revient la paternité dudit théorème, voire à Nicholas Saunderson, quelques années auparavant.

Bon d'accord, je suis certainement un peu optimiste en pensant que beaucoup de personnes dans le grand public pourraient ainsi estimer une probabilité[161] mais une

---

[161] Cela étant dit, pour parler nombres et probabilités, j'ai eu pas mal de difficultés récemment à faire entendre à plusieurs personnes que le nombre de faux positifs ou de faux négatifs dans les tests COVID n'étaient pas si faciles à déterminer car on avait tendance à penser que cela était donné directement et uniquement par la fiabilité – la précision – du test (sans même parler de la spécificité dudit test qui entre aussi en jeu mais que l'on suppose ici pour simplifier égale à 100 %, c'est-à-dire un test qui ne détecte que ce qui correspond précisément à cette maladie et non une ou des autres) en oubliant de tenir compte de la prévalence de la maladie dans la population. Et

estimation même à la louche permet toujours de comprendre un peu mieux la situation et les futurs possibles.

Et dans le cas de la suspension du jugement, il est bien sûr évident qu'il ne faudrait pas que cette suspension devienne une règle systématique ni bien sûr qu'elle soit... *ad vitam æternam* sur un sujet donné même très complexe. S'il faut suspendre son jugement, il faut le suspendre *seulement* le temps de la recherche (... qui peut toutefois être un temps *long*) et de l'analyse des *faits* recueillis car comme le dirait le célèbre détective Sherlock Holmes[162], chercher une explication avant de connaître tous les faits est une erreur capitale et le jugement s'en trouve faussé.

Penses-tu toi-même avoir des croyances dont tu n'as jamais pu te défaire, même en le souhaitant ? Ou des postulats spiritualistes que tu souhaites conserver ?

Je pense que le monde évolue tout de même globalement – *globalement* dans le sens de pente moyenne, avec bien sûr de parfois larges soubresauts positifs ou négatifs – dans le « bon » sens, vers un monde plus humain avec une meilleure distribution des richesses de la planète et une culture scientifique de mieux en mieux et de plus en plus, partagée.

---

c'est ainsi que, alors qu'une personne pensait qu'ayant été testée positive avec un test fiable à 95 % elle n'avait ainsi que 5 % de chances d'être un faux positif, cette probabilité de faux positif, au moment où je l'expliquais à cette personne et donc avec la valeur de la prévalence à ce moment-là dans la population, était en fait de l'ordre de... 60 à 70 % ! Ce biais s'appelle l'oubli de la fréquence de base.

162 Plus rationnel apparemment que son propre créateur, Arthur Conan Doyle qui, par exemple, fonça tête baissée dans la fraude-mystification des fées de Cottingley élaborée par deux petites filles, Frances Griffiths âgée de 10 ans et sa cousine Elsie Wright 16 ans, qui avouèrent ensuite leur fraude... à l'âge de 76 ans et 82 ans ! *Cf.* l'ouvrage *« Au Cœur de l'Extra-Ordinaire »*, Book-e-Book 2015, pp. 286-288. Voir aussi le récent livre de Natacha Henry, *L'affaire des fées de Cottingley*, Rageot (2020).

Je parle ici au niveau de la planète, ce qui n'est pas nécessairement le cas ponctuellement pour certains pays : il suffit de penser à la France actuelle avec un écart des richesses qui s'accroît largement et une culture scientifique qui se délite sous nos yeux.

Mais je suis tout de suite d'accord pour te dire que cette pensée d'une évolution globalement positive, à mon avis peut-être nécessaire pour ne pas parfois baisser les bras, peut facilement relever d'une jolie croyance dont je ne peux pas me défaire et que le retour aux « âges farouches » n'est pas totalement impossible, si non certain.
Pour ce qui est de postulats ou même tendances spiritualistes, je ne vois pas trop ceux ou celles que je pourrais avoir, étant athée.

Est-ce qu'avec l'âge tu as le sentiment d'être plus croyant ? As-tu envie parfois de croire en un dieu ?

Être plus croyant avec l'âge ? Mais pour l'être *plus*, encore faudrait-il déjà que je le sois.

Oui, j'ai fait un *plurium interrogationum*, une question chargée, avec une prémisse non négociée. Désolé !

Ce n'est pas le cas… à ma connaissance. Et est-ce que j'ai parfois envie de croire en un dieu ? Non, cette envie ne m'a pas titillé bien que je reconnaisse et indique souvent par exemple dans mes conférences que la croyance en un dieu, et la religion qui va avec, fournissent en fait à un individu à mon avis nettement plus de gratifications[163] que l'incroyance et l'athéisme. Bénéfices qui sont bien sûr non exclusifs à la religion mais que celle-ci a l'avantage de présenter

---

163 *Cf.* Bruce Hunsberger, « *Social-psychological causes of faith* », Free Inquiry, vol. 19, n°3, été 1999, pp. 34-37.

simultanément et qui sont ainsi autant de ressorts qui s'additionnent ou peuvent s'additionner en fonction de la personnalité propre de l'individu croyant.
Une petite liste pour concrétiser un peu ma pensée[164].

- Un sens de (dans) la vie

Beaucoup de personnes sont à la recherche d'un « *sens* » qu'elles présupposent exister. Mais on oublie souvent que la « *finalité* » de l'univers, censée traduire l'existence d'une entité supérieure, n'est en rien une propriété intrinsèque de cet univers, mais une *création de notre esprit* (...notre *cerveau*).
Ces personnes pensent trouver ce sens dans la religion car cette dernière *se présente* comme offrant des *explications* du monde et de l'univers. Et indépendamment du fait que les réponses apportées soient correctes ou non, le simple fait d'avoir – ou de penser avoir – une « réponse » permet de se rassurer car on a ainsi trouvé *sa* voie.

- La conjuration d'une peur, de... LA peur

La pratique d'un rite ou d'une prière a essentiellement pour but l'obtention d'une protection. L'individu cherche la conduite qui le rendra le plus heureux ou le moins malheureux et veut à tout prix chasser les « influences maléfiques », *Vade retro satanas*, vaincre différentes peurs : celle du monde au vu des guerres actives ou latentes, celle du réchauffement anthropique planétaire et bien sûr essentiellement celle de sa propre mort.
On peut entendre dans le film canadien « *Croire* » de Lina Moreco : « *On sait très bien ce qui nous attend. Le fin mot de notre histoire, c'est la pourriture du cadavre ou la crémation. C'est pour cela que la vie éternelle bat des records de vente sur le marché de la peur. C'est comme un*

---

[164] Que je reprends pour parties de mon article *« Les prisons de l'esprit »*, ouv. cit.

racket de protection. La poussière refuse de retourner à la poussière »[165].

- Un (ré)confort

Lorsque des personnes non religieuses *a priori* se tournent vers la religion, elles le font très souvent pour des raisons psychologiques et émotionnelles et/ou parce qu'elles sont en situation de vulnérabilité plus grande (décès d'un proche, maladie…)[166].

Face aux problèmes rencontrés (disparition d'êtres chers, dysfonctionnements familiaux, comportement criminel, drogues, *etc.*), la religion leur offre alors le réconfort, donc la possibilité de vivre « heureux », qu'ils n'ont pas trouvé dans « leur » vie.

Comme le philosophe et sémiologue Charles Sanders Peirce l'a déjà bien dit : (en substance) *l'état de croyance est un état de calme et de satisfaction que l'on ne veut ni abandonner ni changer. Car un état d'indécision – pouvant mener à la terreur... du doute – créerait une forte aversion. D'où le maintien dans sa croyance. En d'autres termes : une foi robuste et inébranlable procure une grande tranquillité d'esprit, une grande « paix »*[167].

- Un « plaisir » peu coûteux

En lien avec cet « esprit en paix », les croyants disent souvent tirer un plaisir du calme de leur foi et des extases (j'utilise un mot certes un peu fort mais je n'ai pas trouvé de

---

165 *« Croire »* de Lina Moreco, Office National du Film du Canada, 1998.
166 Notons au passage que ceux qui, par contre, abandonnent une religion semblent le faire essentiellement pour des raisons intellectuelles. Il s'agit souvent d'une déconstruction de l'édifice même et des fondements sur lesquels est « basée » une religion qui les amène à ne plus pouvoir objectivement croire à la religion qu'on leur a enseignée (inculquée ?). Et si cette déconstruction est systématique, ces personnes se tournent souvent vers la science comme une aide au tracé de leur vie.
167 *Cf.* C. S. Peirce, *La Logique de la science*, Revue Philosophique, 3ème année, tome VI, éd. G. Baillière et Cie, Paris, 1878, pp. 553-569.

meilleure description) qu'elle peut engendrer. Avoir à l'esprit des visions agréables est ainsi générateur de plaisir et c'est ainsi que, par exemple, les Européens qui ont des croyances religieuses ou spirituelles sont plus heureux que ceux qui n'en ont pas[168].

- Un tampon/support social
Pour de nombreuses personnes, la religion agit également comme une sorte de « tampon amortisseur » contre les aléas de la vie, angoisses, stress, maladies, mort des proches,... On a une certitude quand on est dans la religion, on est « en paix » comme je l'ai dit plus haut et, en complément, l'appartenance à une « structure » religieuse permet souvent de trouver une aide concrète pour affronter, en groupe, les problèmes de la vie[169].

- Un gain de temps
Je suis presque sûr que dire cela surprend, mais un gain de temps me paraît être également une gratification de la croyance car dans le cadre de cette dernière, souvent avec dogmatisme à l'appui, une décision à prendre a un coût temporel réellement très faible puisqu'elle est rapide, presque instantanée, le croyant ne perdant pas son temps à examiner ce qu'il lui « faut » ou lui « faudrait », puisqu'il met de côté le raisonnement. Un croyant n'a donc quasiment *aucun instant d'irrésolution* contrairement à un non-croyant porteur de son doute...

- Un statut, un sentiment « d'élection »
L'acceptation puis l'intégration dans une communauté religieuse présente également l'avantage d'offrir un statut, un « prestige ». L'accepté, l'*initié*, se sent, se « sait »,

---
168 *Cf.* Jan Fidrmuc, Cigdem Börke Tunali, *« Happiness and religion »*, CESIFO working paper n°54375437, 2015.
169 Sans que cela n'implique bien sûr en rien que l'on puisse affirmer que les groupes religieux soient plus « soudés » que d'autres groupes.

supérieur au reste d'une communauté globale dont sa communauté religieuse n'est en fait qu'un sous-ensemble mais que le croyant perçoit comme une émanation, une *sélection*.
Il est un peu un « élu » qui est là pour porter un message. Il est animé d'un sentiment de mission sacrée qu'il partage avec ses « frères », ses « camarades » (... je ne prends pas ce mot juste au hasard). Il est conscient de sa différence, positive selon lui, vis-à-vis du monde « extérieur ».

C'est ce que les psycho-sociologues incluent dans la théorie de l'étiquetage social : le concept de soi et le comportement des individus peuvent être déterminés ou influencés par les termes utilisés pour les décrire ou les classer[170]. C'est très efficace, même hors religion.

- Une déresponsabilisation/déculpabilisation
Si l'on pousse la croyance jusqu'au fait de « s'abandonner » à un leader, un gourou, on entre dans une forme de délégation de sa propre responsabilité bien mise en évidence à mon avis dans la technique sectaire consistant à dépersonnaliser l'individu, souvent – paradoxalement – en affirmant donner à l'individu une nouvelle... personnalité ! La première personnalité n'étant ainsi pas coupable des actes de la nouvelle.
Privations sensorielles, privations physiologiques, privation d'information, isolement, méditation, *etc.* : comme je l'ai déjà dit ou écrit, des marines US aux ashrams hindous en passant par Trappistes et Cie, il n'est pas évident de voir où est la différence de fond. Si tant est qu'il y en ait une.

- Une justification même à l'extrême

---

[170] L'un des principaux artisans de cette théorie est le sociologue Howard Saul Becker (né en 1928) avec, entre autres, son excellent livre *Outsiders. Études de sociologie de la déviance*, Métailié, Paris, 1985 (éd. originale 1963).

Je disais plus haut que, poussée dans ses positions extrêmes, une religion pouvait donner une justification aux comportements autoritaristes de certains croyants. De la croisade contre les Cathares, et même bien avant bien sûr, à la guerre sainte du soi-disant État Islamique, les exemples sont malheureusement nombreux au cours des siècles.

En résumé, je redis une fois de plus que la béquille psychologique qu'est la croyance semble apporter à l'individu plus de « bénéfices » que de « coûts » et je ne suis pas sûr que l'athéisme puisse en proposer autant.
Qui pourrait alors s'arroger le droit de retirer cette béquille s'il ne peut offrir la marche à l'individu en question ?

Vivre sans les bénéfices associés à une religion nécessite une personnalité forte et indépendante et ce que nous pouvons essayer de faire en tant que zététiciens, c'est d'apporter une information qui trop souvent fait défaut sur les thèmes relevant des croyances et religions. Et quand je dis « religions », n'oublions pas que cela concerne aussi les florissantes « para-religions », ou nouveaux mouvements religieux. Le parallèle religion–paranormal était d'ailleurs clairement établi par un philosophe physicien latin il y a plus de 2000 ans et je me doute que tu te doutes de qui je veux parler.

Lucrèce !

Oui Lucrèce, qui nous disait : « *Si les Humains voyaient qu'il est un terme sûr à toutes leurs misères, ils auraient un moyen, alors, de résister tant aux religions qu'aux menaces lancées par les devins.* ».

Ça y est, tu radotes, tu l'as déjà cité ! Comment résumes-tu alors ton rapport à la mort ?

Re-citer n'est pas forcément ennuyeusement réciter.
Ce que je viens de dire concernant la croyance te donne déjà une idée de ma réponse. Le fait de savoir que je vais disparaître ne m'est certes en rien agréable, mais comme je suis d'accord avec Lucrèce, et que je sais que ma mort est un terme sûr, autant s'occuper d'autres choses plus utiles. Crois bien que je regrette que, malheureusement, on n'ait pas suffisamment de temps devant nous pour creuser et essayer de connaître ou comprendre tout ce qui pourrait potentiellement nous intéresser. L'être humain est malheureusement un peu trop temporellement limité à mon goût.

Quelle est la chose que tu considères être la plus stupide que tu aies faite ?

Je ne cherche pas à me tresser une auréole pour pouvoir prendre une attitude de personne en état de béatification ou de canonisation mais – je ne sais pas si ce sont mes ictus amnésiques récidivants qui ont gommé cela – je n'ai pas de souvenir vraiment marquant d'une chose stupide que j'aurais faite et qui relèverait du domaine de la zététique, je parle bien sûr d'une chose stupide importante que je regretterais encore et toujours profondément. Mais des petites choses stupides, j'ai pu en faire. J'en ai même fait peut-être à la pelle.

Des stupidités « connexes », des erreurs ou mauvais choix que tes connaissances zététiques auraient pu t'aider à éviter.

Se laisser arnaquer par un constructeur pour faire notre maison est d'une stupidité incroyable, mais c'est pourtant ce qui s'est passé ! Je ne sais pas si mes connaissances zététiques auraient pu m'aider à éviter cette arnaque mais c'est assez probable, à condition que l'on ait le réflexe ou l'idée de les utiliser dans une situation bien loin des domaines d'utilisation habituels et donc que, malgré cela, on maintienne systématiquement nos antennes ou vibrisses tout le temps en alerte. Mais cela serait quasiment surhumain, et je ne suis qu'un humain. Je pense que pour que l'on puisse faire appel correctement à nos connaissances dans un domaine, il est important sinon nécessaire que l'on puisse se mettre au moins un petit peu en retrait, « à l'extérieur », de la situation. Bien sûr que si, au moment où nous avions des réunions et sympathiques discussions avec le constructeur, j'avais pensé à ma lecture de « *Influence et manipulation* » de Robert Cialdini, j'aurais peut-être eu une perception différente de ce qui était en train de se passer[171]. Je ne peux d'ailleurs même pas définir précisément à quel moment il y a eu une faille dans ma perception de l'avancement, ou plutôt du non-avancement des travaux. Je crois qu'avec Nadine nous sommes tombés pleinement dans le traquenard via l'ambiance sympathique et chaleureuse qui se dégageait des quelques réunions et discussions, et que le filet s'est refermé sur nous lorsque nous avons été émus, je pense que c'est le bon terme, par les deux petits jumeaux du promoteur qui gambadaient gaiement dans le bureau. Inconsciemment, j'ai dû me dire qu'un homme qui s'occupait aussi affectueusement de ses enfants ne pouvait pas, ne devait pas être un arnaqueur. *Mea maxima culpa*.

Quels sont les ouvrages qui t'ont le plus marqué ? Si tu devais donner cinq ou six livres qui résumeraient un

---

[171] « Notre » constructeur arnaqueur a fait la même chose simultanément sur une quinzaine de chantiers de maisons dont les futurs propriétaires avaient fait les premiers versements pour les terrassements et fondations : abandonner les chantiers, et partir avec la caisse.

maximum de choses essentielles à tes yeux, quels seraient-ils ?

Je pense sincèrement qu'il est très difficile de répondre à une telle question car au vu des centaines de livres et lectures diverses qui ont pu influencer le parcours et les pensées d'une personne, nul ne peut en retenir cinq ou six. La liste d'ouvrages (ou de parties ou chapitres d'ouvrages, plus précisément) serait trop longue. Et cette liste ne serait en aucun cas exhaustive et ferait l'involontaire impasse sur des titres qui ont laissé une empreinte profonde mais quasiment non décelable consciemment, car titres malheureusement enfouis dans des couches mémorielles sédimentaires archéologiques profondes au cours de longues années et maintenant décennies de lecture.
Cela serait presque leur faire injure.
Surtout aux plus anciens, ceux qui, lus dans l'enfance et peut-être donc souvent oubliés, ont pu réellement façonner en partie les goûts de l'être en devenir.
C'est ainsi que quand j'étais tout gosse, je voulais devenir cosmonaute ou pompier, et la lecture des « *Voyages extraordinaires* » de Jules Verne a dû laisser quelques traces… Tout comme plus tard les « *Histoires* » d'Hérodote, les « *Fables* » de La Fontaine, « *La physique récréative* » de Perelman ou « *Forme et croissance* » de D'Arcy Thompson, « *La science et l'hypothèse* » de Poincaré, « *L'échec d'une prophétie* » de Festinger, Riecken et Schachter, « *Histoire des philosophies matérialistes* » de Charbonnat, auxquels sans hésiter j'adjoins « *Le christianisme avant Jésus-Christ* » de Jean-Kléber Watson (à lire !) et « *De la nature des choses* » de Lucrèce.

9. Le *backstage*

Henri, je te traîne dans le *backstage*, dans le *off*. Je te sers un vieux cognac, et je t'invite aux confidences. Car « le public a le droit de savoir », et les groupies doivent en avoir pour leurs frais. Permets-moi de révéler ceci : tu n'avais pas envie de faire ce bouquin. Pas du tout ! Il y avait trois raisons cumulées à cela. Si deux sont à mon avis mineures, la troisième était recevable.

La première aurait pu passer pour une pure coquetterie, mais je te connais assez pour savoir que tu le pensais vraiment quand tu as bougonné avant même de commencer à y réfléchir, en 2017 : « *mais qui ça intéressera ?* ». Avec cette phrase, tu as inventé un nouveau biais, le *faming blindness*, la cécité à la célébrité. Douter de l'intérêt de ton histoire, c'est faire peu de cas de la brèche que tu as ouverte dans le paysage intellectuel français et le courant frais que tu y as fait rentrer. Désormais, ce sont des milliers de gens qui se revendiquent zététiciens, pour le meilleur comme pour le pire d'ailleurs. Autant de gens qui se sont engouffrés dans ton sillage, parfois sans même savoir qui tu es, persuadés peut-être qu'avant 2015 et le boom *YouTube*, nous étions tous habillés de peaux de bêtes, accroupis autour du feu en train de ronger des os de hyène et de tourner un coutelas en ivoire pour savoir où aller demain. Mais beaucoup le

savent, et s'ils pouvaient, ils essaieraient de te rencontrer, pour te dire merci, possible pour que tu les oignes, que tu les touches comme un thaumaturge touche les écrouelles des malades.

La deuxième, que je trouve mineure également, c'est qu'au fil du bouquin, tu en as eu un peu marre. De répéter des choses sans cesse répétées. D'attendre que j'élève mes enfants, que tu surmontes des pépins de santé, que je traverse une petite déprime, qu'on passe les épidémies de COVID. Qu'on surmonte la mort respective d'un frère – toi pendant l'écriture de ces lignes. Répéter sempiternellement les mêmes choses, je trouve que ce n'est pas grave : tu as raconté 10000 fois l'affaire de la mémoire de l'eau, moi 5000, mais à chaque fois c'était à une personne différente, donc un nouveau challenge, un nouvel itinéraire à tracer dans un cerveau baignant dans un marais d'affects. Attendre patiemment que nous traversions nos épreuves respectives, c'est également une partie du sujet : beaucoup de gens imaginent le zététicien comme un cerveau huilé et rutilant, sans états d'âme, sans sentiments, un cerveau dans une cuve, pour reprendre une expérience de pensée chère à Hilary Putnam[172]. Ils pensent qu'on peut taper dessus, tirer dessus, de toute façon, un zététicien c'est un peu robotique, ça n'a pas de rêve. Mais il y a une chair, une histoire, des sentiments derrière. Le zététicien est un faux concept. Ce n'est qu'une

---

172 Putnam revivifie la métaphore de *The brain in the* vat (le cerveau dans la cuve) dans *Reason, Truth, and History*, Cambridge, Cambridge University Press, 1981 (en français, *Raison, vérité et histoire*, Paris, Minuit, 1984).

posture qu'on tient devant « la paillasse », comme disent les chimistes, et une fois rendus chez nous, la vague des affects incontrôlés nous submerge comme tout le monde. Tu pleures ton grand frère Louis, je pleure mon grand frère Eric, et connaître les effets et les facettes de la zététique ne nous est d'aucune aide. Tu veilles sur tes petits enfants, je veille sur mes enfants. Tu constates la mort qui rôde, moi aussi. Derrière tout zététicien, il y a une personne guimauve avec ses peurs et ses doutes. Que tu en aies eu marre d'écrire tout ça, je trouve ça fichtrement normal. Fichtrement organique. Je sais que t'en as eu par dessus la tête que je te tanne sur certains points, que je relance, que je te lancine comme un suppurant panari. Je te rassure, j'ai été perplexe bien des fois, une fois ou deux, par tes refus de revoir un passage, ou tes principes que le XIXe siècle finissant t'envierait. C'est comme ça. Nous ne sommes que des sacs d'os tremblants qui essayons de regarder le ravin du monde tel qu'il est avec le moins de fard possible, et il nous arrive, comme tout le monde, de prendre des moulins pour des géants, et parfois d'avoir peur de notre propre ombre.

La troisième raison, elle, elle est recevable, du moins, elle s'entend : c'est que ce genre de livre testamentaire, ça sent le sapin. Ça aiguise la faux du temps. Ça fout les jetons.
Mais nous sommes victimes d'un immense *post hoc ergo propter hoc*. Le livre n'y est pour rien, s'il te fossoie, s'il plante des clous à ton cercueil Norme

AFNOR NF D80-001-1. Tu as 73 ans et tu as survécu au typhus, à l'huile de foie de morue, à Jacques Médecin maire de Nice et à la première communion. J'ai 46 ans, et j'ai survécu à l'urinothérapie, à la malaria et à la désinscription du registre des baptêmes. Nous sommes chanceux ! Refuser d'écrire son testament, c'est soit se croire immortel, soit souscrire aux peurs de ma mémé qui disait avec son accent charentais : « *parle point d'la mort, ça la fait v'nir* ». Le faire, c'est faire un doigt d'honneur à la camarde, car ce livre nous survivra.

À la rigueur je peux comprendre que tu râles : en figeant un peu les traits, on risque que la transmission soit loupée ; en couchant l'histoire sur papier, on fige les choses, qui plus est avec un point de vue situé. Mais ne t'inquiète pas, un jour des historiens se pencheront sur tout ça, sauront trier le bon grain du livret et nous pardonneront nos jeux de mots. La boussole méthodologique que tu incarnes a peu d'égal, et il te faut l'assumer. Tu es une sorte de sextant vivant. Et nous, nous sommes tous désormais un peu désemparés, à nous balancer chacun dans sa coquille de Neurath[173], qu'on calfate comme on peut, dont on remplace en permanence

---

[173] Métaphore utilisée par le philosophe Otto Neurath : « *Nous sommes comme des marins qui en mer doivent reconstruire leur navire mais ne sont jamais en mesure de recommencer depuis le début. Lorsqu'une poutre est enlevée, une nouvelle doit immédiatement la remplacer et pour cela le reste du navire est utilisé comme soutien. De cette façon, en utilisant les vieilles poutres et le bois qui flotte, le navire peut-il être entièrement reformé, mais seulement par une reconstruction progressive* ». Otto Neurath, *Zeitschrift für die gesamte Staatswissenschaft*, vol. 69, n°3, Tübingen : Verlag der H. Laupp'schen Buchhandlung 1913, pp. 438-501. On retrouve le texte quasi similaire dans la traduction française *Problèmes de l'économie de guerre* (1913).

des morceaux, en flottant sur une mer d'informations toujours plus vaste, toujours plus tumultueuse, coincés entre *Twitter*, *Facebook* et *TF1*.

Voilà donc le conseil central du livre et rien que pour ça, celui-ci méritait d'être écrit : Henri, quand l'imbécile regarde la Une, le sage devrait regarder ton doigt.

Index

ABRASSART Jean-Michel, p. 175
ADY Thomas, p. 44
AFIS, pp. 32, 87, 145, 155, 156, 175, 185
Agnotologie, pp. 120, 222
Agone, pp. 11, 225
AHLBOM Anders, p. 114
AL Tariq, p. 106
ALCOCK James, pp. 156-158
AMARA Judith, p. 186, 210
AMAURY Arnaud *alias* Amalric, abbé de Cîteaux, p. 220
ANTCZAK Stanislas, p. 93
ASIMOV Isaac, pp. 42, 156, 161
BACH Edward, pp. 2, 44, 45
BACKSTER Cleve, p. 46
BAEZ Joan, p. 39
BALBASTRE Gilles, p. 226
BARBANCEY Pierre, p.
BARBIER Charlotte, p. 62
BAREL Virgile, p. 25
BARRETTE Cyrille, p. 92
BASNAGE DE BEAUVAL Henri, p. 67
BAUER Martin W., p. 221
BECKER Howard Saul, p. 239
BÉHÉ Joseph, p. 14
BELLAYER Jérôme, pp. 92, 113-114, 152
BENDER Hans, p. 196
BENSKI Claudio, p. 160
BENTWICH Zvi, p. 210
BENVÉNISTE Jacques, pp. 104, 105, 185, 186, 205-207, 211, 213
BERGIER Jacques, p. 197
BERNARDIN DE SAINT-PIERRE Joseph-Henri, p. 12
BEYERSTEIN Barry, p. 157
BIETTE Denis, pp. 92, 113-114, 175, 277
BLAIRE François, p. 277
BLANCHE Francis, p. 69
BLANQUI Auguste, p. 31
BLANQUI Jean-Dominique, p. 35
BLANQUI, Monsieur, p. 30
BLANRUE Paul-Eric, pp. 145, 166-169, 171, 175
BLITHER Doris, p. 216
BOGDANOV / BOGDANOFF Grishka, pp. 11, 190, 197
BOGDANOV / BOGDANOFF Igor, pp. 11, 190, 197
Boiron, pp. 117-118
BOLLATI Stéphane, p. 92

Book-e-Book, pp. 2, 4, 44-45, 56, 69, 74, 77, 92, 97, 114, 115, 156, 187
BOURGEOIS Nicolas, p. 107
Bouvard et Pécuchet, p. 20
BOY Daniel, p. 52
BOYER Pascal, p. 14
BRAMLEY-MOORE Leslie, p. 232
BRANDOLINI, loi d'Alberto, p. 189
BREL Jacques, p. 130
BRICMONT Jean, pp. 47, 60, 136-137
BROCH Louis, p. 34
BROCH Nadine, pp. 39, 44, 124, 214, 242
BROCHU Louise, p. 92
BRONNER Gérald, p. 62
BROWER Brady M., p. 71
BRUTEL DE LA RIVIERE Jean-Baptiste, p. 67
BUENO MARTINEZ Gustavo, p. 160
BUNGE Mario, p. 57-58, 160
CAILLAVET Henri, pp. 119-120
CAPPONI Benoît,, p. 277
CARCOPINO Jérôme, p. 96
CAROTI Denis, pp. 92, 113-114, 134
CASGHA Jean-Yves, p. 197
CAVELAN Jean-Pierre, pp. 149, 186
Centre bouddhiste tibétain Karmapa, p. 101
Cercle Ernest Renan, p. 107
CHARBONNAT Pascal, p. 243
CHARPAK Georges, pp. 2, 66, 90, 97, 137, 180, 182-183
CHARROUX Robert *alias* GRUGEAU Robert, pp. 20, 21, 23, 24
CHAUVIN Rémy, *alias* DUVAL Pierre, pp. 111, 194-198
CHÉRET André, p. 14
CHEVÈNEMENT Jean-Pierre, p. 51
CHOMSKY Noam, p. 225
CHRIS Christian, pp. 146-147
CIALDINI Robert, p. 242
CIMON, p. 127
CLEMENS D. B., p. 194
CNDP-CRDP, pp. 53, 86, 88
COLLOMB Bertrand, p. 125
CORM Georges, p. 220
CORNEILLE Thomas, p. 67
CORTECS, pp. 44, 62, 75, 92, 136, 223
COSTA DE BEAUREGARD Olivier, p. 197
« *Cosmonaute* » *maya de Palenque*, pp. 19-21, 23, 103, 140
COTTO David, p. 51
COULLET Pierre, p. 42
COUSIN Philippe, p. 156
CRIF, pp. 136-137
CROISET Gérard, p. 56
D'Arcy Thomson, p. 243

DAC Pierre, p. 69
DARWIN Charles, pp. 12, 37, 65, 115
DAVENAS Élisabeth, pp. 185-186, 204-205, 209-211, 213
DAVIS James W., p. 194
DAWKINS Richard, pp. 14, 116, 175
DE BLAS Felix Ares, p. 159
DE FELITTA Frank, p. 217
DE GENNES Pierre-Gilles, pp. 90, 137
DE HEISTERBACH Césaire, p. 220
DELEPORTE Pierre, p. 58
DELILLE Véronique, p. 277
DELMON Antoine, pp. 104, 203-204, 214
DENNETT Daniel, p. 175
DONOVAN, p. 50
DOURY Marianne, p. 188
DOYLE Arthur C., p. 234
DRAKE Frank, p. 174
DRAPER Gerard, p. 113
DUBESSY Jean, p. 116
DUBOIS Michel, p. 221
DUBOURG Bernard, p. 107
DUNNINGER Joseph, p. 144
DUVAL Pierre, voir CHAUVIN Rémy, p. 194
ECSO, p. 92
Edinburgh Free Thinkers' Zetetic Society, p. 65
EDWARDS Michael, p. 54
Effet Bipède, p. 11
Effet Impact, p. 217
Effet Paillasson, pp. 229-230
El Escéptico, pp. 159-160
EMMANUELLE sœur, née CINQUIN Madeleine, p. 105
Endémol, p. 216
ENGELS Friedrich, p. 36
EUBULIDE, p. 60
ÉVRARD Renaud, pp. 71, 74, 277
FAITHFULL Marianne, p. 50
Falicon, pp. 2, 7, 15, 23-24, 26-27, 30, 46
FARROW Mia, p. 50
FAU Guy, p. 107
Fées de Cottingley, p. 234
FESTINGER Leon, p. 243
FLAUBERT Gustave, p. 20
FONTENELLE Bernard le Bouyer de, p. 75
FORMINDEP, p. 118
FRADIN Émile, p. 93
Free Inquiry, pp. 12, 219, 235
FURETIÈRE Antoine, p. 67
FURIE Sidney J., p. 217
GAGARINE Youri, p. 31

GALIFRET Yves, p. 119-120, 156
GÁMEZ DOMINGUEZ Luis Alfonso, p. 159
GARDNER Martin, pp. 42, 158, 160
GARLASCHELLI Luigi, pp. 114-115, 201
GAYSSOT Loi, p. 169
GELEY Gustave, p. 71
GELLER Uri, pp. 157, 185, 209
GERARD Alice, p. 94
Glozel, pp. 93-96, 199-200
GOULD, Stephen Jay, p. 115
GRAFF Christian, p. 134
GREENLAND Sander, p. 114
GRENIER Albert, p. 96
GRIFFITHS Frances, p. 234
GRIVEL Joseph, pp. 94, 96
GRUGEAU Robert, voir CHARROUX Robert, pp. 20, 21, 23, 24
GUILLEMANT Philippe, p. 101
GUITTON Jean, p. 190
GUTIÉREZ ESCURO José Luis, p. 159
HARRIS Sam, pp. 116, 175
HARRISON George, pp. 49-50
HENRY Natacha, p. 234
HERBAUX François, p. 69
HERMAN Edward S., p. 225
HERMANN Luc, p. 226
HÉRODOTE, p. 243
HERVOIS Pauline, p. 221
HITCHENS Christopher, pp. 105-106, 175, 228
HOEBENS Piet Hein, p. 56
Holmes Sherlock, p. 234
HONORTON Charles, p. 74
Horizon Chimérique, pp. 2, 43-44, 156
Humanist Manifesto, p. 42
HUME David, p. 122
HUNSBERGER Bruce, p. 235
HUTIN Serge, p. 21
HUXLEY Aldous, p. 37
HUXLEY Thomas Henry, p. 37
HYMAN Ray, pp. 156-158
Institut Métapsychique International, p. 66, 71-72, 74, 78, 81, 143, 191, 193, 197
ISBECQUE Claude, *alias* Klingsor, p. 88
JACOB Alexandre Marius, p. 45
JACOB Odile, pp. 97, 180
JAGGER Mick, p. 50
JAGOT Paul-Clément, p. 46
JEAN Patric, p. 123
JÉROME Philippe., p. 53
Jésus de Nazareth, *alias* Jésus-Christ, pp. 53, 107
Journal of parapsychology, pp. 194-195

KAHANE Jean-Pierre, pp. 181-182
KANT Emmanuel, pp. 58, 66-67, 172
KAZANTSEV Alexander Petrovitch, pp. 21-22
KENNEDY Jim, p. 194
KERGOAT Yannick, p. 226
KIEBOOM Aad, p. 59
KINDO Yann, p. 41
KOHLER Ulrich, p. 46
KOKOCZYNSKI Michel, voir ROUZÉ Michel, pp. 32, 54, 87, 117, 118, 156, 161, 195
KOLOSIMO Peter, p. 20
KOOVOR Abraham, pp. 143, 162
KOSMIN Barry A., p. 219
KOTSCHNIG Walter, p. 23
Krishna, pp. 50, 176
KRISTEN Maud, pp. 189-192
KROLL Mary E., p. 113
KURTZ Paul, pp. 36, 42-43, 48, 64, 120, 157-158, 160-161
LA FONTAINE Jean de, p. 243
Lafarge, pp. 125-126
LAGRANGE Pierre, pp. 170-171
LALIT Foundation for science and reason, p. 145
LAROUSSE Pierre, pp. 66-68
LAS VERGNAS Georges, p. 107
LAURENS Sylvain, p. 41
Lazarus, pp. 123-124
Le BON Gustave, p. 144
LE PEN Marine, pp. 168-169
LEBRUN Nadine, p. 44
LEBRUN Paul, p. 44
LECOINTRE Guillaume, p. 116
LECUREUX Roger, p 14
LECOURT Dominique, p. 41
LEE Alice, p. 232
LEIDENFROST Johann Gottlob, pp. 93, 97
LEPAGE Corinne, p. 125
LEVIN Jerry, p. 194
LÉVY Patrick, p. 136
LEVY Walter J., pp. 56, 193-197, 199-200
LÉVY-LEBLOND Jean-Marc, p. 139
LHUILLIER Alberto Ruz, pp. 19, 104
LIGNON Yves, pp. 177, 181-184, 189-191
LITTRE Émile, pp. 66-67
London Dialectical Society, p. 37
LOVE Mike, p. 50
LUCIE, fantôme, p. 197
LUCRÈCE, pp. 63, 107, 240, 243
LYALL-Watson Malcolm, voir WATSON Lyall, p. 46
LYNCH David, p. 50

LYSSENKO Trofim Denissovitch, pp. 40-41
MAJAX Gérard, pp. 87-89, 143-144, 170, 175, 179
MARMIN Nicolas, p. 71
MARTIN Florent, p. 157
MARX Karl, p. 36
McCALMAN Iain, p. 66
McDONNELL James Smith, p. 54
MEASOM Tyler, p. 54
Mécanique quantique, pp. 2, 39, 44, 47
MÉDECIN Jacques, pp. 139, 147, 248
MÉHEUST Bertrand, p. 66
MERTON Robet K., p. 232
MEYER Jean, p. 71
MICHELAT Guy, p. 52
MILLOU André, pp. 19-21
MITCHOURINE Ivan, p. 40
MONTREDON Evelyn, p. 194
MONVOISIN Éric, p. 247
MORECO Lina, p. 236
MORGAN Jenny, p. 106
MORGAN Thomas H., p. 40
MORRISON Jim, p. 37
Nature, pp. 185, 201, 203-204, 209-211
Nazca, p. 17
Nazisme, p. 96
NEIBLUM Adam, p. 12
Néo-évhémérisme, pp. 17-18
NÉRICAULT Philippe, p. 127
NEURATH Otto, p. 248
NIANG Fadel, p. 92
Nouveaux athées, New Atheists, pp. 175, 222
Nudge, pp. 58-59
O'HAIR Madalyn Murray, p. 219
O'HAVER Tommy, p. 219
OBERBAUM Menahem, pp. 186, 210
OBERTI Valentine, p. 226
Old Hag Syndrom, p. 217
OLIVIER Laurent, p. 96
Opération Citron, p. 99
OVERTON Joseph P., p. 172
OVNI, pp. 17, 20, 72, 198
PAKAL, *alias* K'inich Janaab' Pakal Ier, pp. 23, 103-104
Parapsychologie, pp. 56, 72-73, 75, 79, 81, 157, 191-196, 200
Parti de la Loi Naturelle, p. 50
Patriote Côte d'Azur, pp. 49, 51, 53
PAUWELS Louis, p. 197
PEARSON Karl, p. 232
PECKER Jean-Claude, pp. 119-120, 156, 170
PÉGUY Charles, p. 172

PEIRCE Charles S., p. 237
PENTLAND Gordon, p. 66
PERELMAN Yakov, p. 243
Pew Research Center, p. 218
PHILLIPS D. T., p. 194
Pierres- champignons, p. 46
PIGNON-ERNEST Ernest, pp. 33-35, 46
PINOTEAU Jean-Claude, pp. 177-180
PINSAULT Nicolas, pp. 2, 90
PINVIDIC Thierry, p. 17
PLAIT Phil, pp. 109-110
Plurium interrogationum, p. 235
POINCARÉ Henri, p. 243
POLAC Michel, p. 88
POPOFF Peter, pp. 54-55
POPPER Karl, pp. 38, 58, 60, 121
PREMANAND Basava, pp. 144, 160-162
Prescrire, p. 118
Prix-Défi, pp. 5, 80, 87-88, 143, 145, 148-150, 153, 165-166, 177-178, 180
Projet Alpha, pp. 54-55, 93-94, 161
Prometheus Books, pp. 42-43, 157-158, 161
PRUDENTISSIMUS Paulus, p. 228
Psychokinèse, pp. 52, 140, 148-149
PTOLÉMÉE Claude, p. 121
PUTHOFF Harold, p. 185
PUTNAM Hilary, p. 246
QUILLET, p. 60
RABEYRON Paul-Louis, pp. 71, 73
Radiesthésie, pp. 46, 92, 153
Rahan, pp. 14-15
Raisonnement panglossien, p. 11
RANDI James, *alias* ZWINGE Randall James Hamilton, pp. 23, 42, 54-55, 70, 110, 143-144, 157, 160-162, 170, 199-200
REHORK Joachim, p. 18
REINL Harald, p. 21
Religion, pp. 63, 107, 115-116, 135, 157, 217-220, 235-240
RENARD Jean-Bruno, pp. 16-17
RENDU Robert, p. 144
RHINE Joseph B., pp. 56, 80-82, 193-196, 199-200
RICHARDS Keith, p. 8
RIECKEN Henry, p. 243
RIPOLL Thierry, p. 11
ROBERT-HOUDIN Jean-Eugène, pp. 96-97
ROBERT-LAFFONT, pp. 14-24
ROBIN Marie-Monique, p. 191
ROBINSON A., p. 194
ROBINSON Menahem, p. 210
ROCARD Yves, pp. 75-76
ROSTAND Jean, p. 55

ROUSSEAU Madeleine, née JANSSENS, p. 61
ROUTABOUL Christel, p. 98
ROUZÉ Michel, *alias* KOKOCZYNSKI Michel, pp. 32, 54, 87, 117, 118, 156, 161, 195
ROWBOTHAM Samuel Birley *alias* Parallax, p. 65
RUSSELL Bertrand, p. 122
SAGAN Carl, pp. 22, 44, 160
SAINT-ARNAUD Jean-Guy, p. 92
SAINT-ÉXUPERY Antoine de, p. 130
« *Sang* » *de saint Janvier*, pp. 7, 33, 53, 80, 103, 114-155, 201
SANTOLIQUIDO Rocco, p. 71
Sarcophage d'Arles-sur-Tech, p. 181
SARGOS Jacques, p. 43
SAGOS Patrick, p. 44
SARKOZY Nicolas, p. 2
SCATENA Michaëlle, p. 152
SCHACHTER Stanley, p. 243
SCHATZMAN Evry, p. 156
Science & Vie, pp. 12, 54, 87, 97, 117, 156, 161, 195
SCOT Reginald, p. 44
SHAW Steve, *alias* Banachek, p. 54
SHERMER Michael, p. 158
SHINITZKY Meir, p. 210
SOAL Samuel, p. 56
SOKAL Alan, p. 47
STEINER Rudolf, p. 120
STIGLER, *loi de*, p. 232
STORCK Henri, p. 124
« *Suaire* » *de Turin* , pp. 7, 53, 103, 107, 110-111, 139-140, 163, 167, 171, 222
SUNSTEIN Cass R., p. 59
SWANSON John, p. 113
TARADE Guy, pp. 16, 18-21, 24
TARG Russell, p. 185
TEISSIER Elizabeth, pp. 77-78
TENHAEFF Wilhelm, p. 56
TERESA Mère, alias Anjezë Gonxhe Bojaxhiu, pp. 105-106, 228
THALER Richard H., p. 59
The Beatles, p. 50
The freethinkers' zetetic society, p. 65
The Skeptical Inquirer, p. 56
The Zetetic, pp. 65, 69
THEODOR Jacques, pp. 87-89, 91, 143-145, 162, 166, 170, 179-180
Theodosia, p. 181
THOMPSON D'Arcy Wentworth, p. 243
THUNBERG Greta, p. 126
TLACUILO Laurent, p. 103
TOBACYK Jerome J., p. 132
Trédaniel Guy, p. 101
TRUZZI Marcello, pp. 41, 64, 69

TUNALI Cigdem Börke, p. 237
Ummites, p. 24
VALLÉE Jacques, pp. 21, 197
VAN BEDAF Jos, p. 59
VASILESCU Dan, pp. 2, 48, 117
VEAUCE, château de, p. 197
VERHAEGHE Jean-Daniel, p. 20
VERNE Jules, pp. 23, 125, 166, 186, 243
VIÈTE François, p. 67
VINCENT Tim, p. 113
VISCO Isma, *alias* CUTTAT François, p. 144
VIVANT Nicolas, pp. 157, 169
VOLTAIRE, François-Marie Arouet de, p. 11
VON DÄNIKEN Erich, pp. 18, 20
WAISBARD Simone, p. 21
WATSON Jean-Kléber, pp. 107, 243
WATSON Lyall, *alias* LYALL-Watson Malcolm, p. 46
WEINSTEIN Justin, p. 54
WRIGHT Elsie, p. 234
X Régine, p. 146
YOURIÉVITCH Serge, p. 71
YULE George U., p. 232
ZAMENHOF Louis-Lazare, p. 186
ZEPEDA Daniel, p. 145
ZIAD Aziz, p. 99
ZWINGE Randall James Hamilton, voir RANDI James, pp. 23, 42, 54-55, 70, 110, 143-144, 157, 160-162, 170, 199-200

Bibliographie

LIVRES

ADY Thomas, *A candle in the dark*, Robert Ibbitson, 1655-56 ; Theophania Publishing, 2011 ; disponible en ligne à Oxford Text Archive, http://hdl.handle.net/20.500.12024/A26476
ALCOCK James, *Parapsychology, Science or Magic? : A Psychological Perspective*, Pergamon Press, 2005.
ALCOCK James, *Science and Supernature : A Critical Appraisal of Parapsychology*, Prometheus Books, 1990.
ASIMOV Isaac, *Les Moissons de l'intelligence*, Horizon chimérique, 1990.
ASIMOV Isaac, *Homo obsoletus ?*, Book-e-Book, 2002 ; réédit. *Le Futur. La pensée vagabonde*, Book-e-Book 2020.
BECKER Howard Saul, *Outsiders. Études de sociologie de la déviance*, Métailié, Paris, 1985 (éd. originale 1963).
BELLAYER Jérôme, *Sous l'emprise de la Lune. Le regard de la science* (n°15), Book-e-Book, 2011.
BELLAYER Jérôme, *Prière de guérir ! La blouse blanche ne fait pas le moine* (n°27), Book-e-Book, 2014.
BELLAYER Jérôme, *Électrosensibles. Vivons-nous les prémices d'une catastrophe sanitaire ?* (n°39), Book-e-Book, 2016.
BELLAYER Jérôme, *La Radiesthésie face à la science* (n°50), Book-e-Book, 2021.
BENDER Hans, CHAUVIN Rémy, COSTA DE BEAUREGARD Olivier, *et al.*, *La parapsychologie devant la science*, Paris, Berg-Belibaste, 1976.
BERNARDIN DE SAINT-PIERRE Joseph-Henri, *Études de la Nature*, 1784, Classiques Garnier, 2023.
BIETTE Denis, *L'énigme des crânes de cristal. Un mythe moderne ?* (n°19), Book-e-Book, 2012.
BOGDANOV (BOGDANOFF) Igor & Grishka, GUITTON Jean, *Dieu et la science, vers le métaréalisme*, Grasset & Fasquelle, 1991.
BOURGEOIS Nicolas, *Une invention nommée Jésus*, Aden 2008.
BOYER Pascal, BÉHÉ Joseph, *Et l'homme créa les dieux*, Futuropolis, 2021.
BOYER Pascal, *Et l'homme créa les dieux : Comment expliquer la religion*, Robert-Laffont, 2001 ; réédition poche Folio essais, 2003.
BROCH Henri, *La mystérieuse pyramide de Falicon*, France-Empire, 1976.
BROCH Henri, VASILESCU Dan, *Mécanique. Statique et dynamique des fluides*, coll. PCEM, Bréal, 1977, rééd. 1984.
BROCH Henri, *Le Paranormal. Ses documents, ses hommes, ses méthodes*, Seuil, 1985.
BROCH Henri, *Los fenomenos paranormales. Una reflexion critica*, Editorial Crítica 1987.

BROCH Henri, *Au Cœur de l'Extra-Ordinaire,* L'horizon chimérique, 1991 ; réed. Book-e-Book 2002...2015.
BROCH Henri, *L'Art du Doute ou Comment s'affranchir du prêt-à-penser,* Book-e-Book, (n°1) 2008.
BROCH Henri, *Comment déjouer les pièges de l'information ou Les règles d'or de la zététique* (n°2), Book-e-Book, 2008.
BROCH Henri, *Les secrets des sorciers,* illustré par Hélène Maurel, éditions Milan Jeunesse, coll. « Graines de savant », 2009.
BROWER Brady, *Unruly Spirits: The Science of Psychic Phenomena in Modern France.* Urbana, IL: University of Illinois Press, 2010.
BUNGE Mario, *Entre deux mondes, Mémoires d'un philosophe-scientifique,* Matériologiques, 2016.
BURNS J. (dir.), « *Report on Spiritualism of the Committee of the London Dialectical Society, together with the Evidence, Oral and Written, and a Selection from the Correspondence* », London Dialectical Society, éd. Longmans, Green, Reader and Dyer 1871 ; Forgotten Books, 2017.
CHARBONNAT Pascal, *Histoire des philosophies matérialistes,* Syllepse, 2007 ; réed. Kimé, 2013.
CHARPAK Georges, BROCH Henri, *Devenez sorciers, devenez savants,* Odile Jacob, 2002.
CHARROUX Robert, *Histoire inconnue des Hommes depuis 100.000 ans,* Robert-Laffont, 1963.
CIALDINI Robert, *Influence et manipulation, la psychologie de la persuasion,* First, 3ème édition 2021.
CORM Georges, P*our une lecture profane des conflits : sur le « retour du religieux » dans les conflits contemporains du Moyen-Orient,* Paris, La Découverte, « Cahiers libres », 2012.
CORNEILLE Thomas, *Dictionnaire des Arts et des Sciences,* 1694. En ligne sur Gallica : https://gallica.bnf.fr/ark:/12148/bpt6k50507s.image
CORTECS, collectif, *Esprit-critique es-tu là ? 30 activités zététiques pour aiguiser son esprit critique* (n°22), Book-e-Book, 2013.
DE FELITTA Frank, *The Entity,* Putnam Pub Group, 1978.
DE HEISTERBACH Césaire, *Dialogus miraculorum* (le dialogue des miracles), 1223 ; Notre dame lac, 1993.
DOURY Marianne, *Le débat immobile : l'argumentation dans le débat médiatique sur les parasciences,* Kimé, 1997.
DUBESSY, SILBERSTEIN, LECOINTRE, *Les Matérialismes (et leurs détracteurs),* Syllepse, 2004.
DUBOURG Bernard, *L'invention de Jésus. I L'hébreu du Nouveau Testament,* Gallimard,1987.
DUBOURG Bernard, *L'invention de Jésus. II La fabrication du Nouveau Testament,* Gallimard, 1989.
ENGELS Friedrich, *Dialectique de la Nature,* Éditions Sociales, 1968.
FAU Guy, *Le christianisme sans Jésus,* auto-éd. 1995.
FESTINGER Leon, RIECKEN Henry et SCHACHTER Stanley, *When Prophecy Fails,* Harper-Torchbooks, 1956 ; traduction *L'échec d'une prophétie,* PUF 1993.
FLAUBERT Gustave, *Bouvard et Pécuchet,* 1881, Livre de Poche 1999.

FONTENELLE Bernard le Bouyer de, *Histoire des oracles* au chapitre IV (1686), disponible ici : https://cortecs.org/la-zetetique/la-dent-dor-de-fontenelle-et-le-chateau-en-espagne

FURETIÈRE Antoine, *Dictionnaire universel contenant généralement tous les mots françois, tant vieux que modernes, et les termes de toutes les sciences et des arts*, 1690, disponible ici :
https://gallica.bnf.fr/ark:/12148/bpt6k50614b.r=.langFR

FURETIÈRE Antoine, *Dictionnaire universel contenant généralement tous les mots françois, tant vieux que modernes, et les termes de toutes les sciences et des arts*, révisé par Henri Basnage de Beauval et Jean-Baptiste Brutel de La Rivière, La Haye, 1727.

GARDNER Martin, *In the Name of Science: An Entertaining Survey of the High Priests and Cultists of Science*, Past and Present, G.P. Putnam's Sons, 1952.

GARDNER Martin, *Fads and Fallacies in the Name of Science*, Dover Publications, 1957.

GARDNER Martin, *Science: Good, Bad and Bogus*, Prometheus Books, 1981.

GERARD Alice, *Glozel. Bones of contention*, éditions Iuniverse, New York, 2005 ; *Glozel. Les os de la discorde* (avec un petit addendum), Le Temps Présent, 2013.

GLOUCHKO Valentin Petrovich (dir.), *Encyclopédie soviétique de l'astronautique mondiale*, Mir, 1971.

GOULD, Stephen Jay, *Rocks of Ages: Science and Religion in the Fullness of Life*, Ballantine Books, 1999 ; traduction *Et Dieu dit : " que Darwin soit" , science et religion, enfin la paix ?*, Seuil, 2000.

GRIVEL Joseph, *La préhistoire chahutée. Glozel, 1924-1941*, L'Harmattan 2003.

GRIVEL Joseph, *Glozel avant Glozel. Confins et sanctuaires*, L'Aurisse 2019.

GRIVEL Joseph, *Le temps enfoui. Glozel après-guerre*, L'Aurisse 2022.

HARRIS Sam, *The Moral Landscape : How Science Can Determine Human Values*. Free Press, 2010.

HENRY Natacha, *L'affaire des fées de Cottingley*, Rageot, 2020.

HERBAUX François, *Antique Zététique. Aux origines de la philosophie du doute*, Book-e-Book (n°49), 2021.

HERMAN Edward S. & CHOMSKY Noam, *Manufacturing Consent: The Political Economy of the Mass Media*, Pantheon Books 1988 ; traduction *La Fabrication du consentement : De la propagande médiatique en démocratie*, Agone, 1988.

HERODOTE, *Histoires*, éd. Jean de Bonnot, Tome I (livres 1 à 4) et Tome II (livres 5 à 9), 1975.

HITCHENS Christopher, *The Missionary Position: Mother Teresa in Theory and Practice*, 1995 ; traduction *Le mythe de mère Teresa, ou comment devenir une sainte de son vivant grâce à un bon plan média*, Dagorno, 1996.

HUME David, *Traité de la Nature Humaine*, 1739-1740, Vrin 2022.

HUTIN Serge, *Hommes et Civilisations fantastiques*, L'aventure mystérieuse, J'ai Lu, 1971.

HUXLEY Aldous, *Brave New World*, Chatto & Windus, 1932 ; traduction *Le meilleur des mondes*, Pocket jeunesse, 2021.

HUXLEY Aldous, *The Doors of Perception*, Chatto & Windus, 1954 ; traduction *Les portes de la perception*, Le Rocher, 1954.

JAGOT Paul-Clément, *Comment on devient hypnotiseur, théories et procédés de l'hypnotisme*, Dangles, 1946.
KANT Emmanuel, *Mélanges de logique*, 1862, disponible sur Wikisource : https://fr.wikisource.org/wiki/M%C3%A9langes_de_logique
KURTZ Paul & WILSON Edwin O., *Humanist Manifesto I & II*, Prometheus Books, 1973.
LA FONTAINE Jean de, *Fables*, 1668-1694, Poche, 2002.
LAROUSSE Pierre, *Grand Dictionnaire Universel* 1864, & 1876.
LAS VERGNAS Georges, *Jésus-Christ a-t-il existé ?*, La Ruche ouvrière, 1966.
LAURENS Sylvain, *Militer au nom de la science, une socio-histoire des mouvements rationalistes en France (1931-2005)*, École des Hautes Études En Sciences Sociales En Temps & Lieux, 2019.
LECOUREUX Roger, CHERET André, *Rahan, fils des âges farouches* - la collection, 1969-2010, Altaya, 2013.
LECOURT Dominique, *Lyssenko : histoire réelle d'une « science prolétarienne*, Paris, PUF, Quadrige, 1976.
LIGNON Yves, *Quand la science rencontre l'étrange*, Belfond, 1994.
LITTRE Émile, *Dictionnaire de la langue française*, 1872.
LUCRECE, *De la nature des choses*, trad. par B. Pautrat, Paris, Librairie générale française, Le Livre de poche, 2002.
MÉHEUST B., *Devenez savants : découvrez les sorciers, Lettre à Georges Charpak* Institut Métapsychique International, Ressources Débats et controverses, 14 février 2005.
MONVOISIN Richard, *Pour une didactique de l'esprit critique, Zététique & utilisation des interstices pseudoscientifiques dans les médias*, Université Joseph-Fourier, Grenoble, 2007.
MONVOISIN Richard, *Les Fleurs de Bach, enquête au pays des élixirs*, coll. *Une chandelle dans les ténèbres* (n°4), Book-e-Book, 2008.
MONVOISIN Richard, *Quantox : Mésusages idéologiques de la mécanique quantique*, coll. Une chandelle dans les ténèbres (n°21), Book-e-Book, 2013.
NÉRICAULT Philippe, *Le glorieux*, 1732 ; Nabu Press, 2011.
OLIVIER Laurent, *Nos ancêtres les Germains : les archéologues français et allemands au service du nazisme*, Tallandier, 2012.
PÉGUY Charles, *Œuvres en prose complètes*, tome III, Gallimard, Bibliothèque de la Pléiade, 1992.
PERELMAN Yakov, *La physique récréative*, Gautier Villars, 1970.
PINVIDIC Thierry, *Le nœud gordien ou la fantastique histoire des ovni*, France-Empire, 1979.
PINVIDIC Thierry (dir.), *OVNI, vers une anthropologie d'un mythe contemporain*, Heimdal, 1993.
POINCARÉ Henri, *La science et l'hypothèse*, 1902 ; SHS éditions, 2022.
POPPER Karl, *La connaissance objective*, Aubier, Paris, 1991.
PUTNAM Hilary, *Reason, Truth, and History*, Cambridge University Press, 1981 ; traduction *Raison, vérité et histoire*, Paris, Minuit, 1984.
RANDI, James, *Flim-Flam! Psychics, ESP, Unicorns, and Other Delusions*, Crowell, 1980 ; 2ème édition révisée, chez Prometheus Books, avec introduction d'Isaac Asimov, 1982.

REHORK Joachim, *Faszinierende Funde. Archäologie heute*, Lübbe, Bergisch Gladbach 1971 ; traduction Recherche fascinante. L'archéologie moderne, Marabout, Verviers, 1976.
RIPOLL Thierry, *De l'esprit au cerveau*, éditions Sciences Humaines, 2018.
RIPOLL Thierry, *Pourquoi croit-on ? Psychologie des croyances*, éditions Sciences Humaines, 2020.
ROBERT-HOUDIN, Jean-Eugène, *Magie et physique amusante*, 1877, Book-e-Book, 2008.
ROCARD Yves, *La Science et les sourciers ; baguettes, pendules, biomagnétisme*, Dunod, 1989.
ROWBOTHAM Samuel Birley alias Parallax, *Zetetic Astronomy: Earth Not a Globe*, 1949 ; Forgotten Books, 2007.
SAINT-EXUPERY Antoine de, *Le Petit Prince*, Reynal & Hitchcock, 1943.
SCOT Reginald, *The discoverie of witchcraft*, 1584 ; Dover Publications, 1972
SOKAL Alan, BRICMONT Jean, *Impostures intellectuelles*, Odile Jacob, 1996.
SUNSTEIN Cass R. & THALER Richard H., *Nudge: Improving Decisions about Health, Wealth, and Happiness*, Yale University Press, 2008 ; traduction Nudge : la méthode douce pour inspirer la bonne décision, Vuibert, 2010.
TARADE Guy, *Soucoupes volantes et civilisations d'outre-espace*, L'aventure mystérieuse, J'ai lu, 1969.
THEODOR Jacques, *Un regard normal sur le paranormal*, Éditions Matière Grise, rééd. *Les fraudeurs du savoir*, 2010.
THOMPSON D'Arcy Wentworth, *On Growth and Form*, Cambridge University Press, 1917 ; *Forme et croissance*, Seuil, 2009.
VALLÉE Jacques, *Chroniques des apparitions extraterrestres*, J'ai lu, L'aventure mystérieuse, 1974.
VERNE Jules, *Voyages extraordinaires*, Pléïade, Gallimard, 2012.
VIETE François, *Zeteticorum libri quinque* (« Les cinq livres de zététique »), Jamet-Metayer, 1591.
VOLTAIRE, François-Marie Arouet, dit, *Candide ou l'Optimiste*, 1759, Gallimard Folio, 1992.
WAISBARD Simone, *Tiahuanaco, 10.000 ans d'énigmes incas*, Robert Laffont, 1971.
WATSON Jean-Kléber, *Le christianisme avant Jésus-Christ. Préhistoire et formation de la religion chrétienne*, ouvrage en souscription (*Jean-Kléber Watson est le pseudo de Henri Labbé*), Périgueux, 1988.
WATSON Lyall, *Supernature: A Natural History of the Supernatural*, Bantam Books 1973 ; traduction *Histoire naturelle du surnaturel*, Albin Michel, 1974.

ARTICLES

AHLBOM A. & al. « *A pooled analysis of magnetic fields and childhood leukaemia* », British Journal of Cancer, 16 juin 2000, 83 [5], pp. 692-698.
BANDINI Franco, MASINI Giancarlo, PIEGGI Bartolo, « *L'affascinante romanzo dei dischi volanti. Da trenta secoli contuiamo a vederli* », Domenica del Corriere, 26 février 1967, pp. 39-45.

BARBANCEY P., « *Louis Broch, une vie d'engagement pour l'humain* », L'Humanité, 4 janvier 2002.
BAUER M. W., DUBOIS M., HERVOIS P., « *Les Français et la science 2021. Représentations sociales de la science 1972-2020* ». Nancy, Université de Lorraine, 2021.
BENEDETTI S., « *Henri Broch : 'Benveniste est naïf et incompétent'* », Nice-Matin, 19 décembre 1988, p. 2.
BOY D. & MICHELAT G., « Croyances aux parasciences : dimensions sociales et culturelles », Revue française de sociologie, année 1986, 27-2, pp. 175-204.
BRICMONT J., « *Pour un usage nuancé de Popper* », AFIS, 5 octobre 2002, https://www.afis.org/Pour-un-usage-nuance-de-Popper-4631.
BRILLAUD Rafaële (dossier établi par) « *La Zététique. Le paranormal mis à l'épreuve* », Science & Vie n°1032, septembre 2003, pp. 102-115.
BROCH H., « *M.T. : une nouvelle escroquerie* », Patriote Côte d'Azur, 2/8 avril 1976, p. 2.
BROCH H., « *Les mystificateurs de la sainte hémoglobine* » Patriote Côte d'Azur n°732, 2-9 octobre 1981, p. 2.
BROCH H., « *Comment désenclaver la recherche* », Patriote Côte d'Azur n°737, 6-12 novembre 1981, p. 21.
BROCH H., COTTO D., « *Développer l'esprit critique* », Question d'avenir, Recherche et Technologie en Provence Alpes Côte d'Azur, Textes des Assises Régionales (Assises Nationales de la Recherche), 1981, pp. 60-61.
BROCH H., « *Réflexion critique et pseudo-sciences* », CNDP-CRDP Nice, supplément au bulletin de liaison dans la série « *Documentation et points de vue* ». 1981-1982
BROCH H., « *Le Saint Suaire de Turin : un faux mystère... mais une vraie escroquerie !* » Patriote Côte d'Azur n°816, 13-19 mai 1983, p. 5.
BROCH H., « *Documentation para-critique : 1ère partie* », Nouvelles Brèves (Bruxelles) n°46, décembre 1983, pp. 391-395
BROCH H., ROUZÉ M., « *Le Projet Alpha: rapport sur trois années de psi* », Science & Vie n°796, janvier 1984, pp. 8-155.
BROCH H., « *Une épée de Damoclès sur l'Éducation, la Science et la Culture* », European Journal of Science Education, 1985, vol. 7, n°4, pp. 353-360. https://www.tandfonline.com/doi/epdf/10.1080/0140528850070403
BROCH H., « *Documentation para-critique : 2ème partie* », Nouvelles Brèves (Bruxelles) n°48, juin 1985, pp. 437-441.
BROCH H., JÉROME P., « *Esprit (critique) es-tu là ?* », Révolution n°284, 9 août 1985, pp. 22-23.
BROCH H., « *Struggle for reason* », BBS vol. 10, n°4, 1987 (commentary on Rao and Palmer: Parapsychology review and critique), pp. 574-575.
BROCH H., « *Sciences, pseudosciences et zététique* », Dictionnaire Encyclopédique Quillet Actuel 1994, pp. 184-190. section Philosophie. http://sites.unice.fr/site/broch/articles/H.Broch_Dict_Quillet_1994_Zetetique.pdf
BROCH H., « *Les prisons de l'esprit* », revue Agone n°23, 2000, pp. 109-129.
CLEMENS D. B., PHILLIPS D. T., « *Further studies of precognition in mice* », Research in parapsychology, 1979, 156, p. 282.
CAVAILLÉ-FOL T., « *Notre esprit est structuré pour croire* », Science & Vie n°1235, août 2020, p. 74.

DAVENAS E., F. BEAUVAIS, J. AMARA, M. OBERBAUM, B. ROBINZON, A. MIADONNAI, A. TEDESCHI, B.
POMERANZ, P. FORTNER, P. BELON, J. SAINTE-LAUDY, B. POITEVIN, J. BENVENISTE, « *Human basophil
degranulation triggered by very dilute antiserum against IgE* », Nature 333, 816-818 (30 juin 1988).
http://www.nature.com/nature/journal/v333/n6176/abs/333816a0.html
DAWKINS R., « *When Religion Steps on Science's Turf, The Alleged Separation Between the Two Is Not So Tidy* », Free Inquiry, Vol. 18, No. 2, Spring 1998, pp. 18-19.
https://secularhumanism.org/wp-content/uploads/sites/26/2018/05/Free-Inquiry-Vol-18-No-02.pdf
DRAPER G., VINCENT T., KROLL M.E., SWANSON J., « *Childhood cancer in relation to distance from high
voltage power lines in England and Wales : a case-control study* », British Medical Journal, vol. 330 : 1290, 4 juin
2005.
DUVAL P., MONTREDON E., « *ESP experiments with mice* », Journal of parapsychology, vol. 32, 1968, p. 153.
Edinburgh Free Thinkers' Zetetic Society, House of Commons, *Great Britain. Parliament*, The parliamentary Debats, Wyman, 1823 - April 16, 1823, pp. 1013-1019.
FIDMURC J., TUNALI C. B., « *Happiness and religion* », CESIFO working paper n°54375437, 2015.
GARLASCHELLI, L., RAMACCINI, F. & DELIA SALA, S. Working bloody miracles. *Nature* 353, 507 (1991). https://doi.org/10.1038/353507a0.
GREENLAND S. & *al.* « *A pooled analysis of magnetic fields, wire codes and childhood leukemia* », Epidemiology, novembre 2000, vol. 11, n°6, 624-634.
HOEBENS P. H., « *Croiset and professor Tenhaeff: discrepancies in claims of clairvoyance* », The Skeptical Inquirer, vol. VI, n°2, hiver 1981-82, pp. 32-40.
HOEBENS P. H., « *Gérard Croiset : investigation of the Mozart of* « Psychic Sleuths ». Partie 1 », The Skeptical Inquirer, vol. VI, n°1, automne 1981, pp. 17-28.
HUNSBERGER Bruce, « *Social-psychological causes of faith* », Free Inquiry, vol. 19, n°3, été 1999, pp. 34-37.
HUXLEY Thomas, Réponse du 29 janvier 1869 à la *Dialectical Society* de Londres - Daily News du 17 novembre 1871.
KINDO Yann, « *L'affaire Lyssenko, ou la pseudo-science au pouvoir* », Science et pseudosciences, n°286, juillet-septembre 2009, http://www.pseudo-sciences.org/spip.php?article1216
KOHLER Ulrich, « *Mushrooms, Drugs, and Potters: A New Approach to the Function of Precolumbian Mesoamerican Mushroom Stones* », American Antiquity vol. 41, n°2, avril 1976, pp. 145-153.
KOSMIN Barry A., « *Making sense of surveys on religion: contradictions and predictions* », Free Inquiry, vol.40, n°2 février-mars 2020.
KOTSCHNIG Walter, conférence, conseil aux étudiants du Mount Holyoke College, Massachusetts (1940 January 27, Blytheville Courier News), *Professor Tells Students to Open Minds to Truth*, Quote Page 2, Column 2 and 3, Blytheville, Arkansas.

KURTZ P. & al, *Objections to Astrology. A Statement by 186 Leading Scientists*, The Humanist, September/October 1975.
London Zetetic Society, Règlement intérieur, daté de 1822, The Republican, January 4th to May 17th, 1822, édité par Richard Carlile, Vol. 5, p. 570.
LUGO L. (dir.), « *Survey on Religion* », Pew Research Center, 2010 https://www.pewresearch.org/religion/2010/09/28/u-s-religious-knowledge-survey/
MARMIN Nicolas, « *Métapsychique et psychologie en France (1880-1940)* », Revue d'Histoire des Sciences Humaines 2001/1 (no 4), pp. 145-171. https://www.cairn.info/revue-histoire-des-sciences-humaines-2001-1-page-145.htm
McCALMAN I., « *Females, Feminism and Free Love in an Early Nineteenth Century Radical Movement* », Labour History, May 1980, No. 38, pp. 1-25.
MONTREDON E. et ROBINSON A., « *Further precognition work with mice* », Journal of parapsychology, vol. 33, 1969, pp. 162-163.
MONVOISIN R., « *L'univers contenait-il en germe les frères Bogdanoff ?* » Revue Espèces n°31, mars 2019, en libre accès ici : https://www.monvoisin.xyz/lunivers-contenait-il-en-germe-les-freres-bogdanoff-especes-n31-mars-2019/
MONVOISIN R., « *NOMA's land, le non-recouvrement des magistères* », Espèces, n°46, 2022, en libre accès ici : https://www.monvoisin.xyz/nomas-land-le-non-recouvrement-des-magisteres-revue-especes-n46/
MONVOISIN R., *Intervista*, El Escéptico n°34, janvier-avril 2011. Traduction ici : https://cortecs.org/archives/le-cortex-dans-el-esceptico-interview-de-richard-monvoisin/
NEIBLUM A., « *Are we born to believe ?* », Free Inquiry, février-mars 2020, pp. 19-26
NEURATH O., « *Zeitschrift für die gesamte Staatswissenschaft* », vol. 69, n°3, Tübingen : Verlag der H. Laupp'schen Buchhandlung 1913, pp. 438-501. On retrouve le texte quasi similaire dans la traduction française *Problèmes de l'économie de guerre* (1913).
PEARSON K., LEE A., BRAMLEY-MOORE L., « *Genetic (reproductive) selection : Inheritance of fertility in man* », Philosophical Transactions of the Royal Society, 1899, A, 173, pp. 534-539.
PEIRCE C. S., « *La Logique de la science* », Revue Philosophique, 3ème année, tome VI, éd. G. Baillière et Cie, Paris, 1878 pp. 553-569.
PENTLAND G., « *The freethinkers' zetetic society: an Edinburgh radical underworld in the eighteen-twenties Get access Arrow* », Historical Research, Volume 91, Issue 252, May 2018, pp. 314-332.
RHINE J. B., « *A new case of experimenter unreliability* », Journal of parapsychology, vol 38, 1974, p. 215.
RHINE J. B., « *Second report on a case of experimenter fraud* », Journal of parapsychology, vol 39, 1975, p. 306.
RIPOLL T., « *Quelles relations existe-t-il entre dualisme métaphysique, déterminisme, libre arbitre et responsabilité individuelle ?* », Klesis 2018, 40.
ROUZÉ M., « *La véridique histoire du « père » de la parapsychologie* », Science & Vie, n°755, août 1980, p.16.
ROUZÉ M., « *L'offensive homéopathique* », Raison Présente n°77, 1986, pp. 123-124.

ROUZÉ M., « *Zététique. Si vos tables tournent...* », Science & Vie n°830, novembre 1986, p. 77

ROUZÉ M., « *Le flou des homéopathes* », Science & Vie n°819, décembre 1985, p. 59.

SCLAVO Olivier, « *Élu pendant 18 ans, Louis Broch, le dernier maire communiste de La Trinité, est décédé* », Nice-Matin, 2 janvier 2022.

Scots Magazine, The Edinburgh Magazine and Literary Miscellany ; a New Series of the Scots Magazine, Vol 90, éd. Sands, Brymer, Murray and Cochran, 1822, p. 743.

TARADE G., MILLOU A., « *Un peuple de l'espace a-t-il colonisé autrefois l'Amérique du Sud ?* », Le Patriote, 19 août 1966, p.5

TARADE G., MILLOU A., « *L'enigma di Palenque* », Clypeus n°4-5, octobre 1966, p.19

TARG R., PUTHOFF H., « *Information transmission under conditions of sensory shielding* », Nature, 1974, vol. 251, pp. 602-607.

« *The Zetetic* », A monthly journal of cosmographical science, N° I, Stafford, july 1872 (edited by B. Chas. Brough.)

TOBACYK J. J., MILFORD G., « *Belief in paranormal phenomena: Assessment instrument development and implications for personality functioning* », Journal of Personality and Social Psychology, 1983, 44, pp. 648-655.

TOBACYK J. J., « *A Revised Paranormal Belief Scale* », International Journal of Transpersonal Studies 23 (1), January 2004, pp. 94-98.

TRUZZI M., revue *The Zetetic* (1974-1976), anciennement *Explorations* (1972-1974).

YULE G. U., « *Notes on the Theory of Association of Attributes in Statistics* », Biometrika, 2 (2), 1903, pp. 121-134.

WEBOGRAPHIE

Articles de Henri Broch cités
- *Yves Rocard et la momification de fruits, viandes ou poissons*, 2019 http://sites.unice.fr/site/broch/articles/HB_Rocard_magnetiseur.html.
- *Le Minitel, vecteur de diffusion de la zététique ? L'expérience du service 36.15 ZET de l'Université de Nice-Sophia Antipolis après 4 années d'existence*, 1990
- http://sites.unice.fr/site/broch/articles/HB_CSICOP_European_Conference_Minitel.html
- *Analyse de la thèse de doctorat de Mme Germaine (Elizabeth) Teissier*, 2001 http://sites.unice.fr/site/broch/articles/HB_These_Teissier.html
- (Sarcophage I) *Le mystère du sarcophage d'Arles-sur-Tech ou... L'eau culte*, 2001 (art. sur Minitel, 1992) http://sites.unice.fr/site/broch/articles/sarcophage.html
- (Sarcophage II) *Des allégations de parapsyphiles concernant le mystère de la sainte Tombe*, 2001 http://sites.unice.fr/site/broch/articles/sarco_allegations.html

- (Sarcophage III) *De Theodosia à Trans-en-Provence*, 2001
  http://sites.unice.fr/site/broch/articles/puits_aerien.html
- (Sarcophage IV) *Sainte Tombe : origine de l'eau céleste confirmée*, révisé 2002
  http://sites.unice.fr/site/broch/articles/sarco_condensation.pdf
- Affiche de la conférence Prix-Défi CAZ, décembre 2021
  http://sites.unice.fr/site/broch/Conferences/2021.12.10-Conf-HB-Prix-Defi.pdf
- *Psychokinèse ?... Myokinèse ! La loi des gaz parfaits en pleine action*, 2004 http://sites.unice.fr/site/broch/articles/HB_myokinese.html
- Groupe CAZ : *Opération Citron : protocole et compte rendu de l'expérience*, 2015
  http://sites.unice.fr/site/broch/CAZette/CAZette3.pdf et extrait vidéo : http://sites.unice.fr/site/broch/Videos_Zet/CAZ_Operation_Citron_UNIVERSITE_NICE.mp4
- « Cours de Zététique. 1. Méthodologie scientifique », v.10.6 2015
  http://sites.unice.fr/site/broch/polycop_methodo.pdf

Articles co-écrits par Henri Broch cités
- « *Lettre ouverte à M. Bertrand Collomb, Président de la Société Lafarge* », courrier de janvier 1999
  http://sites.unice.fr/site/broch/articles/HB_Collomb_Lafarge.html
- « *Lettre ouverte de ACME à Monsieur le Préfet des Alpes-Maritimes* », courrier de mars 2004
- http://sites.unice.fr/site/broch/articles/HB_dioxines.pdf
- *Lignes électriques à haute tension et cancer chez l'enfant. Ce que certains oublient...*, 2006 (avec Jérôme Bellayer, Denis Biette, Denis Caroti)
  http://sites.unice.fr/site/broch/articles/HBJBDBDC_Draper.html
- *Fausses vérités et argumentation sélective*, 2006 (avec Denis Caroti, Jérôme Bellayer, Denis Biette)
  http://sites.unice.fr/site/broch/articles/DCJBDBHB_Argumentation.html
- *À propos des méta-analyses « leucémies infantiles et champs magnétiques »* (avec Jérôme Bellayer, Denis Biette, Denis Caroti)
  http://sites.unice.fr/site/broch/articles/JBDBDCHB_Meta_analyses.pdf

Documents des procès
- Yves LIGNON a attaqué en justice Georges CHARPAK et Henri BROCH (résumé)
  http://sites.unice.fr/site/broch/articles/Condamnation_parapsychologue_Yves_LIgnon.html
- Audience du TGI de Paris, mercredi 12 janvier 2005, affaire Lignon/Charpak-Broch
  http://deonto-ethics.org/resources/imposteurs/zetetiko/lignon-charpak-broch.html
- Lignon/Charpak-Broch... suite
  http://deonto-ethics.org/resources/imposteurs/zetetiko/lignon-suite.html

- Minutes complètes pour le procès / éditions Odile Jacob : http://sites.unice.fr/site/broch/articles/images_articles/Jugement%20Lignon-O.%20Jacob%20Sans%20adresses%20perso.pdf
- Minute pour le procès / éditions France Loisirs http://sites.unice.fr/site/broch/articles/images_articles/Jugement%20Lignon-France%20Loisirs%20Sans%20adresses%20perso.pdf
- Puech L., *Lignon contre Charpak et Broch, compte rendu de l'audience et extraits du jugement*, AFIS, http://www.pseudo-sciences.org/spip.php?article376

Articles de Richard Monvoisin cités
- « Paranormal, dérives sectaires : cautions médiatiques sous couvert de libre information », ACRIMED, 2006 https://www.acrimed.org/Paranormal-derives-sectaires-cautions-mediatiques-sous-couvert-de-libre
- Chroniques zétético-musicales n°02 : George Harrison, la POZ, n°23, mai 2007, http://zetetique.fr/chroniques-zetetico-musicales-n02-george-harrison/
- La loi de Stigler (qui n'est pas de Stigler), 2016 https://cortecs.org/archives/la-loi-de-stigler-qui-nest-pas-de-stigler/
- « Grand bien vous fasse » ? Boooaf, 2023, https://www.monvoisin.xyz/grand-bien-vous-fasse-boooaf/
- Précaution testamentaire, tous les dossiers étudiants, 2023 https://www.monvoisin.xyz/precaution-testamentaire-tous-les-dossiers-etudiants/ (avec le mot de passe Z)

Lazarus Mirages
- Site : https://lazarus-mirages.fr
- Dossier de presse : http://sites.unice.fr/site/broch/Lazarus-Mirages/dossierdepresseLazarus.pdf

Site de Patric Jean : https://patricjean.com/

La République des athées www.AtheistRepublic.com

Conférences « Sciences et bouddhisme », Université Côte d'Azur, https://lapcos.univ-cotedazur.fr/journee-de-conferences-%C2%AB-sciences-et-bouddhisme-%C2%BB-choisissons-nous-notre-destin-determinisme-et-libre-arbitre

Drake F., The Drake Equation Revisited: Part I, Astrobio.net, 2003 https://web.archive.org/web/20210225062139/http://www.astrobio.net/alien-life/the-drake-equation-revisited-part-i/

Scepticisme scientifique, le ballado de la science et de la raison : podcast dirigé par Jean-Michel Abrassart https://www.scepticisme-scientifique.com/

Zet-éthique métacritique https://zet-ethique.fr/

Institut Métapsychique International
- https://www.metapsychique.org/la-parapsychologie-quantitative-et-les-travaux-de-j-b-rhine/

Groupe étudiant de l'Institut Métapsychique International
- La force de l'illusion chez l'AFIS et Henri Broch https://www.pseudo-scepticisme.org/2008/07/02/scepticisme-la-force-de-lillusion-chez-lafis-et-henri-broch/
- Henri Broch et le laboratoire de zététique https://www.pseudo-scepticisme.org/sceptiques/henri-broch-et-le-laboratoire-de-zetetique/
- D'où vient le problème https://www.pseudo-scepticisme.org/a-propos/dou-vient-le-probleme/

Site d'Alain Delmon http://adelmon.free.fr/

Documentaires & films

An Honest Liar, de Justin Weinstein et Tyler Measom, produit par *Left Turn Films, Pure Mutt Productions* et *Part2 Filmworks*, 2014.
Bouvard et Pécuchet, de Jean-Daniel Verhaeghe, Prod. Philippe Allaire et Jacqueline Finas / *FR3*, 1989.
Capricorne ascendant Sceptique, DreamWay productions, Planète Future, novembre 2002.
Connaissances censurées ? Sciences et liberté d'expression, par Jean Bricmont, conférence CORTECS, Université Grenoble-Alpes.
https://cortecs.org/superieur/video-science-et-liberte-dexpression-de-voltaire-a-chomsky-avec-le-physicien-et-essayiste-jean-bricmont/
Croire, de Lina Moreco, *Office National du Film du Canada*, 1998.
Démocratie, de Patric Jean et Henri Broch, Lazarus-Mirages, *Blackmoon Productions*, 2012.
http://sites.unice.fr/site/broch/articles/LAZARUS_de_Patric_JEAN_et_Henri_BROCH_Democratie.mp4
Der Mann auf dem Grabtuch, Caligari Film, Munich, ZDF, 2006.
Don't be a Dick !, Phil Plait, *The bad astronomer, The Amazing Meeting* n°8, 2010. https://www.youtube.com/watch?v=5opz8kvVovs
Droit de Réponse, de Michel Polac, TF1, 12 octobre 1985.
Enquêtes extraordinaires, M6, juin 2010, avec Maud Kristen.
Hell's Angel, de Christopher Hitchens, *dir.* Jenny Morgan, *Prod.* Tariq Al, 1994.
L'emprise, de Sidney J. Furie, *Prod. Harold Schneider*, 1982.
La Domination masculine, de Patric Jean, *Elzévir Films*, 2009.
La femme la plus détestée d'Amérique (*The Most Hated Woman in America*), de Tommy O'Haver, *Brownstone Productions*, 2017.
Le Sâr Rabindranath Duval, de Pierre Dac et Francis Blanche, archive du 26 mars 1956, *RTF, 36 chandelles.* https://www.youtube.com/watch?v=Vp_NrF9zfEw

Le sixième sens, science et paranormal, de Marie-Monique Robin, Canal+, Idéal Audience, UMT Prestige ARTE, 2003.
Les Dossiers de l'écran, par Armand Jammot, ORTF, avec Maud Kristen, septembre 1987.
Les Enfants du Borinage, lettre à Henri Storck, de Patric Jean, CVB - Centre Vidéo de Bruxelles,1999.
Les nouveaux chiens de garde, de Gilles Balbastre et Yannick Kergoat, *Jem Productions*, 2012.
Lucie, le fantôme du château de Veauce, de Jean-Yves Casgha, Antenne 2 Midi, 13 août 1985, archives INA. *https://www.youtube.com/watch?v=wXUwprBHYYk*
Média Crash, qui a tué le débat public ?, de Valentine Oberti & Luc Hermann, Prod. Edwy Plenel, Paul Moreira, 2022.
Mirages 1, Les miracles religieux, de Patric Jean et Henri Broch, *Black Moon Productions*, 2012.
Mirages 2, Les pouvoirs de l'esprit, de Patric Jean et Henri Broch, *Black Moon Productions*, 2012.
Mystères n°4, TF1, prod. Philippe Plaisance, avec Maud Kristen, 21 décembre 1992. https://www.youtube.com/watch?v=Ffy8RyciFBs
Normal/Paranormal, M6, avec Maud Kristen, 2001.
https://www.youtube.com/watch?v=Lv7y3hw6RNI&t=2s
Présence des extraterrestres (Chariots of Gold / Erinnerung an die Zukunft), de Harald Reinl, Terra-Filmkunst, 1970.

Structures & Associations

ACME, Action Citoyenne pour un Meilleur Environnement
ACRIMED, Action Critique Médias
AFIS, Association Française pour l'Information Scientifique
AMAZ, Association Monégasque d'Analyse Zététique
ANAIS, Association Niçoise d'Animation et d'Information Scientifiques
ARP-SAPC, Alternativa Racional a las Pseudociencias - Sociedad para el Avance del Pensiamento Critico
CAIRP, Centro Argentino para la Investigacion y Refutacion de la Pseudociencia
CAZ, Centre d'Analyse Zététique
Cercle Zététique
Cercle Zététique de Toulouse
CEREIC, Centre d'Études et de Recherches d'Éléments Inconnus de Civilisation
CFEPP, Comité Français pour l'Étude des Phénomènes Paranormaux
CFI Center for Inquiry-Transnational
CHAAM, Cercle d'Histoire et d'Archéologie des Alpes-Maritimes
CICAP, Comitato Italiano per il Controllo delle Affermazioni sulle Pseudoscienze
CIPSI-PERU, Centro des invesigaciones de lo paranormal, lo seudoscientifico y lo irrational en el Perú
Comité Para, anciennement Comité belge pour l'investigation scientifique des phénomènes réputés paranormaux

CORTECS, Collectif de Recherche Transdisciplinaire Esprit Critique et Sciences
CRIF, Conseil représentatif des institutions juives de France
CSI, Committee for Skeptical Inquiry
CSICOP, Committee for the Scientific Investigation of Claims Of Paranormal
CZLR, Cercle Zététique Languedoc-Roussillon
Epsilon Zététique
FIDESS, Fédération des Initiatives pour le Développement de l'Esprit critique et du Scepticisme Scientifique
FORMINDEP, Association pour une formation et une information médicale indépendante
GEIMI, Groupe étudiant de l'Institut Métapsychique International
IMI, Institut Métapsychique International
Les Amis de la Liberté
La Libre Pensée
La République des Athées
Marseille Zététique
Observatoire zététique, anciennement Cercle Zététique Rhône-Alpes et Cercle Zététique Isérois
Sceptiques du Québec
SKEPP, Studiekring voor de Kritische Evaluatie van Pseudowetenschap en het Paranormale
The Brights
Union Rationaliste
Zététique Théâtre

Déclaration et formulaire du Prix-Défi

Pour information, la déclaration officielle relative au « Prix-Défi Broch-Majax-Theodor » de 200.000 Euros (mise à jour lors du passage à la nouvelle monnaie) était la suivante :

"Au nom du groupe, je soussigné Jacques Theodor, paierai la somme de 200.000 (deux cent mille) Euros à quiconque sera capable de démontrer un pouvoir "parascientifique" (dit paranormal).

Une telle démonstration devra être effectuée selon les règles générales ci-dessous :
1) Le prétendant doit déclarer par avance de quels pouvoirs ou aptitudes il va faire la démonstration, quel sera le cadre de cette démonstration (temps, lieu, matériel, autres paramètres...) et exprimer ce qui serait un résultat positif ou un résultat négatif.
2) L'accomplissement de la démonstration ne pourra avoir lieu que dans le cadre convenu au 1).
3) La déclaration d'intention se fait uniquement via le *"Formulaire d'inscription au Prix-Défi Broch-Majax-Theodor"* (disponible sur le serveur de l'Université de Nice Sophia Antipolis ou en écrivant au laboratoire de Zététique) à adresser uniquement par voie postale à : "Prix-Défi", Laboratoire de Zététique, Faculté des Sciences, Parc Valrose 06108 Nice cedex 2. France.
Toute correspondance devra toujours inclure une enveloppe timbrée, auto-adressée.
4) L'examen des déclarations d'intention reçues se fera à une période spécifique de l'année, fixée à la période de mi-février à mi-mai.
5) Toute procédure d'évaluation de la performance sera définie après l'envoi du formulaire d'inscription par le prétendant. Un accord (notamment sur ce qui déterminera la conclusion que le prétendant possède ou ne possède pas le pouvoir allégué) devra être atteint, par écrit, avant toute démonstration.
6) Les tests de démonstration seront faits devant au moins deux des trois personnes suivantes: Henri Broch, Gérard Majax, Jacques Theodor. En cas de force majeure liée à des événements indépendants de la volonté des expérimentateurs, la démonstration pourra se faire devant le seul Professeur Henri Broch.
7) Les tests se dérouleront, chaque fois que cela sera possible au vu des revendications du prétendant, à la Faculté des Sciences de l'Université de Nice Sophia Antipolis.
8) Les tests auront lieu à une période spécifique de l'année, fixée à la période de mi-février à mi-mai (permettant aux expérimentateurs, si nécessaire, d'organiser les tests pour plusieurs prétendants sur une seule et même période).

9) Il pourra être fait appel, pour certains tests, à la participation de divers laboratoires universitaires, du C.N.R.S. ou d'autres organismes, si la nécessité se présente d'avoir recours à des expériences requérant des moyens techniques particuliers.

10) Le prétendant est d'accord que tous les documents (photos, films, écrits, enregistrements,...) résultant de l'épreuve pourront être utilisés par MM. Broch, Majax et Theodor ainsi que par le laboratoire de Zététique de l'Université de Nice Sophia Antipolis. Le prétendant peut demander, avant l'expérimentation, par lettre recommandée, que ses résultats ne soient publiés qu'anonymement.

11) Le prétendant dégage MM. Broch, Majax et Theodor, ainsi que le laboratoire de Zététique et tout aide ou assistant physique ou moral de la démonstration, de toute responsabilité en cas de blessure, maladie, traumatisme psychique, accident, perte professionnelle ou financière, résultant de la démonstration.

12) Le prétendant adressera, pour participation aux frais de dossier, en même temps que son formulaire d'inscription un chèque de 50 (cinquante) Euros libellé au nom de M. l'Agent Comptable de l'Université de Nice. Ce montant sera intégralement remboursé en cas de réussite de la démonstration.

13) Le prétendant devra assumer tous ses frais personnels (déplacements, hébergement,...) liés à la démonstration ainsi que les frais inhérents aux demandes qu'il pourrait faire de matériels, appareils ou matériaux très spécifiques ou inhérents aux déplacements et hébergements des expérimentateurs s'il demande que sa démonstration se fasse en un lieu spécifique.

14) Quelle que soit l'issue de sa démonstration, le prétendant s'engage à toujours en préciser le <u>résultat concret</u> lors de toute déclaration (sous quelque forme et sur quelque support que ce soit) publique ou privée concernant cette démonstration.

15) Au cas où le prétendant réussit sa démonstration dans les termes et conditions convenus, la totalité de la somme de 200.000 Euros sera payée immédiatement par chèque, en règlement intégral.

16) Tous les prétendants devront formaliser par écrit leur acceptation des règles générales décrites ci-dessus avant qu'aucun détail de protocole expérimental ne soit élaboré."

La présente déclaration datée du 1er juin 1999 (et dont la certification matérielle de la signature par Monsieur J. Theodor avait été faite à Nice le 9 juin 1999 par notaire) annulait et remplaçait toutes les précédentes déclarations relatives au "Prix-Défi" (faites antérieurement en francs français) et l'offre était valable tant que le prix ne serait pas attribué.

Formulaire d'inscription
au "Prix-Défi Broch-Majax-Theodor" de 200.000 Euros

à adresser <u>uniquement par voie postale</u> à:

> "Prix-Défi"
> Laboratoire de Zététique
> *Centre J. Theodor d'étude des phénomènes "paranormaux"*
> Université de Nice-Sophia Antipolis
> Faculté des Sciences, Parc Valrose, 06108 Nice cedex 2. FRANCE

Mlle, Mme, M.
NOM: .... Prénom: ....
Adresse: ....
....
Pays: .... Téléphone: ....

candidat au Prix-Défi Broch-Majax-Theodor de 200.000 Euros, déclare ce qui suit:

1) Je possède un pouvoir paranormal dont je vais faire la démonstration en accord avec les règles générales définies dans la *"Déclaration relative au Prix-Défi Broch-Majax-Theodor"* reçue avec le présent formulaire.
Comme convenu dans cette *"Déclaration"*, veuillez trouver ci-joint un chèque de 50 (cinquante) Euros libellé à l'ordre de M. l'Agent Comptable de l'Université de Nice.
Toute dérogation aux règles de la *"Déclaration"* mettra fin à ma candidature.

2) Mon pouvoir est le suivant:
3 lignes maximum

3) Je propose, pour authentifier mon pouvoir, le protocole expérimental suivant:
3 lignes maximum

4) Je propose, comme critère permettant de distinguer un résultat positif d'un résultat négatif:
3 lignes maximum

Fait à ...., le ....

                                                 Signature du candidat:

Prière de joindre à ce formulaire 2 enveloppes timbrées auto-adressées

Remerciements

Gloire éternelle à :

- François Blaire (www.francois-b.com) pour la couverture
- Nadine Broch & Benoît Capponi pour les clichés.
- Les éditions Robert-Laffont pour leur réponse.
- Renaud Évrard pour la documentation.
- Véronique Delille, Nadine Broch & Denis Biette pour les relectures.